刘总监解车热线书系

# 汽车电器维修

## 轻松入门480问

刘汉涛 编著



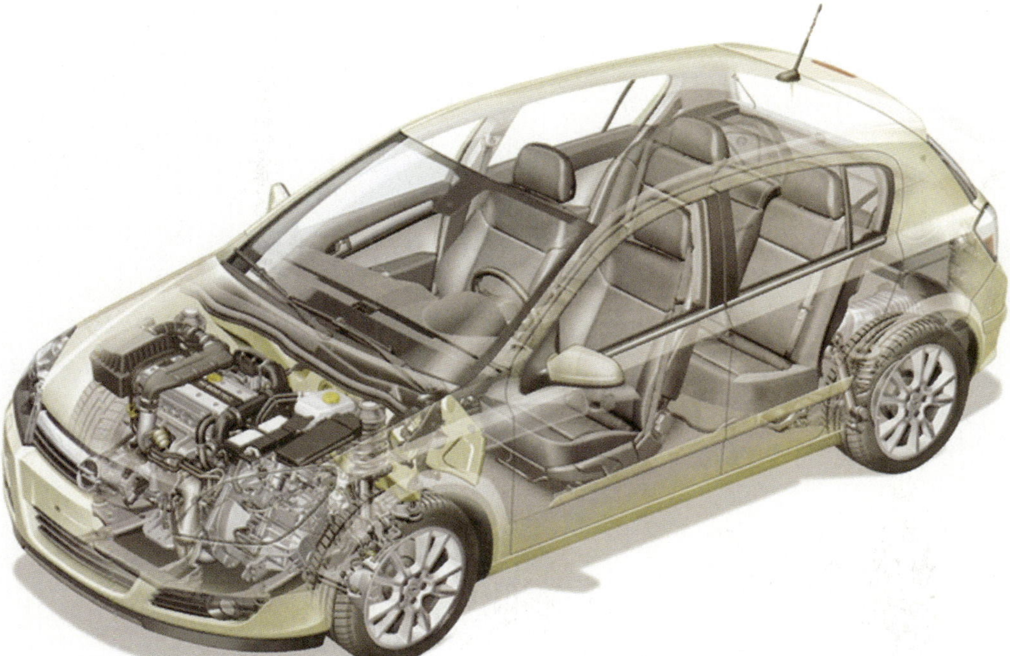

机械工业出版社
CHINA MACHINE PRESS

《汽车电器维修轻松入门 480 问》是“刘总监解车热线书系”之一。本书将复杂的电器构造与原理以一问一答的形式展现在您的眼前。全书以电器六大系统为主线，以电器维修人员应知应会为重点，详细讲解了电器基础知识、电源系统、起动系统、点火系统、照明与信号系统、仪表与报警系统、辅助电器系统以及汽车空调和安全气囊，提出的问题具有较强的普遍性和针对性，给出的解答和采取的措施具有较强的实用性和可操作性。它突出理论与实践相结合，强调即学即用，是电器维修人员贴身的“专业老师”，问您所想、答您所问是本书的最大特点。

本书适用于电器的初学者以及从事电器维修的社会各界人士。因此，本书在编写过程中力争做到通俗易懂、形象直观、图文并茂和全面翔实。初学者可以通过本书达到入门提高的效果；有基础的读者也可以通过本书学到更多的技巧和更专业的技术知识，从而以一种更加从容的心态笑傲职场。

# 汽车电器维修轻松入门 480 问

**图书在版编目（CIP）数据**

汽车电器维修轻松入门480问 / 刘汉涛编著. 一北京：机械工业出版社，2015.7
（刘总监解车热线书系）
ISBN 978-7-111-51619-4

Ⅰ. ①汽… Ⅱ. ①刘… Ⅲ. ①汽车—电气设备—车辆修理—问题解答 Ⅳ. ①U472.41-44

中国版本图书馆CIP数据核字（2015）第225122号

机械工业出版社（北京市百万庄大街22号 邮政编码100037）
策划编辑：李 军 孙 鹏 责任编辑：李 军
责任校对：黄兴伟 责任印制：乔 宇
北京画中画印刷有限公司印刷
2016年1月第1版第1次印刷
184mm×260mm・9印张・287千字
0001-4000册
标准书号：ISBN 978-7-111-51619-4
定价：48.00元

凡购本书，如有缺页、倒页、脱页，由本社发行部调换

电话服务
服务咨询热线：010-88361066
读者购书热线：010-68326294
010-88379203

网络服务
机工官网：www.cmpbook.com
机工官博：weibo.com/cmp1952
金书网：www.golden-book.com
教育服务网：www.cmpedu.com

# 前言

## 问您所想，答您所问

电的发现和应用极大地减轻了人类的体力劳动和脑力劳动，给人类的力量插上了翅膀，使人类的信息触角不断延伸。如果没有电，人类还会在黑暗中探索，现在的汽车同样也离不开“电”。汽车的电器系统控制着车辆的正常运行，可将其比喻为汽车的中枢神经系统。

本书以一问一答的形式将复杂的电器构造与原理展现在您的眼前，全书以电器六大系统为主线，以电器维修人员应知应会为重点，详细讲解了电器基础知识、电源系统、起动系统、点火系统、照明与信号系统、仪表与报警系统、辅助电器系统以及汽车空调和安全气囊，提出的问题具有较强的普遍性和针对性，给出的解答和采取的措施具有较强的实用性和可操作性。它突出理论与实践相结合，强调即学即用，是电器维修人员贴身的“专业老师”，问您所想、答您所问是本书的最大特点。

本书适用于电器的初学者以及从事电器维修的社会各界人士。因此，本书在编写过程中力争做到通俗易懂、形象直观、图文并茂和全面翔实。初学者可以通过本书达到入门提高的效果；有基础的读者也可以通过本书学到更多的技巧和更专业的技术知识，从而以一种更加从容的心态笑傲职场。

本书涉及的知识面广、讲解内容新，书中提出的问题、给出的解答均是作者个人的看法，不当与疏漏之处在所难免，恳请广大读者给予谅解与宽容。

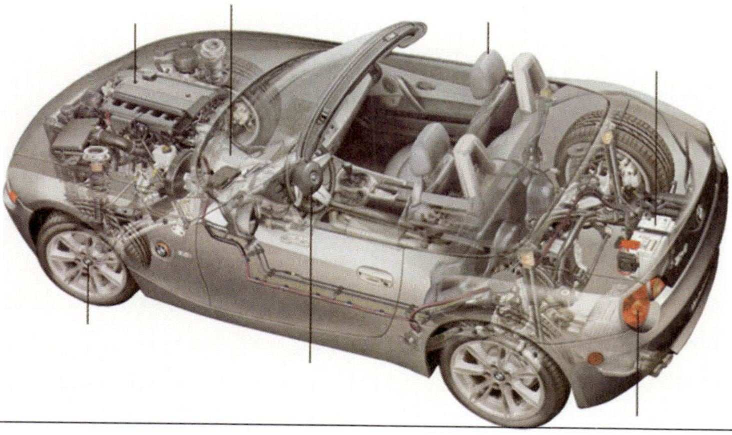

刘汉涛

# 目　　录

LO
AUTO
ECON

ODYSSEY

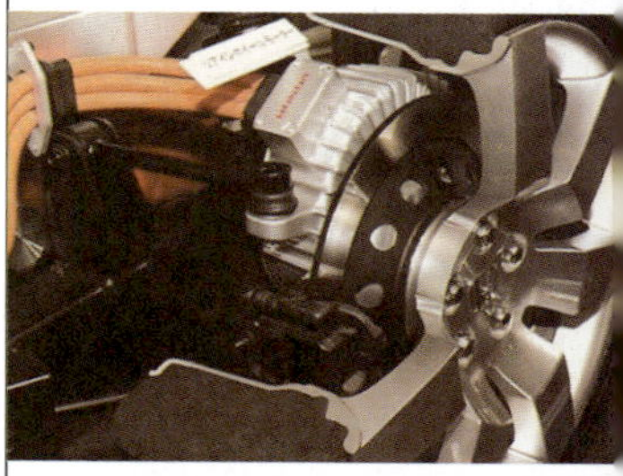

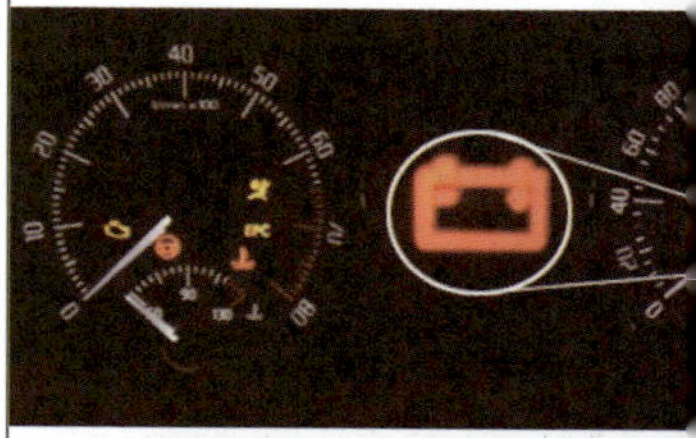

# 目　录

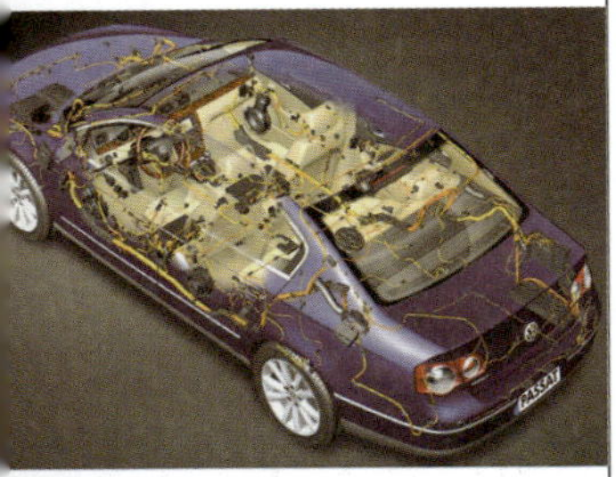

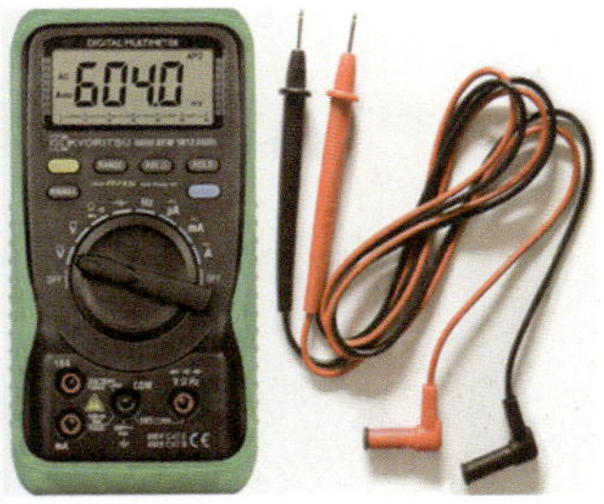

## 第四章 点火系统 ..................55

AUTO
LO
ECON

# 目　　录

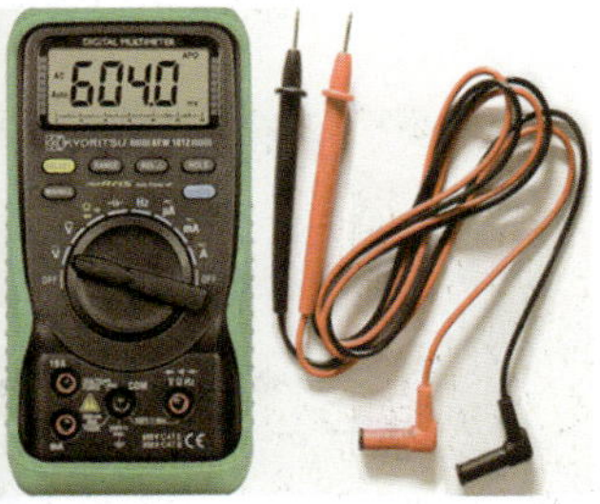

## 第六章 仪表与报警系统.........86



## 第七章 辅助电器系统............91

AUTO
LO
ECON
ON/OFF

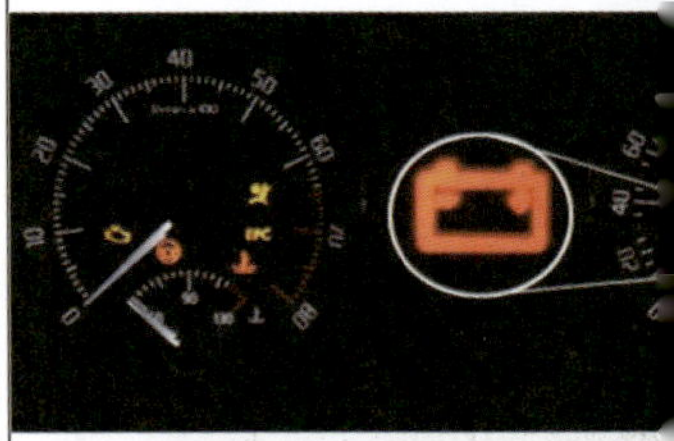

# 目　录

# 第一章 电器基础知识

## 1. 汽车电器包括哪些系统?

汽车电器主要由电源系统、起动系统、点火系统、照明与信号系统、仪表与报警系统、辅助电器系统和配电装置七大部分构成。

1）电源系统也称为充电系统，主要由蓄电池、发电机、电压调节器和充电指示装置组成。

2）起动系统主要由蓄电池、起动继电器、起动机、控制电路等组成。

3）点火系统主要由蓄电池、点火开关、点火控制器、点火线圈、高压线、火花塞等组成。

4）照明与信号系统主要由前照灯、雾灯、牌照灯、仪表灯、倒车灯、转向灯、制动灯、示位灯、门灯和喇叭等组成。

5）仪表与报警系统主要由发动机转速表、车速里程表、冷却液温度表、燃油表、机油压力表、警告报警装置和各种报警灯等组成。

6）辅助电器系统主要由电动刮水器、风窗玻璃洗涤器、电动座椅、电动后视镜、电动车窗、电动天窗、影音系统和点烟器等组成。

7）配电装置主要由各种控制开关、保险装置、中央继电器接线盒、配电线束和连接器等组成。

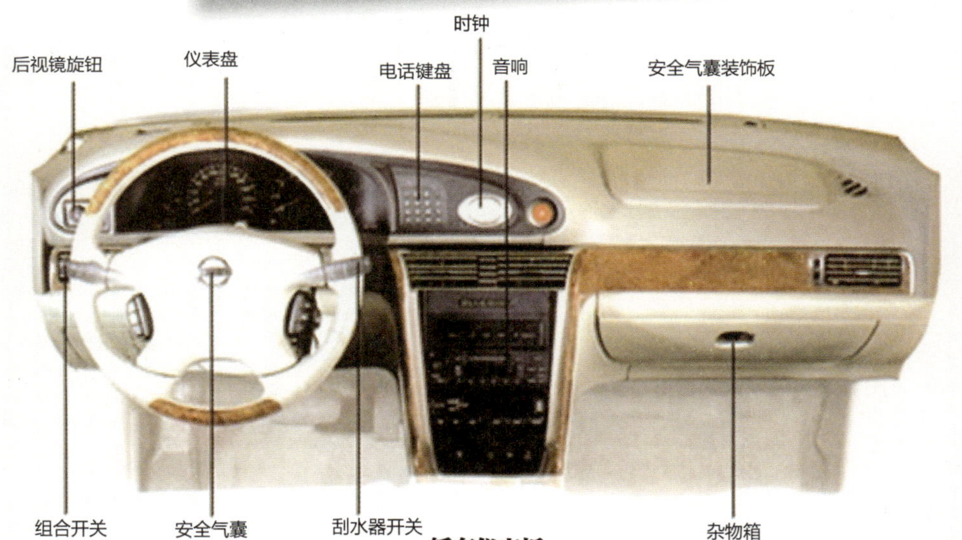

轿车仪表板

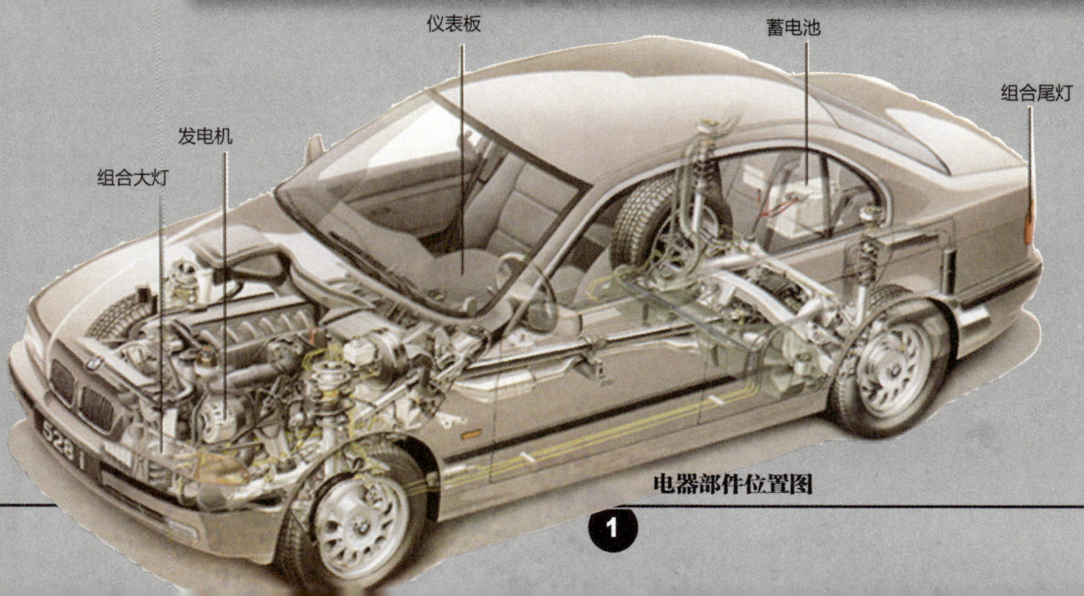

电器部件位置图

## 2. 汽车电器有什么特点？

1）两个电源。所谓两个电源，就是指蓄电池和发电机两个供电电源。

2）低压直流供电。额定电压有 12V 和 24V 两种：汽油车大多采用 12V 直流电压供电；柴油车大多采用 24V 直流电压供电。

3）单线制。电源和各用电设备之间用一根导线连接，而用车架、车身、发动机机身等金属机体充当电源和各用电设备之间的另一根导线——搭铁线。

4）负极搭铁。所谓负极搭铁，就是采用单线制时，将蓄电池的一个电极必须与充当公共导线的车架、车身、发动机机身等金属机体相连接，俗称“搭铁”。若蓄电池的负极连接到金属机体上，称为负极搭铁；反之，若蓄电池的正极连接到金属机体上，称为正极搭铁。由于负极搭铁对机体金属的化学腐蚀较轻，对无线电干扰小，因此，汽车都采用负极搭铁方式。

5）用电设备并联。所谓用电设备并联，就是指用电设备都采用并联方式与电源连接，每个用电设备都由各自串联在其支路中的专用开关控制，互不产生干扰。

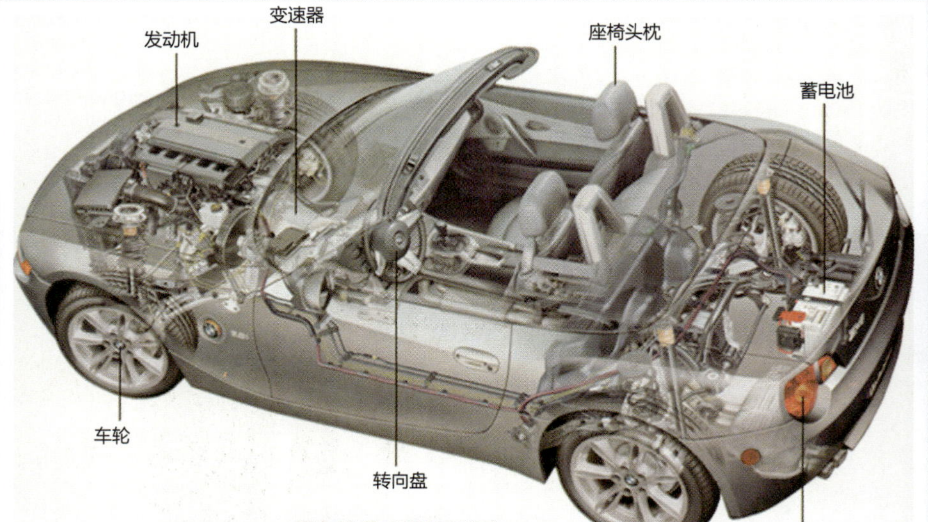

蓄电池的安装位置图

## 3. 什么是汽车线束？

为使汽车上繁多的导线整体美观而不凌乱，接线安装方便，以及保护绝缘层不易破损，汽车上都将同路的导线用棉纱编织带或薄聚氯乙烯带缠绕包扎成束，称为汽车线束，没有汽车线束也就不存在汽车电路。目前，不管是高级豪华轿车还是普通经济轿车，电线束的形式基本上是一样的，都是由导线、端子、插接器、包裹胶带、护套及附件（橡胶件、卡固件等）组成。

汽车线束是汽车电路的网络主体，整车主线束一般分成发动机、仪表、照明、空调、辅助电器等部分。有主线束及分支线束，一条整车主线束有多条分支线束，就好像树干与树枝一样。整车主线束往往以仪表板为核心部分，前后延伸。由于长度关系和装配方便等原因，一些汽车的线束分为车头线束、车尾线束和车顶线束。线束上各端头都会打上标志数字和字母，以标明导线的连接对象。操作者看到标志能正确连接到对应的电线和电器装置上，这在修理和更换线束时特别有用。

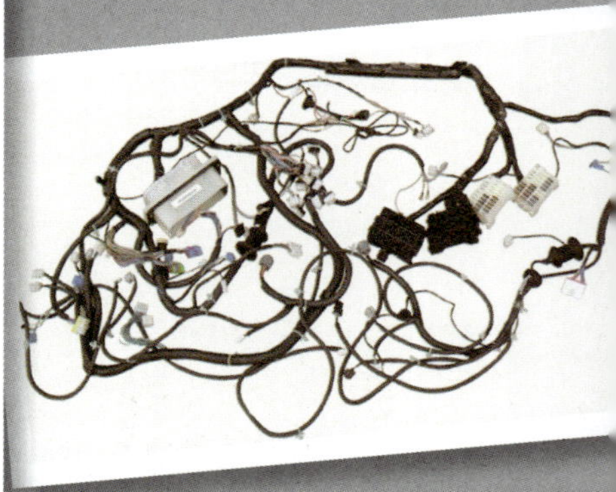
汽车线束

## 4. 安装汽车线束时有哪些注意事项?

由于汽车线束直接受到机械振动、温度变化、刮擦及油水侵蚀的影响，长期使用易使线束损坏、线头断开或接触不良，这就需要检修维护和更换导线、插头、继电器或全车线束。安装汽车线束时的注意事项如下：

1）汽车线束应用夹箍或线卡固定，以免松动或磨坏。

2）线束不可拉得过紧，尤其在拐弯处更应注意，在绕过锐角或穿过金属孔时，应用橡胶套管保护，否则容易磨坏线束而发生短路，并有烧毁全车线束，酿成火灾的危险。

3）连接电器时，应根据插接器规格、形状、导线颜色或接头处套管的颜色正确接线。若不易辨别导线的头、尾时，一般可用试灯区分，不宜用试火法区分。因为在供电系统中，试火法容易烧坏导线。

汽车线束

## 5. 熔丝为什么会坏?

汽车电路中有许多用电设备被不同颜色的电线连接起来，其中，最不可忽视的应该是熔丝。保险丝是习惯叫法，国家标准中称熔丝。汽车熔丝是电流熔丝的一种，当电路电流超过其额定电流时熔断，起到保护电路（线路）及用电设备的作用。

现在汽车制造的工艺水平已经比较高了，按说车辆的电路也在出厂前甚至设计之初就做过实验了，但为什么车辆熔丝还会坏掉呢？目前，发生车辆熔丝坏掉分为两种情况：一是用电设备负载过大；二是汽车电路中有短路的情况。

熔丝

如果汽车的电器没有经过任何改动也出现熔丝坏了的现象，则需要检查汽车的线路是否短路。在日常的养护上，不用水管直接冲洗发动机舱是避免熔丝盒以及线路短路的好习惯；另外，也可以通过目测观察是否有电线胶皮老化金属线裸露造成短路；此外，在进行车内清洗时，也应注意避免触碰到埋藏在地板内的电线。

熔丝盒位置示意图

## 6. 什么是汽车 CAN 总线?

现代汽车中所使用的电子控制系统和通信系统越来越多，如发动机电控系统、自动变速器控制系统、防抱死制动系统（ABS）、自适应巡航系统（ACC）和车载多媒体系统等，这些系统之间、系统和汽车的显示仪表之间、系统和汽车故障诊断系统之间均需要进行数据交换。如此巨大的数据交换量，如仍然采用传统数据交换的方法，即用导线进行点对点连接的传输方式将是难以想象的。据统计，如采用传统数据交换，一个中级轿车就需要线束插头 300 个左右，插针总数将达到 2000 个左右，线束总长超过 1.6km，不但装配复杂而且故障率会很高。因此，用 CAN 总线传输系统取而代之就成为必然的选择。

CAN 是英文 Controller Area Network 的缩写，全称应是控制器局域网络。CAN 总线采用双线串行通信方式，具有很强的错误检测能力，通信距离远，抗电磁干扰能力强。此外，还具有优先权和仲裁功能，多个控制单元通过 CAN 总线连接，减少了线束的使用量，避免过多线束存在的互相干涉、磨损等隐患。因此，现代汽车广泛采用 CAN 总线传输技术。

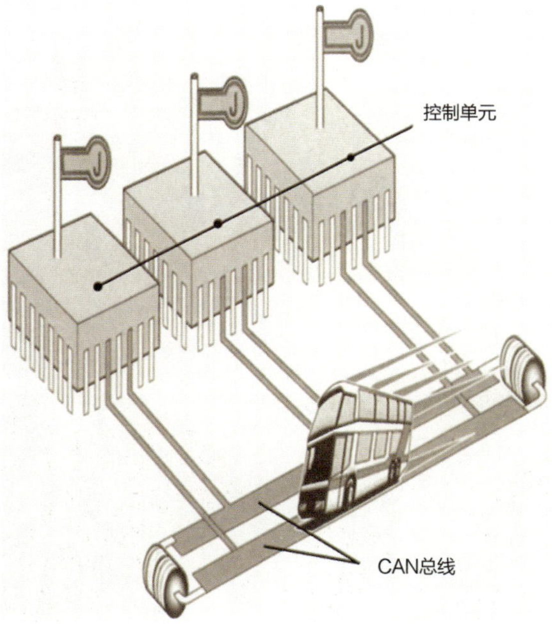


CAN 总线原理图

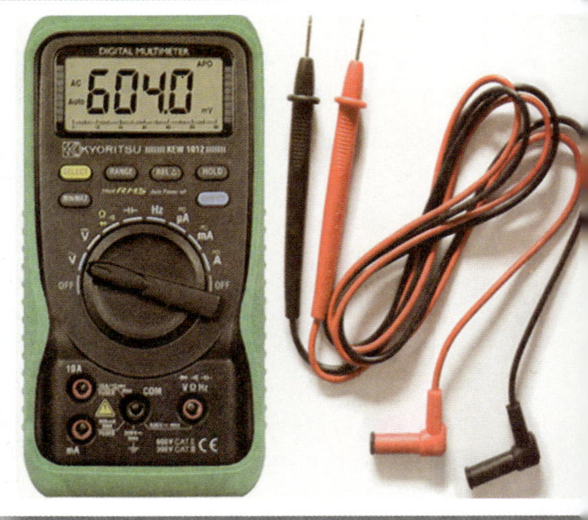


数字式万用表

## 7. 万用表有什么用?

万用表又称为多用表，一般以测量电压、电流和电阻为主要目的。万用表按显示方式分为指针万用表和数字万用表。万用表是一种多功能、多量程的测量仪表，一般万用表可测量直流电流、直流电压、交流电流、交流电压、电阻等。有的还用于检查某电路的瞬间故障，测量转速、输出脉冲信号，检测无分电器点火系统的故障，测量传感器输出的电信号频率，测量二极管的性能及测量温度。配置温度传感器后可以检测冷却液温度、尾气温度和进气温度等。

# 第二章 电源系统

## 8. 电源系统包括哪些部件？

发动机从起动到能够正常运行都离不开电。那么，汽车上的电是谁提供的呢？这就得益于汽车的电源系统。电源系统的作用是向全车用电设备提供低压直流电能，主要包括蓄电池、发电机、电压调节器和充电指示装置等。

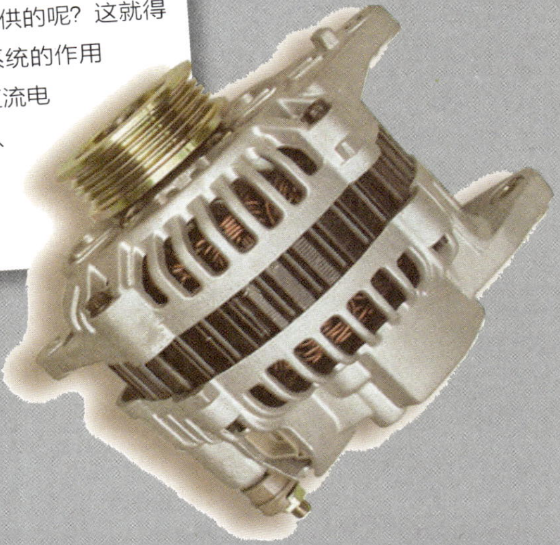

发电机

发电机位置图

## 9. 电源系统各部件有什么作用？

电源系统的作用是向全车用电设备提供电能。电源系统主要包括蓄电池、发电机、电压调节器和充电指示装置等。

蓄电池、发电机与汽车用电设备都是并联的。在汽车装备的蓄电池和发电机两个直流电源中，蓄电池是辅助电源，发电机是主要电源。在发动机正常工作时，发电机向用电设备和蓄电池充电。电压调节器的作用是使发电机在转速变化时，保持其输出电压稳定。充电指示装置用来指示蓄电池的充放电状态。

## 10. 电源系统是怎样工作的?

交流发电机内置二极管整流器将交流电整流为直流电，在交流发电机 B＋端子产生直流电，通过发动机室熔丝和继电器盒向各种电器系统供电，并给蓄电池充电。

1）发动机未起动时，点火开关置于 ON 位，仪表盘内的充电指示灯点亮。

2）发动机运转时，充电指示灯熄灭。交流发电机通过 B＋端子向蓄电池充电。

3）当发电机输出电压超过设定值时，电压调节器工作以降低产生的电压。当电压降至低于设定值时，电压调节器将磁化励磁线圈继续产生电压，以保持发电机输出电压恒定。

充电指示灯

## 11. 蓄电池有什么作用?

蓄电池是一种可逆的低压直流电源，既能将化学能转化为电能（充电），也能将电能转化为化学能（放电），可看作是能量转换器。在发动机正常工作时，用电设备所需电能主要由发电机供给。那么，蓄电池有什么作用呢?

1）在起动发动机期间，它为起动系统、点火系统、燃油电喷系统和汽车的其他电器设备供电。

2）当发动机停止运转或低怠速运转、发电机不发电或电压较低时，由蓄电池给汽车用电设备供电。

3）当出现用电需求超过发电机供电能力时，蓄电池也参加供电。

4）当发动机中高转速运转、发电机正常发电时，蓄电池将发电机多余的电能存储起来，即充电。

5）蓄电池相当于一个大容量电容器，不仅能够保持汽车电压的稳定，而且还能吸收电路中出现的瞬时过电压，防止电子设备损坏。

蓄电池的安装位置

## 12. 对蓄电池有哪些要求?

1）在发动机起动时，蓄电池必须能给起动机提供 200 ~ 600A 的电流（有的柴油机最大起动电流超过 1000A），并且能持续一定的时间（一般要求 5 ~ 10s）。

2）在发电机发生故障不能发电时，蓄电池的容量应能维持车辆行驶一定的时间。所以，要求汽车用蓄电池有尽可能小的内阻和足够的容量。

## 13. 蓄电池有哪几种类型?

汽车上常用的蓄电池类型有普通蓄电池、干荷蓄电池和免维护蓄电池等。这几种蓄电池都是利用铅酸反应来工作的，因此，称为铅酸电池。因铅酸电池内阻小、电压稳定、在短时间内能提供较大的电流，并且结构简单、原料丰富，因而在汽车上得到广泛应用。

充电指示灯

## 14. 蓄电池的主要部件有哪些?

现代汽车用的铅酸电池由 6 只单格电池串联而成，每只单格电池的电压约为 2V，串联后蓄电池电压为 12V。蓄电池主要由极板、隔板、联条、电解液、外壳和极柱等部件组成。

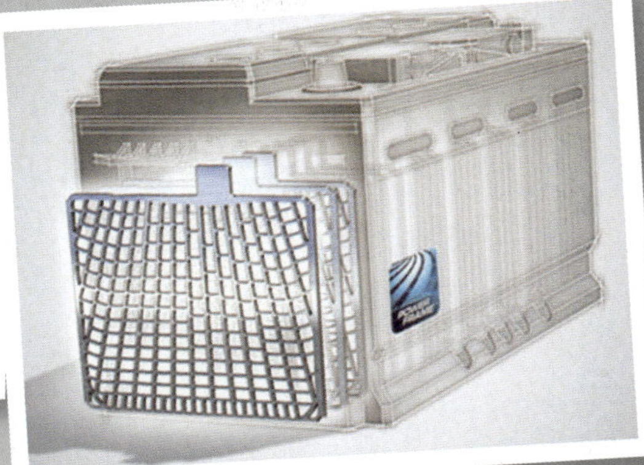

蓄电池极板

## 15. 蓄电池各部件有什么作用?

1）极板是蓄电池的核心部分，分正、负极板，在蓄电池充、放电过程中，电能与化学能的转换就是通过正、负极板上的活性物质与电解液中的硫酸进行电化学反应来实现的。

2）隔板放置在正、负极板之间，以避免正、负极板之间接触而短路。隔板应具有多孔性，以便电解液渗透，且化学稳定性要好，具有耐酸和抗氧化性。

3）联条是将 6 个单格电池串联起来，以提高整个蓄电池的端电压。

4）电解液是由硫酸和蒸馏水按一定比例配制而成，其作用是与极板上的活性物质发生电化学反应，进行电能和化学能的相互转换。

5）外壳用于安放电解液和极板组，使蓄电池构成一个整体。外壳应耐酸、耐热、耐振动冲击。它有硬橡胶外壳和聚丙乙烯塑料外壳两种形式，但大多数采用聚丙乙烯塑料外壳。

6）极柱是将蓄电池的电压引出，分为正极柱和负极柱。

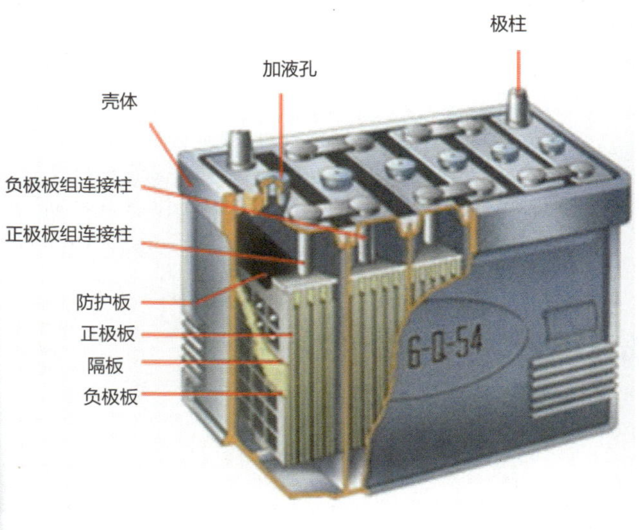


普通铅酸蓄电池构造图

干荷蓄电池

## 16. 什么是干荷蓄电池?

干荷蓄电池的全称是干式荷电铅酸蓄电池，由于在使用前没有加电解液，所以叫干荷式。干荷蓄电池的极板组在干燥状态，能够较长时间（一般两年）地保存在制造过程中所得到的电荷。

干荷蓄电池表示符号：在蓄电池中以“A”表示为干荷式。例如，蓄电池型号中 6-QA-70A 中的第一个“A”即表示为干荷式。

轿车上除了免维护蓄电池外，都是干荷蓄电池。

## 17. 干荷蓄电池有什么特点?

干荷蓄电池指极板组在干燥状态下，能够较长时间（一般两年）地保存在制造过程中所得到的电荷。

如果干荷蓄电池需要在规定的保存期内使用，只要加入规定密度的电解液，搁置 15 ~ 20min，调整液面高度和密度至规定标准后，不需要进行充电即可使用。

## 18. 干荷蓄电池与普通蓄电池有什么不同?

干荷蓄电池负极板的制造工艺与普通蓄电池不同。普通蓄电池负极板上的活性物质－海绵状铅（Pb），由于面积大，化学活性高，容易氧化而使其电量消失。干荷蓄电池在负极板的铅膏中加入松香、油酸、硬脂酸等防氧化剂，并且在化学反应过程中有一次深放电循环，或者反复地进行充电、放电。化学反应后的负极板，先用清水冲洗后，再放入防氧化剂（硼酸、水杨酸混合液）中进行浸剂处理，让负极板表面生成一层保护膜，并采用特殊干燥工艺，即制成干荷电极板。正极板的活性物质——二氧化铅化学活性比较稳定，其荷电性能可以较长期地保持。

## 19. 什么是免维护蓄电池?

免维护蓄电池指在有效使用期（一般四年）内无需进行添加电解液等维护工作的蓄电池，其英文名称为 Maintenance-Free Battery，简称 MF 蓄电池。

免维护蓄电池具有耐震、耐高温、体积小、自放电小的特点，使用寿命一般为普通蓄电池的两倍。市场上的免维护蓄电池也有两种：一种是在购买时一次性加电解液后，使用中不需要维护（添加补充液）；另一种是蓄电池本身出厂时就已经加好电解液并封死，用户根本就不能添加电解液。

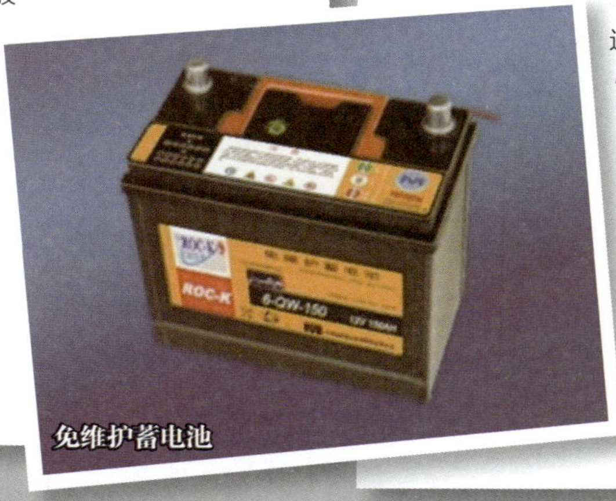

免维护蓄电池

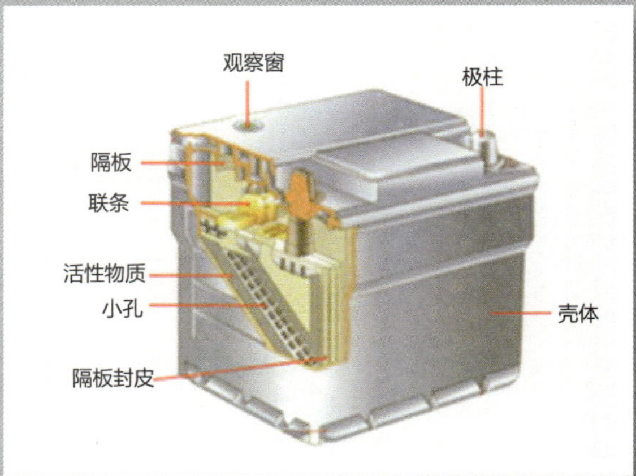

免维护蓄电池构造图

## 20. 免维护蓄电池的结构有什么特点?

免维护蓄电池指在有效使用期（一般四年）内无需进行添加电解液等维护工作的蓄电池，其英文名称为 Maintenance-Free Battery，简称 MF 蓄电池。免维护蓄电池的结构具有如下特点：

1）极板栅架采用铅钙锡合金材料制成，彻底消除锑的副作用。

极板栅架采用铅低锑合金（含锑 2% ~ 3%）材料制作的蓄电池称为少维护蓄电池。锑的存在，不仅会在电化学反应中不断地从正极板析出并迁移到负极板表面为自放电创造条件，而且使蓄电池电动势降低，充电电流增大，水的电解速度加快。

2）采用袋式聚氯乙酸隔板，将正极板装在隔板袋内，既能避免活性物质脱落，又能防止极板短路。

3）通气孔塞采用新型安全通气装置，孔塞内装有氧化铝过滤器和催化剂钯。过滤器能阻止水蒸气和硫酸气体通过，避免其与外部火花直接接触，以防爆炸。催化剂钯能帮助排出的氢氧离子结合生成水再回到蓄电池中去，减少了水的消耗。

4）单格电池间采用穿壁式连接，减小了内阻，提高了起动性能。

5）外壳为聚丙乙烯塑料热压而成，壳底没有凸肋，极板组直接安装在蓄电池底部，这样可使极板上部容积增大，电解液储量增大，且壳体内壁薄，与同容量电池相比，重量轻，体积小。

## 21. 免维护蓄电池的使用有什么特点?

1）免维护蓄电池合理使用过程中不需添加蒸馏水，不需维护，使用方便。

2）蓄电池盖上设有安全通气装置，可阻止水蒸气和硫酸气体的通过，减少了电解液的消耗，并能减弱极柱和附近机件的腐蚀。

3）自放电少，可储存 2 年以上，使用寿命长，一般在 4 年左右，几乎是普通蓄电池的 2 倍。

4）耐过充电性能好，免维护蓄电池的过充电电流在充满电时可接近零，减少了电和水的损耗。

5）内阻小，起动性能好。

## 22. 蓄电池传感器的作用是什么?

车辆有许多电器设备的控制模块，这些模块根据不同传感器的信息控制自身系统。当不同传感器传递各种信息时，电源的稳定是非常重要的。蓄电池传感器安装在蓄电池负极端子上，使用内部元件测量控制系统需要的蓄电池液体温度、电压和电流值，并使用 LIN 通信线将这些信号发送到 ECM 。ECM 利用这些信号的占空比，周期性地控制交流发动机，使之产生需要的稳定电压。

## 23. 蓄电池有哪些评价指标?

进口蓄电池的容量规格是蓄电池国际协会（BCI）和汽车工程协会（SAE）联合制定的。蓄电池国际协会用储备容量和冷起动功率两个指标来评价蓄电池。更换蓄电池时，需按应用表来选择具有正确的 BCI 组码的蓄电池。为满足起动和车辆其他电器的需要，所换新蓄电池的额定值一定不能比原来使用的蓄电池的额定值低。

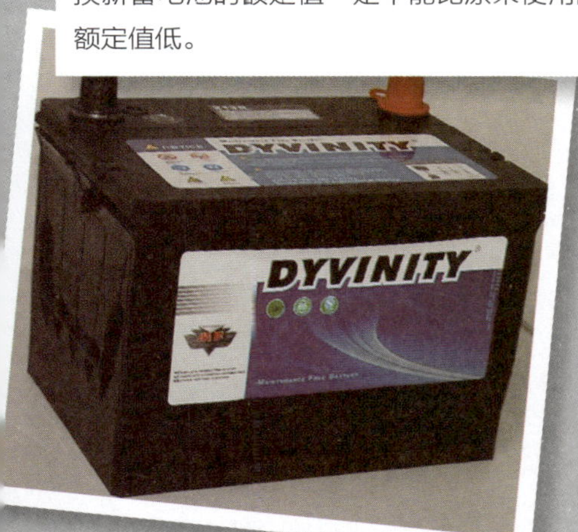


## 24. 什么是蓄电池的储备容量?

蓄电池的储备容量（RC）指标是用时间来表示的，单位为分钟。它是指汽车在充电系统不工作的情况下，在夜间靠蓄电池点火和提供最低限度的电路负载所能运行的大约时间，可具体表述为：完全充足电的 12V 蓄电池，在（25±2）℃的条件下，以 25A 恒流放电至蓄电池端电压下降到（10.50±0.05）V 时的放电时间。

## 25. 什么是冷起动电流?

冷起动电流（CCA）指标是指在 −17.8℃和 −28.9℃的条件下，可获得的某特定意义下的最小电流。这个指标把蓄电池的起动能力与发动机的排量、压缩比、温度、起动时间、发动机和电器系统的技术状态以及起动和点火的最低使用电压这些重要的变量联系起来。它是指充满电的蓄电池在 30s 内，其端电压下降到 7.2V（12V 蓄电池）时，蓄电池所能供给的最小电流。冷起动额定值给出的是总电流值，如 300CCA、400CCA 等。

## 26. 铅蓄电池的内电阻包括哪些？

铅蓄电池的内电阻包括电解液电阻、极板电阻、隔板电阻和联条电阻。

在正常使用条件下，极板电阻很小，只有极板发生硫化故障时，极板的电阻才会明显增大。电解液电阻与电解液的密度、温度有关。密度大，温度低，电解液的黏度增大，渗透力下降，电解液电阻增大。隔板电阻主要取决于隔板的材料、厚度及多孔性。至于联条电阻，其值本来就很小，尤其是采用了穿壁式结构后，已降到了最低值，可忽略不计，但在使用中因维护不当，形成氧化腐蚀时，其电阻将显著增大。

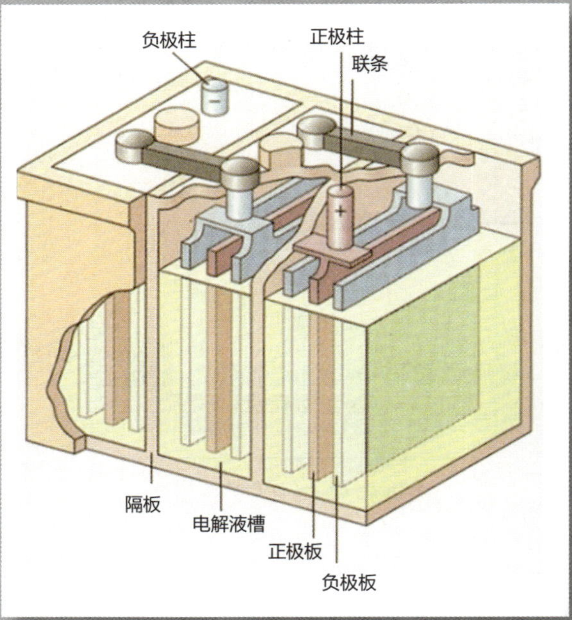


铅蓄电池构造图

## 27. 什么是过放电？

通常把端电压急剧下降的临界点，称为放电终了。当蓄电池到放电终了时，必须停止放电。放电终了后再继续放电，称为过放电。由于极板孔隙被大颗粒的硫酸铅堵塞，电解液无法渗入内部参加化学反应，极板孔隙内电解液密度急剧下降到零，端电压也将急剧下降到零，这将影响蓄电池的使用寿命和容量。

## 28. 蓄电池充电终了的标志有哪些？

1）电解液呈沸腾状（因析出氢气和氧气所致）。

2）电解液相对密度上升至最大值，且 2 ~ 3h 内不再上升。

3）单格端电压上升至最大值（2.7V），且 2 ~ 3h 内不再升高。

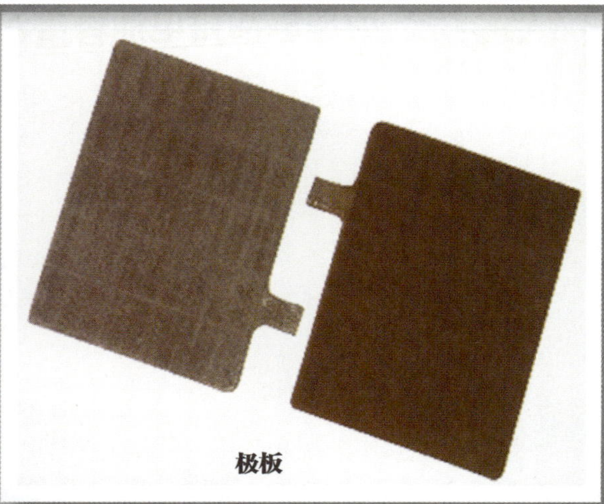

极板

## 29. 什么是蓄电池容量？

铅蓄电池容量是指蓄电池在完全充足电的情况下，在允许放电的范围内对外输出的电量，单位为安培小时（A · h），电池容量表示蓄电池对外供电的能力。当电池以恒定电流值进行放电时，其容量等于放电电流和放电时间的乘积。

蓄电池容量与放电电流及电解液的温度等因素有关，为了准确地表示出蓄电池的准确容量，要规定蓄电池的放电条件。在一定放电条件下，蓄电池的容量分为额定容量和起动容量。

## 30. 什么是额定容量？

额定容量是指完全充足电的蓄电池在电解液平均温度为 25℃的情况下，以 20h 放电率的电流（相当于额定容量的 1/20）连续放电至单格电压降为 1.75V 时所输出的电量。

例如，6–QW–45 型蓄电池，在电解液平均温度为 25℃的情况下，以 2.25A 放电电流连续放电 20h 后，单格电压降为 1.75V，它的额定容量 $Q = 2.25 \times 20 = 45$A · h。

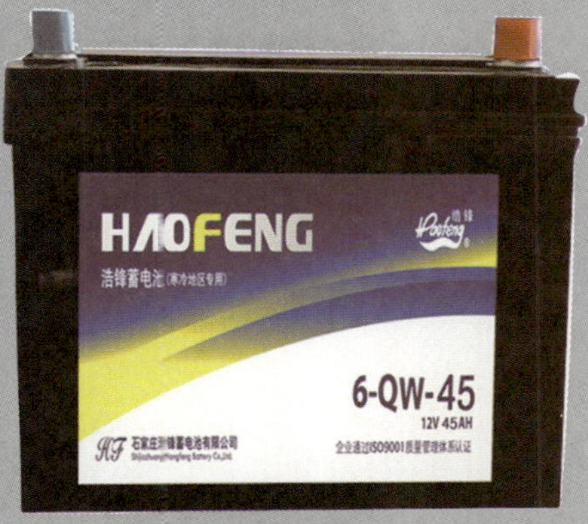


蓄电池标注的额定容量

## 31. 什么是起动容量?

起动容量表示蓄电池接起动机时的供电能力，有常温和低温两种起动容量。

## 32. 什么是常温起动容量?

常温起动容量即电解液温度为 25℃时，以 5min 率放电的电流（3 倍额定容量的电流）连续放电至规定的终止电压（6V 蓄电池为 4.5V，12V 蓄电池为 9V）时所输出的电量，其放电持续时间应在 5min 以上。例如，3-Q-90 型蓄电池在 25℃时，以 270A 电流放电 5min，电池的端电压降到 4.5V，其起动容量为 270 × 5/60 = 22.5A · h。

## 33. 什么是低温起动容量?

低温起动容量，即电解液温度为 -18℃时，以 3 倍额定容量的电流连续放电至规定的终止电压（12V 蓄电池为 6V，6V 蓄电池为 3V）时所放出的电量，其放电持续时间应在 2.5min 以上。

## 34. 蓄电池容量与哪些因素有关?

蓄电池的容量与放电电流、电解液的温度、电解液的密度及极板的结构等因素有关。

## 35. 放电电流对蓄电池容量有什么影响?

放电电流过大时，化学反应作用于极板表面，电解液来不及渗入极板内部，就已被表面生成的硫酸铅堵塞，致使极板内部大量的活性物质不能参加化学反应，因而蓄电池容量减小。

蓄电池内极板

## 36. 电解液温度对蓄电池容量有什么影响?

温度低时，电解液黏度增加，离子运动速度慢；另一方面，极板的收缩使得极板表面的孔隙缩小，电解液向极板孔隙内层渗入困难，使得极板孔隙内的活性物质不能充分利用，使蓄电池的放电容量下降。冬季用起动机起动汽车时，放电电流大，温度低，使蓄电池容量大大减小，这是冬季起动时总感到蓄电池电量不足的主要原因之一。因为温度对蓄电池的放电容量及端电压影响较大，所以北方冬季要注意蓄电池的保暖工作。

## 37. 电解液密度对蓄电池容量有什么影响?

在一定范围内，适当加大电解液密度，可以提高蓄电池的电动势及电解液活性物质向极板内的渗透能力，并减少电解液的电阻，使蓄电池容量增加。但密度过大，将使其黏度增加，若密度超过某一值时，可使渗透能力降低，内阻增大，端电压及容量减小。另外，若电解液密度过高，则蓄电池自行放电速度加快，并对极板栅架和隔板的腐蚀作用加剧，缩短了蓄电池的使用寿命。一般情况下，采用密度偏低的电解液有利于提高放电电流和容量，同时也有利于延长铅蓄电池的使用寿命。铅蓄电池电解液的密度，应根据用户所在地区的气候条件不同而异。冬季使用的电解液，在不致结冰的条件下，尽可能使用密度稍低的电解液。

蓄电池内隔板

## 38. 电解液纯度对蓄电池容量有什么影响?

电解液的纯度对蓄电池的容量有很大影响，因此，电解液应用化学纯硫酸和蒸馏水配制。电解液中一些有害杂质腐蚀栅架，沉附于极板上的杂质形成局部电池产生自放电。如电解液中含有 1%的铁，蓄电池在一昼夜内就会放完电。所以，使用纯度不好的电解液会明显减小蓄电池的容量，缩短蓄电池的使用寿命。

## 39. 什么是定电压充电?

蓄电池在充电过程中，加在蓄电池两端的充电电压始终保持不变的充电方法称为定电压充电，也称为恒压充电。蓄电池在汽车上由发电机对其充电就属于定电压充电。

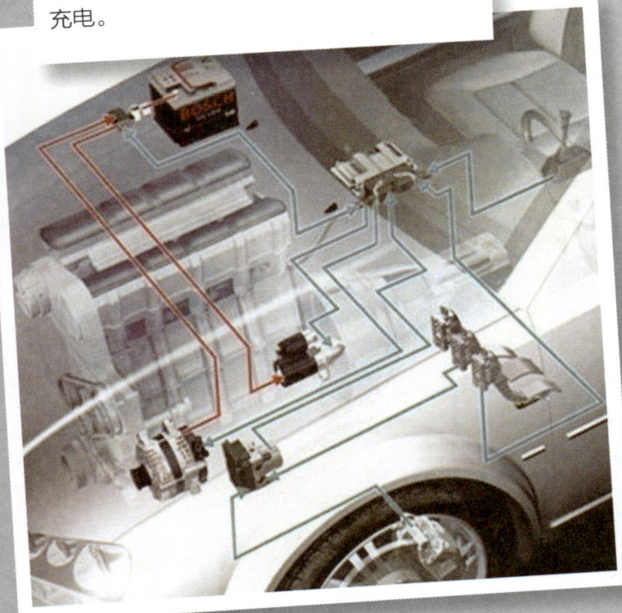

发电机对蓄电池进行定电压充电

## 40. 如何进行定电压充电?

定电压充电时，被充蓄电池采用并联连接法，并要求各并联支路的单格电压总数相等，各蓄电池的型号、容量以及放电程度则可不同。但要注意，并联蓄电池的数目必须按充电机的最大输出电流来决定。

采用定电压充电时，要选择好充电电压，若充电电压过高，会发生过充电现象，易造成极板弯曲、活性物质脱落等故障；若充电电压过低，则蓄电池充电不足。对 12V 蓄电池充电，充电电压应为 15 ~ 16V。多个蓄电池需要充电时，必须并联在充电电源之间。

## 41. 定电压充电有什么优缺点?

定电压充电的优点是充电电流大、充电速度快、时间短，蓄电池充足电后便自动停止充电而不需人工调节；其缺点是蓄电池不能彻底充足电，所以汽车使用的蓄电池规定每个月要拆下来，在充电间充电一次。

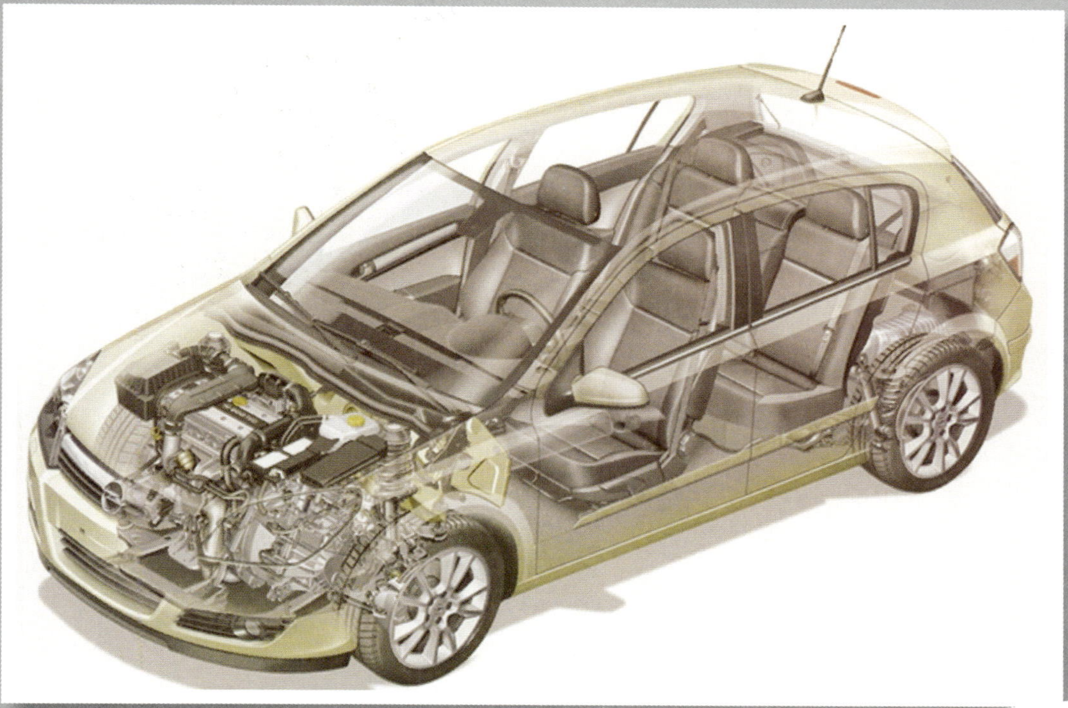

## 42. 什么是定电流充电？

蓄电池在充电过程中，加在蓄电池两端的充电电流始终保持不变的充电方法称为定电流充电，也称为恒流充电，此方法广泛用于初充电、补充充电和去硫化充电等。一般在充电工作间使用充电机对蓄电池进行充电时，常采用这种定电流充电法。

快速充电机

## 43. 如何进行定电流充电？

采用定电流充电时，被充电的蓄电池不论是 6V 或 12V 都可串联在一起。所串联的蓄电池最好容量相同，否则充电电流的大小必须按照容量最小的蓄电池来选定，而容量大的蓄电池则充电太慢（小容量的蓄电池充足电后及时摘出，再继续给大容量的蓄电池充电）。

定电流充电可以分两个阶段来进行，充电第一阶段用较大电流进行恒流充电，使蓄电池的容量得到迅速恢复。当蓄电池电量基本充足，单格电池电压上升到 2.4V 时，电解液中开始产生气泡，将充电电流减少一半，进入第二阶段恒流充电，直到电解液密度和蓄电池端电压达到最大值且在 2 ~ 3h 内不再上升，蓄电池内部剧烈冒出气泡时为止。

## 44. 定电流充电有什么优缺点？

定电流充电的优点：定电流充电有较大的适应性，可以任意选择和调整充电电流的大小，有利于保持蓄电池的技术性能和延长蓄电池的使用寿命。充电电流可以任意选择，因此既适用于蓄电池的初充电，又适用于补充充电和去硫化充电。

定电流充电的缺点：定电流充电的充电时间长，并且需要经常调节充电电流，充电效率低，容易造成过充电。

## 45. 什么是智能快速充电?

因定电流充电法完成一次初充电需要 60 ~ 70h，补充充电也需 20h 左右，充电时间太长，使用不方便。若用加大充电电流的方法缩短充电时间，会使极板硫化增大和气泡增多，造成活性物质脱落而缩短蓄电池的使用寿命。国内从开始研究快速充电机理论和技术以来，已研制生产出可控硅快速充电机和智能快速充电机，使蓄电池的初充电缩短到 5h，补充充电缩短到 0.5 ~ 1.5h。

蓄电池充电

## 46. 智能快速充电有哪些优缺点?

智能快速充电的优点是充电速度快，空气污染少，省电节能，便于管理，对电池集中、充电频繁的修配厂优越性尤为突出；其缺点是控制电路复杂，控制技术较高。

## 47. 什么是脉冲快速充电?

脉冲快速充电法又称为分段充电法，即采用自动控制电路对蓄电池进行正反向脉冲充电。

1）充电初期：充电初期采用大电流，使蓄电池在较短时间内达到额定容量的 60%左右。当单格电压上升到 2.4V、电解液开始分解冒出气泡时，由于控制电路的作用，停止大电流充电，进入到脉冲期。

2）充电脉冲期：在脉冲期，先停充 24 ~ 40ms，接着再放电或反充，使蓄电池反向通过一个较大的脉冲电流，以消除活性物质孔隙内外浓差影响和极板孔隙形成的气泡，然后停止放电 25ms，最后按脉冲期循环充电直到充足。

## 48. 脉冲快速充电有什么特点?

脉冲快速充电的特点是充电速度快，即充电时间大大缩短。新蓄电池初充电一般不超过 5h，使用中的蓄电池补充充电仅需 1h 左右。采用这种方法充电，还可以使蓄电池容量增加，使极板去硫化明显。但其缺点是由于充电速度快，析出的气体总量虽减少，但出气率高，对极板活性物质的冲刷力强，故使活性物质易脱落，对蓄电池的使用寿命有一定影响。

脉冲快速充电机

## 49. 哪些蓄电池不能进行脉冲快速充电?

下列蓄电池不能进行脉冲快速充电：

1）未经使用过的新蓄电池。

2）液面高度不正确的蓄电池。

3）各单格电解液密度不均匀、各单格电压差大于 0.2V 的蓄电池。

4）电解液混浊并带褐色的蓄电池。

5）极板硫化的蓄电池。

6）充电时电解液温度超过 50℃的蓄电池。

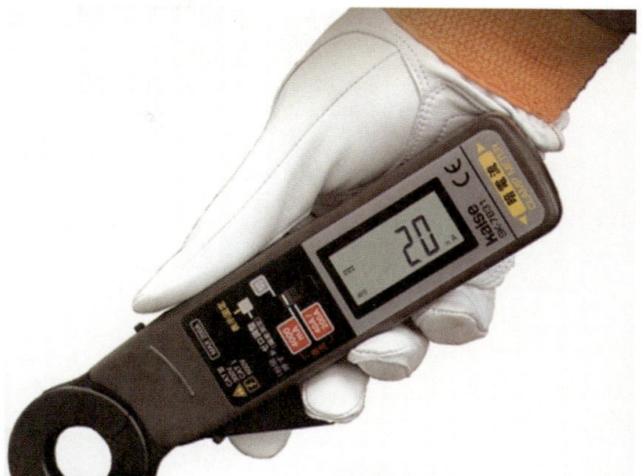

暗电流表

## 50. 如何为蓄电池“减负”？

1）停车后记得关闭车灯和车载电器。熄火关车灯，就如同停车后锁门一样，都是车主应该养成的良好用车习惯。此外，车载电器也要记得在熄火时关闭，因为它们同样耗电。

2）不要让空调和汽车一起起动。车主在熄火之前关闭空调系统，就能让蓄电池在车辆起动时一心一意地干活，避免被空调分走太多电量，减少自身损耗。

3）避免在不着车时长时间开音响和前照灯。不着车，却在车内长时间听音响，音响开启的时间越长，蓄电池电量消耗就越大。准备开车时，车辆可能就没电起动了。

4）不要频繁起动车辆。正确的方法是每次起动时间不要超过 5 秒，每次起动间隔至少 15 秒。

5）注重蓄电池的日常保养。假如车辆需要放置较长时间，那么车主也要至少每周起动一次。定期起动车辆是为了让蓄电池运作，保持正常状态。除了定期起动车辆外，最好将车开到外面转上几圈，让蓄电池保持正常的充放电过程。

## 51. 什么是暗电流?

所谓暗电流，是指汽车在静止休眠状态（拔出点火钥匙、关闭车门一段时间后）时，仍然在流动的电流，又称为“静态电流”。正因为这些暗电流的存在，以及蓄电池自然地放电，车辆长期停放则使蓄电池容量不足，从而导致汽车无法起动。

## 52. 为什么会存在暗电流?

暗电流存在的原因：

1）一些电器设备为了保持数据的记忆功能，必须长期供电。

2）防盗系统需要长期供电，以保证全天候的监视功能。

车辆暗电流一般为 20 ~ 50mA，但对于更高级的车，由于电器设备的增多，暗电流也同时增大。

关闭阅读灯

空调系统旋钮

## 53. 怎样检查车辆暗电流？

可以使用电流钳测量车辆暗电流，也可以用下列方法准确测量暗电流：

1）关闭一切电器部件和点火开关。

2）除了发动机罩，关闭所有门并锁止所有门。

3）等待几分钟，直到车辆的电器系统转至休眠模式。

4）在蓄电池（－）端子和搭铁线束中串联一个电流表，然后缓慢从蓄电池（－）端子分离夹具，这样做的目的是使车辆供电不中断。

5）读取电流表的电流值

①如果实际电流超过界限值，用拆卸熔丝或拔插头的方式判断异常电路，检查实际电流。

②再次检查暗电流，通过一个接一个地拆卸与异常电路相连的装置搜索可疑装置。

## 54. 如何拆装蓄电池？

1）蓄电池的拆卸方法如下：将点火开关置于 OFF 档位置；使全车用电设备与电源断开；先拆蓄电池负极柱上的搭铁线，后拆正极柱上的起动机线；最后从车上取下蓄电池。但拆卸过程中应注意以下两点：

①若发现蓄电池接线柱螺栓锈蚀难以取出，切莫用手锤或钳子敲打，以免极柱断裂、极板活性物质脱落；可用热水冲洗后，拧开螺栓，用夹头拉器将夹头取下；取下蓄电池时应小心轻放，避免撞击损坏壳体。

②维修带故障自诊断功能的电脑系统，在拆蓄电池导线前，应先确认故障码，或在点烟器上插上专用辅助电源，并将点火开关的 ACC 档接通。

2）蓄电池的安装方法如下：将蓄电池放到相应的位置上；先接起动机（正极）线，再接（负极）搭铁线，以防扳手跌落搭铁引起蓄电池短路放电。在安装过程中应注意以下两点：

①安装蓄电池时，应认清正负极，保证负极搭铁。

②安装接头时，应先用细砂纸清洁接线柱和接线头。连接接线柱夹头时，螺栓上应先涂上凡士林或润滑脂，以防氧化生锈，便于以后拆卸。

## 55. 如何维护蓄电池？

1）经常清除蓄电池表面的灰尘污物。电极桩和电线夹头上出现氧化物时，应及时清除。

2）检查各单格内电解液的液面高度，如发现不足及时补充。

3）根据当时的季节，及时调整电解液密度。

4）放完电的蓄电池在 24h 内及时充电。

5）停驶车辆的蓄电池，每两个月应进行一次补充充电。

6）常用车辆的蓄电池，放电程度冬季达 25%、夏季达 50%时即应充电，必要时及时进行补充充电。

7）拆卸蓄电池电缆时，应先拆下蓄电池负极，再拆下蓄电池正极；安装时与此相反。

## 56. 如何正确使用蓄电池？

1）不要连续使用起动机。每次起动时间不得超过 5s。如果一次未能起动，应停顿至少 10s 以上再做第二次起动。连续三次起动不成功者，应查明原因，排除故障后再起动发动机。

2）安装和搬运蓄电池时，应轻搬轻放，不可敲打或在地上拖拽。蓄电池在汽车上应固定牢靠，以防行车时振动和移位。

3）检查蓄电池电解液的液面高度，如发现电解液不足，要及时进行补充。

4）要经常检查蓄电池的放电情况，若发现容量不足，应及时充电。

## 57. 保存蓄电池时应注意哪些问题?

1）应存放在室温在 5 ~ 30℃、干燥、清洁及通风的地方。

2）不要受阳光直射，离热源距离不小于 2m。

3）避免与任何液体和有害气体接触。

4）不得倒置或卧放，不得叠放，不得承受重压，相邻蓄电池之间应相距 10cm 以上。

5）新蓄电池的存放时间，从出厂之日起不得超过两年。

## 58. 冬季使用蓄电池有哪些注意事项?

1）冬季使用蓄电池时，应特别注意保持其处于充足电状态，以免电解液密度降低而结冰。

2）冬季补加蒸馏水，应在充电前进行，以便于蒸馏水较快地与电解液混合而不致结冰。

3）冬季蓄电池容量降低，因此，在起动冷态发动机前，应进行预热，以减少起动阻力。

4）冬季气温低，充电较困难，因此，可适当调高调节器的调节电压，以改善蓄电池的充电状态，但仍需避免过充电。

## 59. 如何检查蓄电池?

1）检查蓄电池封胶有无开裂和破损，极桩有无破损，壳体有无泄漏，否则应修理或者更换。

2）疏通加液孔盖的通气孔。

3）清洁蓄电池外壳，并用钢丝刷或极桩接头清洁器清洁极桩和电缆卡子上的氧化物，清洁后抹一层凡士林或润滑脂。

## 60. 如何检查电解液液面高度?

1）玻璃管测试法。将内径为 35mm 的玻璃管从加液孔垂直插入蓄电池内，直到与保护网或隔板上边缘接触为止；用大拇指按紧玻璃管管口，提起玻璃管，测量玻璃管内的液面高度，即为蓄电池电解液液面高度，其标准值为 10 ~ 15mm。液面过低时应加入电解液使之符合标准。

2）观察液面高度指示线法。使用透明塑料外壳的蓄电池，在外壳上刻有两条高度指示线。正常液面高度介于两线之间。

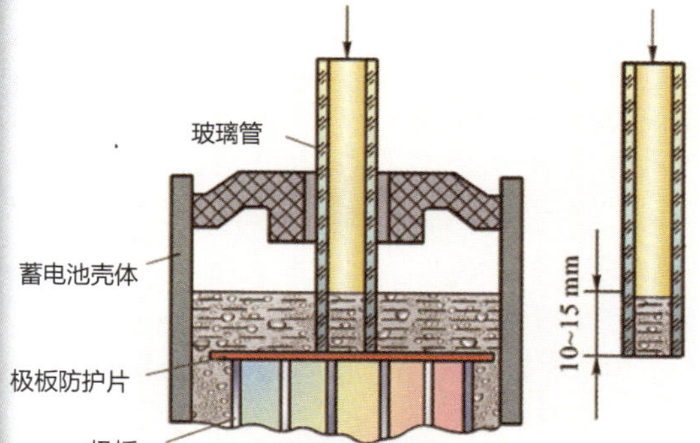


玻璃管测试法

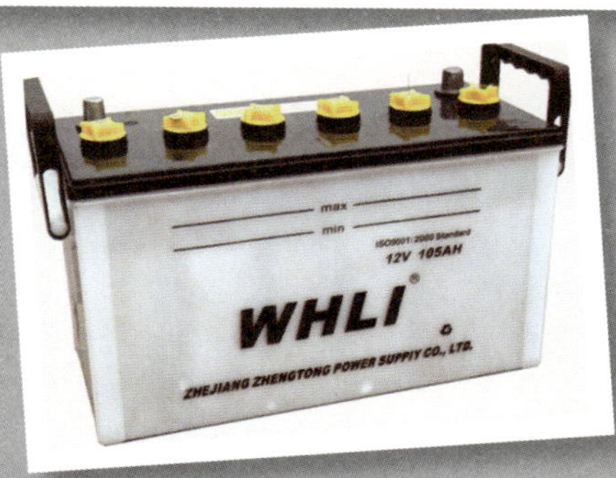


液面高度指示线法

## 61. 电解液液面低于标准值怎么办?

电解液液面低于标准值时，应及时补加蒸馏水。除了确知液面降低是由电解液溅出所致外，不允许补充硫酸溶液。这是因为电解液液面正常降低是由电解液中的蒸馏水电解和蒸发所致。要特别注意不能加注冷开水、自来水、河水及其他质地的水，这样会造成蓄电池自放电故障。

## 62. 如何检查电解液密度？

电解液密度的大小是判断蓄电池容量的重要标志。测量蓄电池电解液密度时，蓄电池应处于稳定状态。蓄电池充、放电或加注蒸馏水后，应静置半小时后再测量。

用吸式密度计测量电解液密度。测量时，首先捏住密度计的橡皮球，将密度计下端的吸管插入单格电池的加液孔内，慢慢放开橡皮球，使电解液吸入到玻璃管中，吸入电解液的量以能使密度计浮子浮起而不会顶住为宜。然后，使密度计的浮子浮在玻璃管中央（不要与管壁接触），读出电解液密度值。要求读数时密度计刻度线与眼睛保持平齐，测得的密度值应用标准温度（+25℃）予以校正。通过对各个单格电池电解液密度的测量，可以确定蓄电池是否失效。如果单格电池之间密度相差 0.05g/cm$^3$，则该电池失效。当所有单格电池具有相同的相对密度值，即使相对密度偏低，该电池也可以通过补充充电后得到再生（正常情况下）。

电解液密度与放电程度的关系：密度每下降 0.01g/cm$^3$ 相当于蓄电池放电 6%，当判定蓄电池在夏季放电超过 50%、冬季放电超过 25%时不宜再继续使用，应及时进行补充充电，否则会使蓄电池早期损坏。

## 63. 如何配制电解液？

配制电解液前，应选择符合标准的纯硫酸和蒸馏水，根据当地的气温条件，选择合适的电解液密度。配制电解液时，应用耐酸的容器装蒸馏水，然后将纯硫酸慢慢注入水中，同时用清洁的玻璃棒搅拌，使其混合均匀。测量其密度和温度，若不符合要求，适当调整，直至合格为止。

## 64. 如何检测蓄电池的放电程度？

1）用高率放电计测量放电电压。测量时，将两叉尖分别紧密接触蓄电池的正、负极，保持 15s，若其电压能保持在 9.6V 以上，说明蓄电池性能良好，但存电不足；若能稳定在 10.6 ~ 11.6V，说明蓄电池存电充足；若电压迅速下降，说明蓄电池已损坏。

2）就车起动检测。先设法使发动机不能着火，将电压表连接于蓄电池的两极，然后接通起动机，约 15s 后，电压表的读数应不低于 9.6V（12V 蓄电池）且基本稳定。

## 65. 蓄电池检测方法有几种？

汽车蓄电池检测通常有传统检测和电导技术检测两种方法。

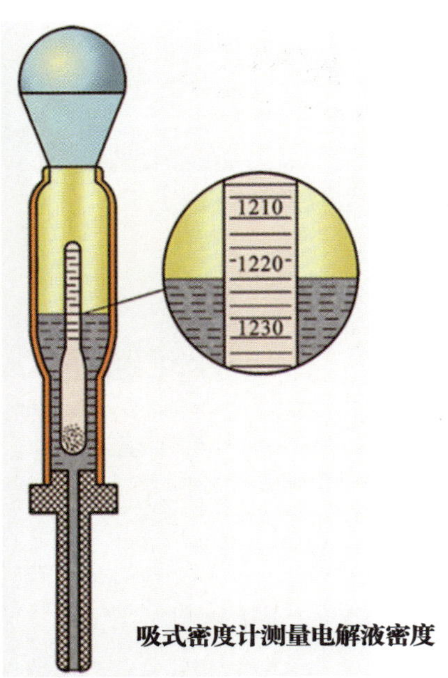


吸式密度计测量电解液密度

蓄电池的安装位置

## 66. 传统检测如何判定蓄电池的健康状况?

传统检测判定蓄电池健康状况的方法就是放电，通过放电来检测蓄电池的实际容量，从而判定蓄电池的健康状况。对于汽车蓄电池来说，国际蓄电池协会（BCI）规定，在常温下以 1/2 的额定冷起动电流值进行放电 15s，如果蓄电池电压为 9.6V 以上，这个蓄电池就通过了放电试验，便认为它是个健康的蓄电池。

## 67. 传统检测的依据标准是什么?

目前，世界上几乎所有的汽车用蓄电池都是铅蓄电池，铅蓄电池最大的特点就是随着蓄电池的使用而逐渐老化，当蓄电池容量降低到它原本额定容量的 80%的时候，蓄电池的容量可能呈“跳水式”下降，这时尽管该蓄电池可能仍然能够提供一定的能量，但随时可能报废。在蓄电池行业，把 80%的蓄电池容量作为铅蓄电池的一个临界点，当蓄电池容量降低到其原额定容量的 80%的时候，这个蓄电池就需要更换了。

## 68. 传统检测有哪些不足?

1）被检测的蓄电池电压至少有 12.4V。由于检测的原理是放电，如果检测的蓄电池已经部分放电，必然导致检测结果的电压值偏低，从而造成误判。

2）对于同一个蓄电池无法连续重复测量。由于检测过程就是放电过程，被检测的蓄电池在测试后，必须重新充电后才能再次测量。

3）检测过程发出大量的热，无法连续测试多个蓄电池。

4）检测过程要求测试者训练有素，必须在放电 15s 的瞬间读出蓄电池的电压值，因此测试者的水平和责任心都会对测试结果产生影响。

## 69. 传统检测的不足产生哪些影响?

正是由于传统检测蓄电池手段不足的原因，蓄电池经销商以及汽车维修站、汽车经销商常常将好的蓄电池作为坏蓄电池退回给厂家。据美国最大的汽车蓄电池经销商 INTERSTATE 统计，在退回来的所谓的坏蓄电池中，50％的蓄电池实际上是好的，这些蓄电池需要的是充电而不是更换，这部分好蓄电池只是因为失误的判断，无谓地往返于厂家和经销商之间，白白造成彼此的耗费。

## 70. 蓄电池测试仪有什么么作用?

蓄电池测试仪主要用于对蓄电池工作能力、健康状况和车上开关的检测，具有操作方便、使用可靠、性能稳定等特点。蓄电池对于汽车来说，尽管在成本上所占的比重不高，但它对整个汽车却起着举足轻重的作用。所以，了解蓄电池是否仍然良好，提前更换将要报废的蓄电池，能有效提高汽车维修企业的服务水平和用户满意度。

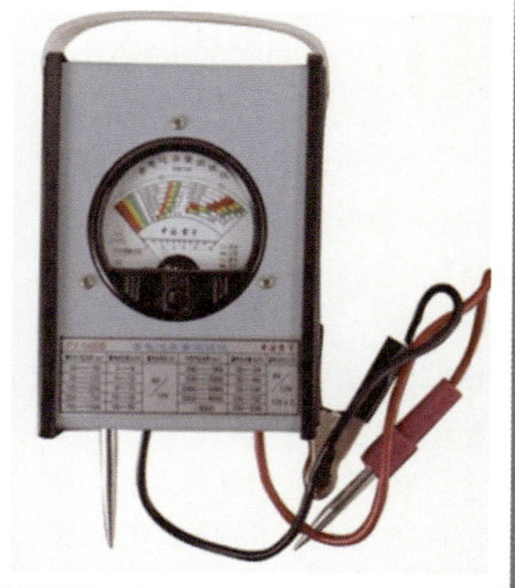

蓄电池测试仪

## 71. 蓄电池测试仪由哪些部件组成？

蓄电池测试仪由直流电压表、负载电阻、测试夹、锥形触头和外壳等组成。仪表盘标有各种蓄电池容量、状态显示，以白、绿、黄、红分别表示“充足”“正常”“重充”“放完”四种状态。仪表正面附有各种气缸容积的汽车发动机所需蓄电池规格的对照表，供使用时参考。

## 72. 如何使用测试仪检测蓄电池？

将测试仪的夹子接在蓄电池的负极上，红色表笔接在蓄电池的正极。测试 2V 的单格蓄电池时，读视左端 0~2.5 的刻度（刻度旁的数字表示伏特数）。测试 6V 的蓄电池时，按不同的容量读视 6V 箭头所指的 6 条刻度（刻度旁的数字表示蓄电池的容量范围，如 200A · h 等）。测试 12V 的蓄电池时，按不同的容量读视 12V 箭头所指的 5 条刻度。当所测蓄电池的额定容量与测试仪的仪表盘上所列刻度有出入时，可选读相近的刻度，如测试 150A · h 的蓄电池时，可读视 200（6V）或 100~200（12V）的刻度。

## 73. 如何使用测试仪检测开关？

在检查汽车上各种开关的质量时，可将测试仪和开关串接于蓄电池的正、负极之间，并将此时测试仪指示的刻度与撤去开关后的刻度相比，如相差 3 格刻度以上，表示开关质量不好（读视仪表盘中、下部的 0~10 刻度）。

## 74. 使用蓄电池测试仪应注意哪些问题？

1）使用前，应先检查测试仪指针是否指在仪表盘左端的零位上。如果不是指在零位，可旋转表盖中部的调零器，将指针调至零位。

2）每次测试时间不得超过 3 秒，并且蓄电池的电解液不足时不能测试。

3）测试仪左下端的锥形触头与夹子同为负极，测试时也可用触头测量。

4）测试仪初次使用时，可能会产生轻微烟雾，这是正常现象，使用几次后就会消失。

## 75. 如何测量蓄电池的开路电压？

测量蓄电池开路电压时，蓄电池应处于稳定状态，蓄电池充、放电或加注蒸馏水后，应静置半小时后再测量。蓄电池开路电压可用万用表的电压档测量，将万用表的红、黑表笔分别与蓄电池正、负极相接即可。

## 76. 怎样判定蓄电池损坏失效？

1）长时间充电后电解液仍无变化，不冒气，密度不变，端电压低，蓄电池外壳发热。

2）电解液混浊，呈棕色或青色，正极板或负极板脱落严重。

3）从加液口观察极板，可以看到极板厚度不均，负极板两面的隔板膨胀，几乎碰到正极板，出现弯曲。

4）原来蓄电池存电不足，充电时端电压快速上升、电解液沸腾、密度不变，停止充电不久，端电压又下降。

5）塑料蓄电池壳四壁向外凸起，主要是极板脱落物质挤落在极板间、向外挤胀极板形成的。

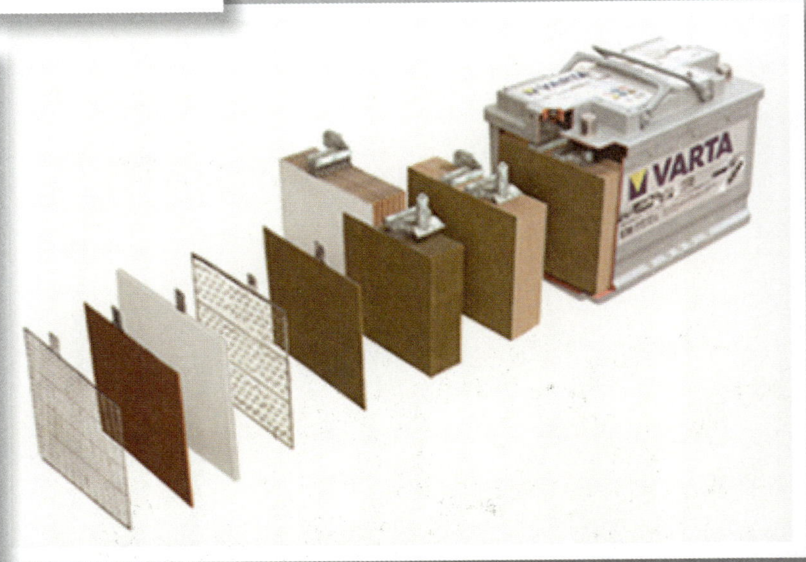

## 77. 如何诊断与排除蓄电池极板硫化故障？

（1）故障现象

1）蓄电池容量降低，用高率放电计检测，单格电压迅速下降。

2）电解液的密度下降到低于规定的正常数值。

3）蓄电池在开始充电及充电完毕后，电压过高，可达2.7V以上。

4）蓄电池在充电时过早地产生气泡，甚至一开始充电就有气泡。

5）蓄电池在充电时，电解液温度上升得过快，易超过45℃。

6）蓄电池放电时，电压下降过快（用低放电率放电），过早地降至终止电压。

7）在极板上生成坚硬、不易溶解的白色大颗粒。

（2）故障原因

1）蓄电池在放电与半放电状态下长期放置，由于硫酸铅在昼夜温度差存在情况下，不断在电解液中有溶解与结晶这两个相反过程的交替发生，产生再结晶，经过多次再结晶，便在极板上形成粗大的不易溶解的硫酸铅晶体。

2）蓄电池经常过量放电或小电流深放电，从而在极板细小孔隙的内层生成硫酸铅，平时充电不易恢复。

3）电解液液面过低，极板上部的活性物质露在空气中被氧化，汽车行驶时电解液的波动使其接触氧化了的活性物质，生成粗晶粒的硫酸铅。

4）蓄电池初充电不彻底或使用期间不进行定期补充充电，使其在半充电状态长期使用，极板上的放电产物——硫酸铅长期存在，也会通过再结晶形成粗大的颗粒。

5）电解液不纯或其他原因导致蓄电池自行放电，均会产生硫酸铅，从而为硫酸铅再结晶提供物质基础。

（3）故障诊断与排除。蓄电池出现轻度硫化故障，可用2～3A的小电流长时间充电，即过充电；或用全放、全充的充放电循环方法使活性物质还原，也可用去硫充电的方法消除。硫化严重的蓄电池，应予以报废。

蓄电池极板

## 78. 如何诊断与排除蓄电池自行放电故障？

（1）故障现象

充足电的蓄电池放置不用，逐渐失去电量的现象称为自行放电。如果使用中自放电速度在一定范围内，可视为正常现象。如果放电速度超出一定范围就应视为故障。一般自放电的允许范围在每昼夜1%以内。如果每昼夜放电超过2%，就应视为故障。

（2）故障原因

1）电解液不纯，电解液中的杂质沉附于极板上产生局部放电。

2）蓄电池溢出的电解液堆积在盖板上，使正、负极桩形成回路。

3）蓄电池长期放置不用，硫酸下沉，下部密度较上部大，极板上、下部发生电位差引起自行放电等。

4）极板活性物质脱落，下部沉淀物过多，使极板短路。

（3）故障诊断与排除

发生自放电故障后，应倒出电解液，取出极板组，抽出隔板，再用蒸馏水冲洗极板和隔板，然后重新组装，加入新的电解液重新充电。

## 79. 如何诊断与排除蓄电池容量达不到规定要求故障？

（1）故障现象

1）汽车起动时，起动机转速很快地减慢，转动无力。

2）按喇叭声音弱，无力。

3）开启前照灯，灯光暗淡。

（2）故障原因

1）使用新蓄电池前未按要求进行初充电。

2）发电机调节器电压调得过低，使蓄电池经常充电不足。

3）经常长时间起动起动机，造成大电流放电，致使极板损坏。

4）电解液的相对密度低于规定值，或在电解液渗漏后，只加注蒸馏水，未及时补充电解液，使电解液的相对密度降低。

5）电解液的相对密度过高或电解液液面过低，造成极板的硫化。

（3）故障诊断与排除

1）首先检查蓄电池外部，看外壳是否良好，有无裂纹，表面是否清洁，极板上是否有腐蚀及污物。如有，则为蓄电池外部自放电故障，应根据相应故障予以排除。

2）检查蓄电池搭铁接线，极桩的连接夹子有无松动，蓄电池接线极桩与极板连接处有无断裂。如有，则为输出电阻过大，电压降低。

3）测量蓄电池的电解液密度，如电解液密度低，说明充电不足或新蓄电池未按要求经过充、放电循环，使蓄电池未达到规定的容量。

4）检查液面高度，如果液面高度不足，且在极板上有白色结晶物质存在，则可能存在极板硫化故障。

5）蓄电池充电后，检查电解液密度，如果出现两个相邻的电池中电解液的密度有明显差别，如在6个单格电池中，5个电池的电解液密度为1.16g/cm³，另一个电池的密度为1.08g/cm³，则说明该单格电池内部有短路，不能使用。

6）必要时，检查发电机调节器的调节电压。

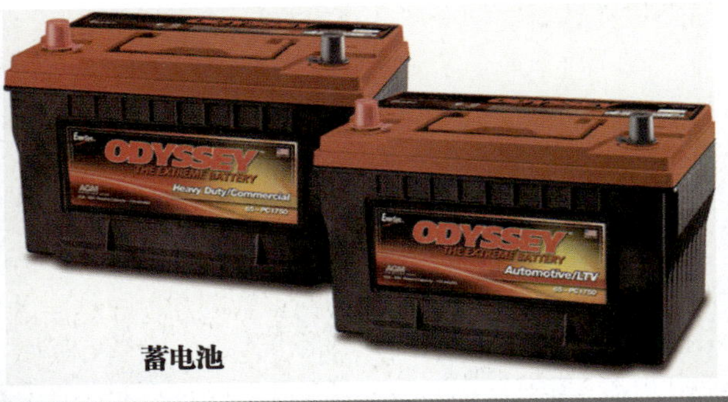

蓄电池

## 80. 如何诊断与排除蓄电池活性物质脱落故障？

（1）故障现象

蓄电池输出容量下降，充电时电解液混浊，有棕色物质自底部上升，这种现象就是活性物质脱落。

（2）故障原因

1）充电电流过大。

2）过充电时间过长。

3）低温大电流放电。频繁的大电流放电所造成的极板拱曲，也会加速活性物质脱落。

4）汽车行驶时颠簸、振动。

5）电解液密度过高。

（3）故障诊断与排除

对于活性物质脱落的铅蓄电池，若沉积物较少，则可清除后继续使用；若沉积物较多，则应更换新极板和电解液。

## 81. 如何诊断与排除蓄电池极板短路故障？

（1）故障现象

1）蓄电池容量下降或没有容量。

2）单格电池电压很小或为零。

3）电解液密度上升很慢或不上升。

4）电解液气泡很少或无气泡。

（2）故障原因

1）隔板质量不好或隔板缺角。

2）极板拱曲致使正、负极板接触。

3）活性物质大量脱落，沉积后将正、负极板连通。

（3）故障诊断与排除

先找出短路的部分在哪个单格的极板内，然后拆散蓄电池，取出极板组，更换新隔板，更换不符合要求的极板。

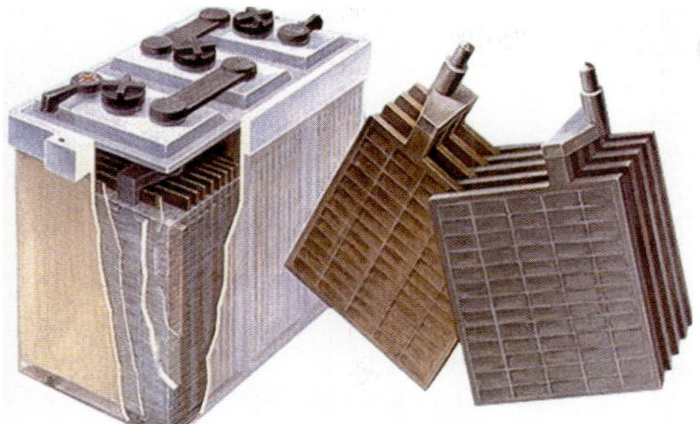
蓄电池极板

## 83. 如何诊断与排除蓄电池反极故障？

（1）故障现象

1）蓄电池电压下降，输出容量下降。

2）极板、接线柱颜色异常，严重时会造成活性物质脱落和极板拱曲。

（2）故障原因

1）多个蓄电池串联使用时，如果个别蓄电池或蓄电池单格的容量比其他的蓄电池单格都低，成为一个反极充电电池，其实质就是严重的过量放电。

2）充电时，蓄电池与充电机接线错误，造成充电电流反向。

（3）故障诊断与排除

当发现有反极蓄电池时，应立即对反极蓄电池进行单独充电，并对反极蓄电池进行多次循环充电，直至与其他蓄电池一样。

## 82. 如何诊断与排除蓄电池极板拱曲故障？

（1）故障现象

极板拱曲多发生在正极板处，极板拱曲后将会造成蓄电池内部短路故障。

（2）故障原因

1）极板在制造过程中铅膏涂填不匀，使充放电时极板各部分所引起的电化学反应强弱不匀，致使极板膨胀和收缩不一致。

2）经常大电流放电，使极板表面各部分电流密度不同而造成弯曲。

3）蓄电池过量放电，使极板内层深处生成硫酸铅，充电时得不到恢复，造成内部膨胀而导致极板拱曲。

4）电解液中含有杂质，在引起局部电化学作用时，仅有小部分活性物质转变为硫酸铅，致使整个极板的活性物质体积变化不一致也会造成极板拱曲。

（3）故障诊断与排除

极板轻度拱曲时，可用木夹板夹紧矫正；如极板拱曲严重，则应更换新极板。

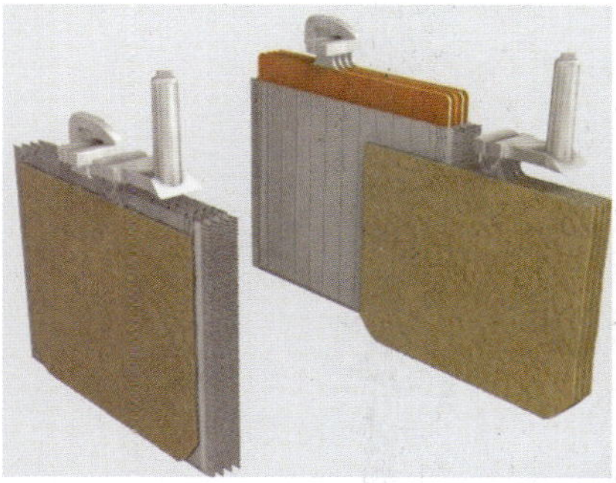

## 84. 交流发电机有什么作用？

汽车上所用的发电机为交流发电机，它是汽车电器的主要电源，由发动机驱动。其功用是在发动机怠速以上运转时，向除起动机以外的所有用电设备供电，并向蓄电池充电以补充蓄电池在使用中所消耗的电能。

## 85. 交流发电机管理系统起什么作用？

交流发电机管理系统通过检测车辆工作状态（加速或减速）、车辆用电负荷和蓄电池再充电状态来调节交流发电机负荷，控制输出电压，以改善燃油经济性并保持蓄电池在最佳再充电状态。ECM 根据蓄电池再充电状态和车辆工作状态，执行再充电控制、放电控制或正常控制。

1）车辆加速时，ECM 执行蓄电池放电控制以消耗蓄电池电源，降低交流发电机产生的电压，减小交流发电机负荷。

2）车辆减速时，系统执行充电控制。车辆增加交流发电机负荷并给蓄电池充电。

交流发电机

## 86. 交流发电机有哪些类型?

（1）按总体结构分

1）普通交流发电机：普通交流发电机由三相交流发电机和 6 只硅整流二极管组成，使用时需要配装电压调节器。

2）整体式交流发电机：整体式交流发电机采用内装式电压调节器，即发电机和调节器制成一个整体。

3）带泵交流发电机：这种发电机是与汽车制动系统用真空助力泵安装在一起的发电机，多用于柴油机。

4）无刷交流发电机：是指无电刷和集电环结构的交流发电机。

5）永磁交流发电机：转子磁极采用永磁材料制成的交流发电机。

（2）按整流器结构分

1）6 管交流发电机；

2）8 管交流发电机；

3）9 管交流发电机；

4）11 管交流发电机。

（3）按励磁绕组搭铁形式分

1）内搭铁型交流发电机；

2）外搭铁型交流发电机。

## 87. 发电机包括哪些部件?

汽车所用的发电机为交流发电机，它主要由转子总成、定子总成、整流器、前后端盖、电刷组件、风扇和带轮等组成。

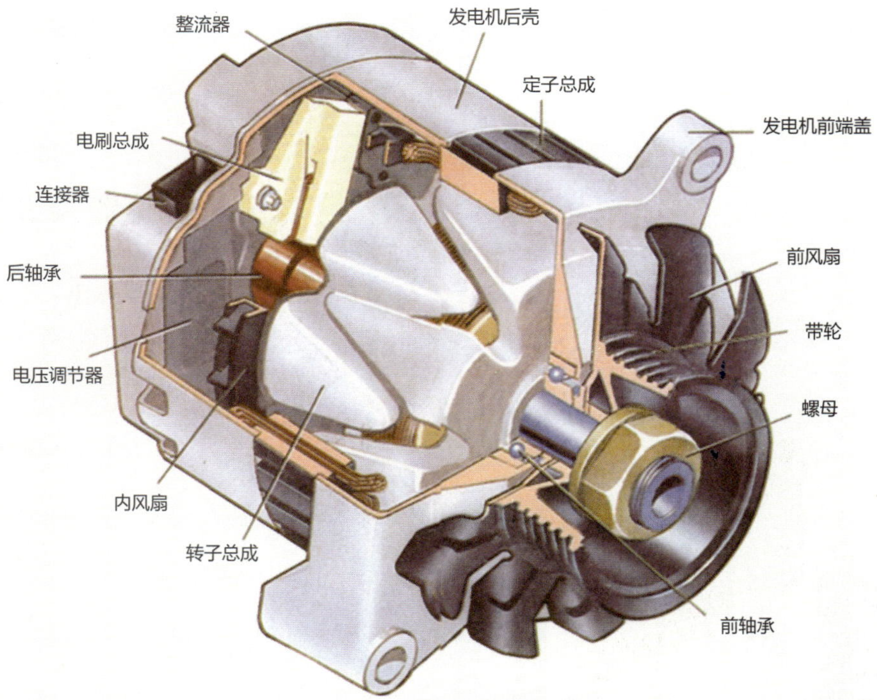


交流发电机构造图

## 88. 发电机各部件有什么作用?

汽车所用的发电机为交流发电机，它主要由转子总成、定子总成、整流器、前后端盖、电刷组件、风扇和带轮等组成。

1）转子总成的作用是产生磁场，主要由两块爪极、磁轭、励磁绕组、转子轴和集电环等组成。

2）定子总成也叫电枢，其作用是产生三相交流电，主要由定子铁芯和定子三相绕组组成。

3）整流器的作用是将定子绕组产生的三相交流电整流成为直流电，主要由硅整流二极管组成。

4）前后端盖上均装有滚珠轴承，用以支承转子总成。它们在组装时已由生产厂商加注了润滑油并密封起来，使用时一般不需要润滑。通常前后端盖上设有通风口，用以通风散热。

5）电刷组件安装在后端盖内，两只电刷装在电刷架的方孔内，利用弹簧的弹力使其与滑环保持良好接触。

6）带轮安装在发电机的前端，由发动机通过皮带驱动，以带动转子总成旋转。

7）风扇一般用 1.5mm 厚的钢板冲制或用铝合金压制而成，安装在带轮的后面，靠风扇的离心作用给发电机强制通风。

## 89. 转子总成的结构有什么特点?

交流发电机转子总成中的转子轴上压装着两块爪极，两块爪极各有 6 个棘形结构，爪极空腔内装有励磁绕组和磁轭。励磁绕组的两端引线分别焊在两个彼此绝缘的集电环上（集电环与转子轴绝缘）。两个集电环与装在后端盖上的两个电刷相接触。

发电机工作，两个电刷与直流电源接通，当两个集电环通过电刷而通入直流电时，励磁绕组中就有电流通过，并产生轴向磁通，使爪极一块被磁化为 N 极，另一块被磁化为 S 极，从而形成 6 对相互交错的磁极。当转子转动时，就形成了旋转的磁场。

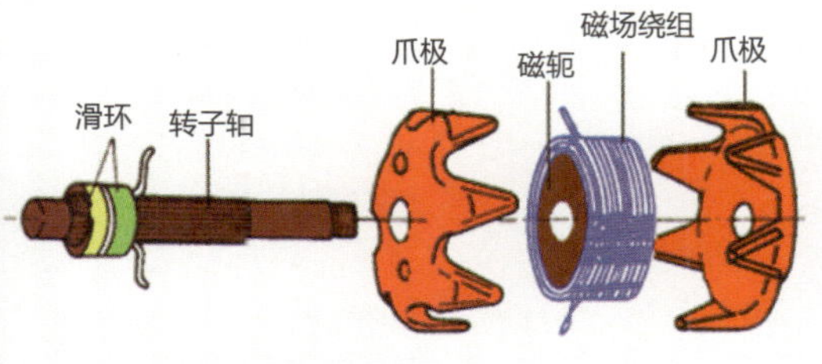


转子总成构造图

## 90. 定子三相绕组有几种连接方法?

交流发电机定子总成中的定子铁心由相互绝缘的内圈带槽的环状硅钢片叠加而成，定子绕组的导线就嵌放在铁心的槽中。定子绕组有三相，三相绕组采用星形连接或三角形连接，都能产生三相交流电。目前，大多数车用交流发电机采用星形连接，即三相绕组的尾端相互连接在一起称为中性点，如桑塔纳、奥迪等轿车的交流发电机的定子绕组均采用星形连接；而神龙富康轿车、北京切诺基汽车发电机定子绕组则采用三角形连接，即三相绕组的首尾相互连接在一起而形似三角形。

定子总成

## 91. 风扇与转子轴之间为什么装单向离合器?

交流发电机转子轴的前端装有带轮和风扇，即带轮和风扇与转子轴刚性连接。这样，当发动机带动发电机转子轴高速旋转时，风扇工作使空气流经发电机内部，对发电机进行冷却。对于一些高档轿车，其发电机的功率大、体积小，为了提高散热强度，在发电机转子轴的前后各装一个风扇。另外，部分轿车发电机的风扇与转子轴之间装有单向离合器，其目的也是提高发电机的散热强度，其原理为：

1）当发动机以正常转速带动发电机旋转时，其风扇的工作原理与普通风扇相同。

2）当发动机因制动而使发电机转速下降时，即转子轴与风扇之间有转速差，此时，由于单向离合器的作用，风扇可以继续以高速旋转，增大流经发电机内部的空气流，提高散热强度。

## 92. 发电机为什么采用铝壳体?

交流发电机的端盖（壳体）分为前端盖和后端盖，起固定转子、定子、整流器和电刷组件的作用。其端盖一般用非导磁性材料铝合金制造：一是可有效防止漏磁，从而减少电磁干扰；二是散热性能好；三是能够减轻发电机质量。

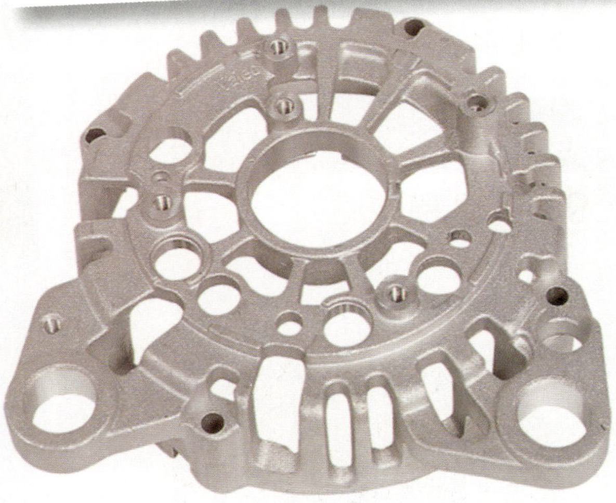

铝合金后端盖

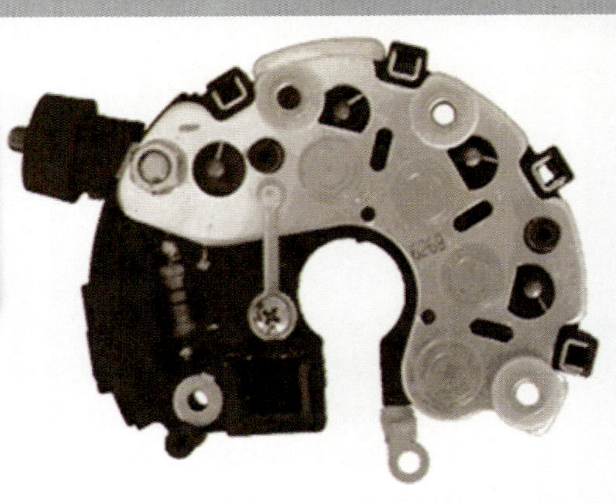

整流器

## 93. 电刷有哪两种结构形式?

在交流发电机的后端盖上装有电刷组件，由电刷、电刷架、电刷弹簧及磁场接线柱组成。两个电刷分别装在电刷架的孔内，借助弹簧压力与集电环保持接触。

目前，交流发电机的电刷有两种结构形式：一种是电刷架可以直接从发电机的外部进行拆装，称为外装式；另一种是电刷架不可以从发电机的外部进行拆装，称为内装式。外装式电刷的拆装和更换在发电机外部即可进行，拆装检修十分方便，因此被普遍采用；内装式电刷若需要更换，必须将发电机解体，由于拆装检修不便，因此现在很少采用。

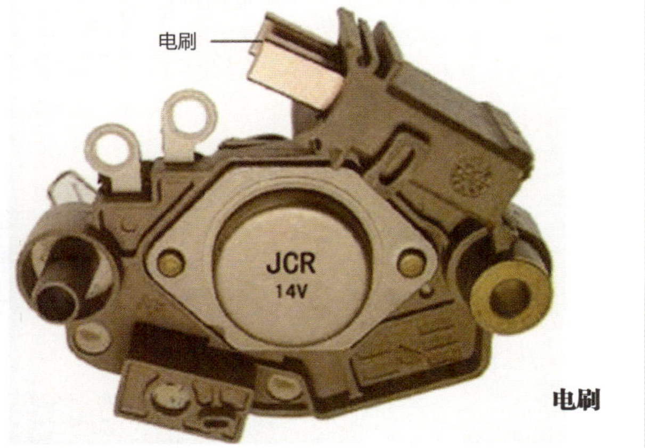


电刷

## 94. 整流器有什么作用?

从交流发电机定子三相绕组输出的是交流电，而汽车电器系统均采用直流电。那么，如何将交流电转变为电器系统所需的直流电呢？这就需要整流器了。交流发电机整流器的作用是将定子绕组的三相交流电变为直流电，经滤波后对外输出供给用电设备。整流器是利用整流二极管的单向导电性将交流电变为直流电的。

整流器由整流板和整流二极管组成，6管交流发电机的整流器是由6只整流二极管分别压装（或焊装）在相互绝缘的两块板上组成的，6只整流二极管分为正极管和负极管两种。引出电极为正极的称为正极管，3只正极管装在同一块板上，称为正极板；引出电极为负极的称为负极管，3只负极管安装在负极板上，也可直接安装在后盖上。

1）6管交流发电机的整流器共有6只整流二极管，每相定子绕组有2只二极管。

2）8管交流发电机的整流器共有8只整流二极管，除了定子三相绕组的6只整流二极管外，其余2只是中性点二极管。

3）9管交流发电机的整流器共有9只整流二极管，除了定子三相绕组的6只整流二极管外，其余3只是励磁二极管。

4）11管交流发电机的整流器共有11只整流二极管，除了定子三相绕组的6只整流二极管外，还有2只中性点二极管和3只励磁二极管。

## 95. 发电机如何产生交流电?

如图所示，线圈的两端分别与集电环连接，集电环通过电刷与灯泡连接。把线圈垂直放置在磁场中，当线圈转动作切割磁力线运动时，线圈中就产生了感应电流，表现出的现象就是灯泡发光，这就是发电机的原理。

交流发电机定子的三相绕组（相当于图示的磁场）按一定规律分布在发电机的定子槽中，内部有一个转子，转子上安装着爪极和磁场绕组（相当于图示的线圈）。当外电路通过电刷使磁场绕组通电时，便产生磁场，使爪极被磁化为 N 极和 S 极。当转子转动时，磁通交替地在定子绕组中变化。根据电磁感应原理可知，定子的三相绕组中便产生三相交流电，而后经整流器整流为直流电输出。

在发电机发电原理图中，固定的是磁场，旋转的是线圈，而实际的交流发电机正好与此相反，即在交流发电机中，旋转的转子相当于磁场，固定的定子相当于线圈产生三相交流电。

## 96. 什么是励磁电流?

发电机发电的条件是必须有磁场和线圈且二者发生相对运动，而在发电机转子总成中的励磁绕组的作用就是负责产生磁场。发电机要想正常发电，必须由蓄电池或发电机本身向励磁绕组提供电流（用来产生磁场），这个被提供的电流就是励磁电流。

## 97. 什么是他励?

在发动机起动期间，即交流发电机开始发电时，需先由蓄电池向励磁绕组提供励磁电流，以使转子总成产生磁场而使发电机发电，这种供给励磁电流的方式称为他励。这样，当转子总成转动时，磁通交替地在定子绕组中变化。根据电磁感应原理可知，定子的三相绕组中产生三相交流电，而后经整流器整流为直流电输出。

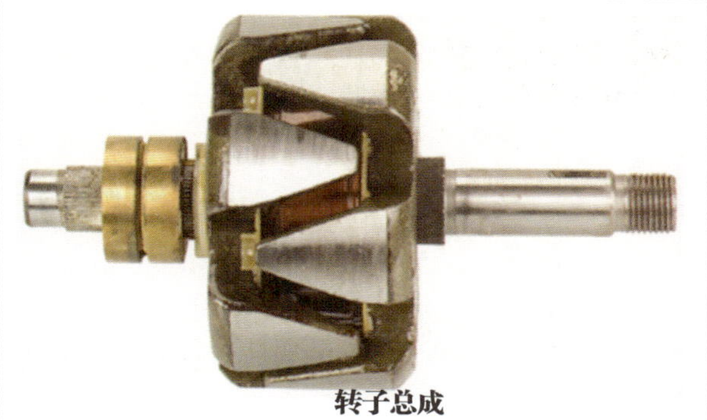

转子总成

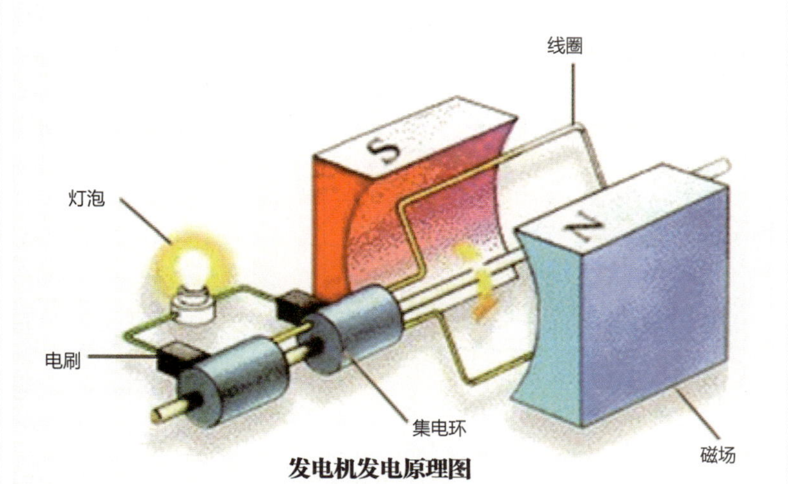


发电机发电原理图

## 98. 什么是自励?

随着发动机转速的提高，发电机的电压逐渐升高并能对外输出，一般在发动机怠速时发电机就能对外供电了。当发电机能对外供电时，就可以把自身发的电供给励磁绕组而生磁发电，这种供给励磁电流的方式称为自励。此时，发电机的励磁方式由他励转变为自励。

## 99. 无刷交流发电机什么样?

无刷交流发电机的励磁绕组是不动的，因此，励磁绕组的两端引出线可以直接引出，省去了电刷和集电环，爪极在励磁绕组的外围旋转。

## 100. 无刷交流发电机有什么特点?

无刷交流发电机的特点是励磁绕组通过一个磁轭托架固定在后端盖上。两个爪极中只有一个爪极直接固定在发电机转子轴上，另一个爪极则用非导磁连接环固定在前述爪极上。当转子轴旋转时，一个爪极就带动另一个爪极一起在励磁绕组与定子绕组之间转动。

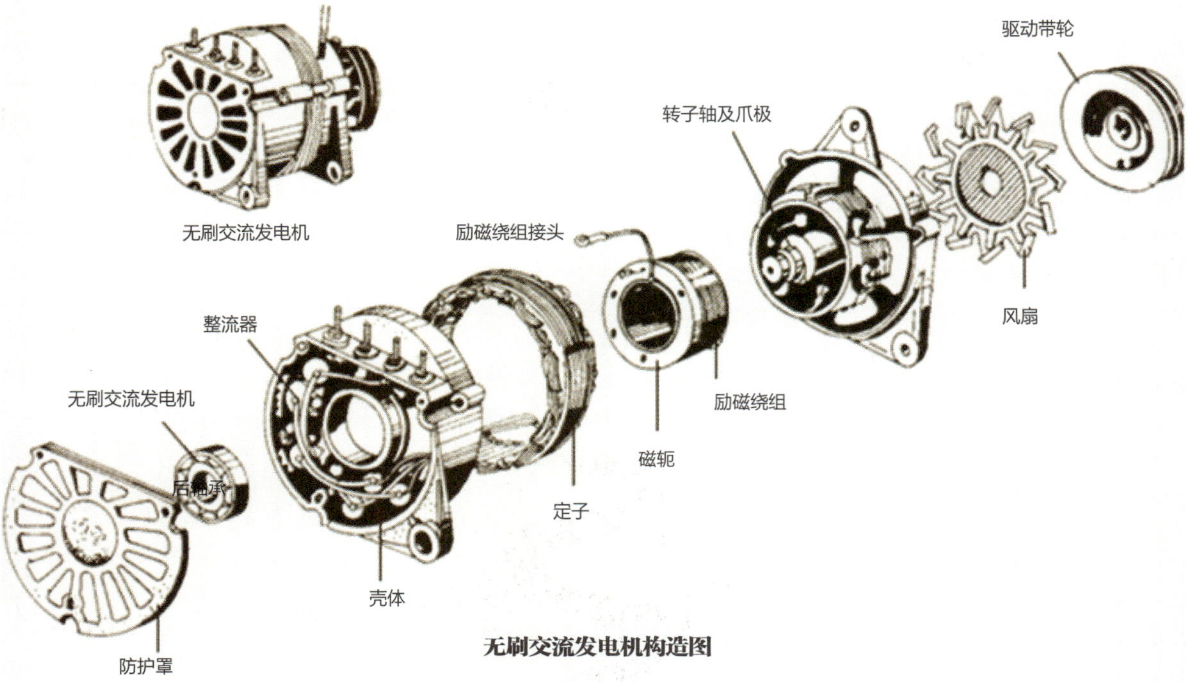


无刷交流发电机构造图

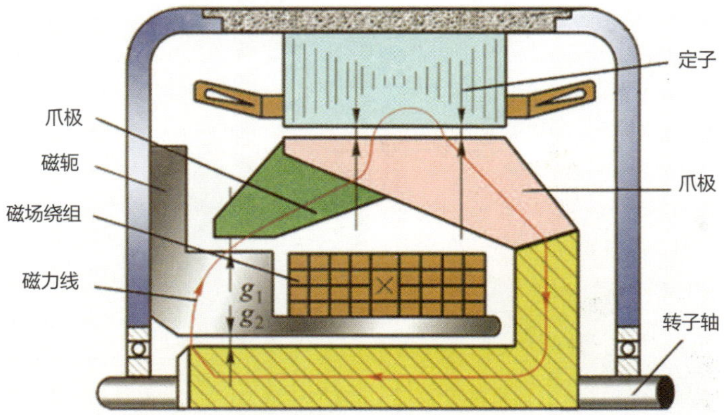


无刷交流发电机构造原理图

## 101. 什么是水冷式发电机？

水冷式交流发电机利用水来代替风扇进行冷却。交流发动机主要的发热部位是定子，水冷式发电机重点冷却部分就是定子及其三相绕组。发电机的前端盖和后端盖用铝合金材料制成，开有水道槽。定子及三相绕组用合成树脂固定密封，定子与转子之间有铝制围板与水道隔离。水道与进水管和出水管连通，进水管和出水管分别与发动机冷却系统连通。这样，当发动机运转时，冷却液在发动机水泵的带动下循环流动，通过发电机壳体，可以有效地冷却定子及三相绕组、定子铁心，同时也冷却转子、调节器和轴承等其他发热零部件。

## 102. 电压调节器有什么作用？

电压调节器是把发电机输出电压控制在规定范围内的调节装置。其作用是在发电机转速变化时，自动控制发电机电压，使其保持恒定，防止发电机电压过高而烧坏用电设备和导致蓄电池过量充电，同时也防止发电机电压过低而导致用电设备工作失常和蓄电池充电不足。

## 103. 电压调节器可分为哪些类型？

（1）按工作原理分

1）晶体管调节器：其特点是晶体管的开关频率高且不产生火花，调节精度高，还具有重量轻、体积小、寿命长、可靠性高、电波干扰小等优点，多用于中、低档车型。

2）集成电路调节器：除具有晶体管调节器的优点外，还具有超小型的特点，安装于发电机的内部（又称内装式调节器），减少外接线，并能改善冷却效果，现广泛应用于多种轿车车型上。

3）电脑控制调节器：是现在轿车采用的一种新型调节器，由电负载检测仪测量系统总负载后，向发动机电脑发送信号，然后由发动机电脑控制发电机电压调节器，适时地接通和断开磁场电路，既能可靠地保证电器系统正常工作，使蓄电池充电充足，又能减轻发动机负荷，提高燃料经济性。

（2）按所匹配的交流发电机搭铁形式分

1）内搭铁型电压调节器。

2）外搭铁型电压调节器。

## 104. 什么是内搭铁？

交流发电机的励磁绕组在发电机内部直接搭铁叫内搭铁，这样的交流发电机就叫做内搭铁型交流发电机，所采用的电压调节器即为内搭铁型电压调节器。

## 105. 什么是外搭铁？

交流发电机的励磁绕组经电压调节器搭铁叫外搭铁，这样的交流发电机就叫做外搭铁型交流发电机，所采用的电压调节器即为外搭铁型电压调节器。

## 106. 什么是轮毂电机技术？

新能源汽车现在已经成为汽车行业颇具前瞻性的领域，而新能源车型的驱动技术和传统内燃机汽车有着不小的区别，其中有一类驱动技术有着很大的发展前景，就是轮毂电机技术。

轮毂电机

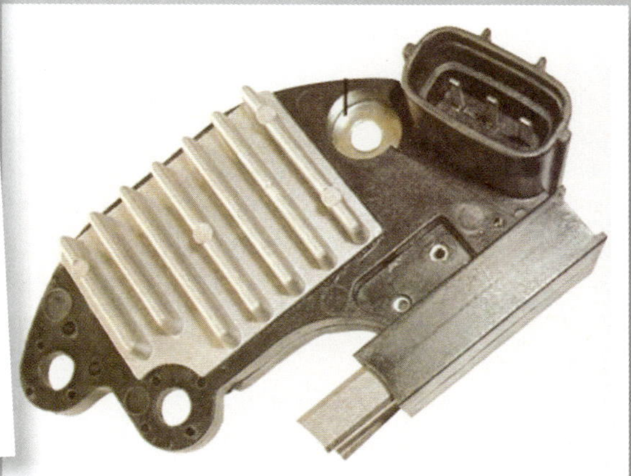

电压调节器

## 107. 轮毂电机技术有什么特点?

轮毂电机技术又称车轮内装电机技术，它的最大特点就是将动力、传动和制动装置都整合到轮毂内，因此将电动车辆的机械部分大大简化。轮毂电机技术并非新生事物，早在 1900 年，保时捷就首先制造出了前轮装备轮毂电机的电动汽车，在 20 世纪 70 年代，这一技术在矿山运输车等领域得到应用。而对于乘用车所用的轮毂电机，日系厂商研发开展较早，目前处于领先地位，包括通用、丰田在内的国际汽车巨头也都对该技术有所涉足。目前国内也有自主品牌汽车厂商开始研发此项技术，在 2011 年上海车展展出的瑞麒 X1 增程电动车就采用了轮毂电机技术。

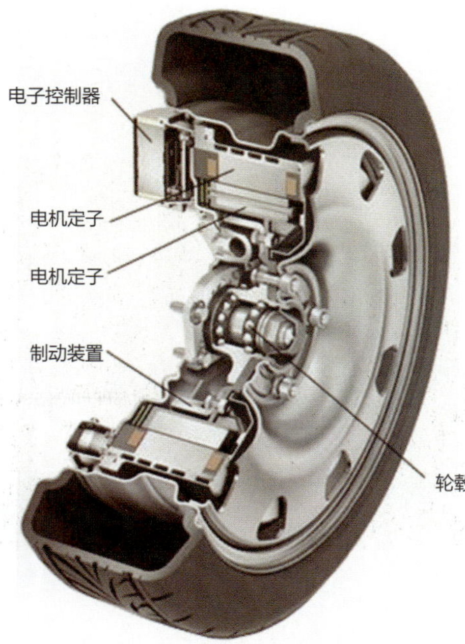

轮毂电机构造图

## 108. 如何正确使用发电机?

1）汽车交流发电机均为负极搭铁，蓄电池的搭铁极性必须与此相同，否则蓄电池将通过整流二极管放电，使整流二极管立即烧坏。

2）发电机工作时，不能用试火的方法检查发电机是否发电，否则将损坏发电机的整流器。

3）发电机正常工作时，不可任意拆卸发电机正极接线柱上的电缆，以免引起电路中的瞬时过电压，损坏电子元件。

4）一旦发现发电机不发电或充电电流很小，应及时找出故障并予以排除，不应再长期继续运转。

5）整流器的 6 只二极管与定子绕组连接时，禁止用兆欧表或 220V 交流发电机检查发电机的绝缘情况，否则将使二极管击穿。

6）发电机停转时，应将点火开关断开，否则蓄电池将长期经励磁绕组和调节器放电。

7）发电机与蓄电池之间的导线要连接可靠，如突然断开，将会产生过电压，易损坏电子元器件。

## 109. 如何正确使用电压调节器?

1）调节器与发电机的电压等级必须一致，否则电源系统不能正常工作。

2）调节器与发电机（励磁绕组）的搭铁形式必须一致。

3）交流发电机的功率不得超过调节器设计时所能配用的交流发电机的功率。

4）线路连接必须正确。

5）调节器必须受点火开关（或电源）控制。

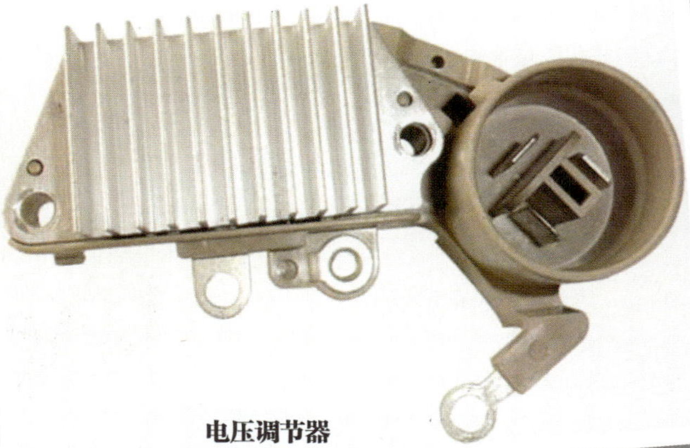
电压调节器

## 110. 如何分解发电机?

1）清除外部的灰尘泥土。

2）拆下电刷架紧固螺钉，取下电刷架总成。

3）拆下连接前后端盖的拉紧螺栓，将其分解为与转子接合的前端盖和与定子连接的后端盖两大部分。

4）将转子夹紧在台虎钳上，拆下带轮紧固螺母，可依次取下带轮、风扇、半圆键。

5）将前端盖与转子分离，若该部位装配过紧，可用拉力器拉开，或用橡胶锤轻轻敲，使之分离。

6）拆卸防护罩。

7）拆下定子上的 4 个接线端（三相绕组首端及中性点）在元件板上的连接螺母，使定子与后端盖分离。

8）拆下后端盖上紧固整流器总成的螺钉，取下整流器总成。

9）零部件的清洗。对机械部分可用汽油或清洗液清洗，对电器部分如绕组、散热板及全封闭轴承等宜用干净的棉纱擦拭去表面的尘土、脏泥。

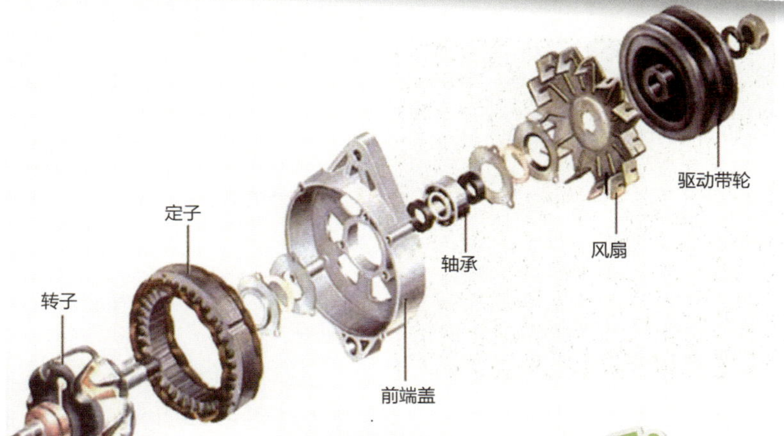


交流发电机分解图

## 111. 如何检查发电机能否发电?

发电机能否正常发电直接影响到蓄电池的使用寿命和起动性能，其检查方法如下：

1）观察充电指示灯的熄灭情况。接通点火开关后，充电指示灯点亮，起动发动机并怠速转速，此时，发电机开始发电，充电指示灯应熄灭。如果充电指示灯一直点亮，说明电源系统有故障，应及时检修。

2）用万用表直流电压档测量电压。首先，在发电机未转动时测量蓄电池的端电压，然后起动发动机并将转速提高到怠速以上，再次测量蓄电池电压，若高于前一次的测量值，说明发电机能发电。

## 112. 如何用试灯法检验发电机是否发电?

首先将连接发电机电枢接线柱的导线拆掉，使发电机的电枢与蓄电池电源脱开，然后使发动机以低速运转，将试灯一端的引线接在发电机电枢接线柱上，另一端的引线搭在发电机外壳上。此时，若试灯发亮，则表示发电机正常；若试灯不亮，则表示发电机不发电。

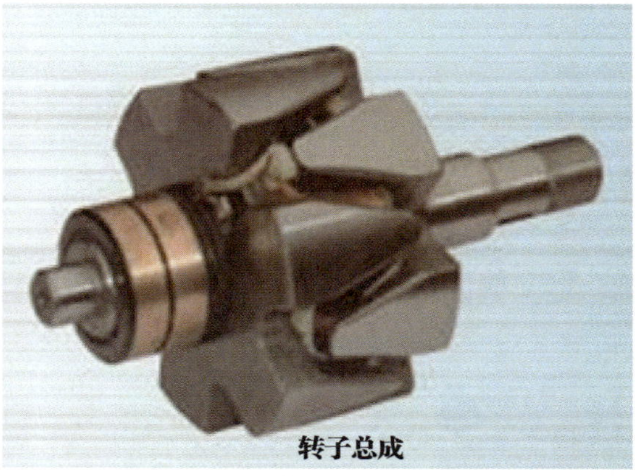

转子总成

## 113. 如何利用充电指示灯诊断电源系统故障?

在装有充电指示灯的汽车上，可利用充电指示灯来诊断充电系统有无故障，方法如下：

1）首先预热发动机，起动发动机后，使其怠速或将发动机转速控制在 1200r/min 左右运转 10min，然后断开点火开关，使发动机停止运转。

2）再接通点火开关（将点火开关转到 ON 位，并不起动发动机），观察充电指示灯是否发亮。此时，充电指示灯应当发亮。如果不亮，则说明充电指示灯线路或充电指示灯有故障。

3）再次起动发动机，并逐渐升高发动机转速，当发动机转速升高到 600 ~ 800r/min 时，充电指示灯自动熄灭，说明充电指示灯线路正常，发电机能够发电。此时，调节器工作是否正常，还需用万用表进行检测诊断。

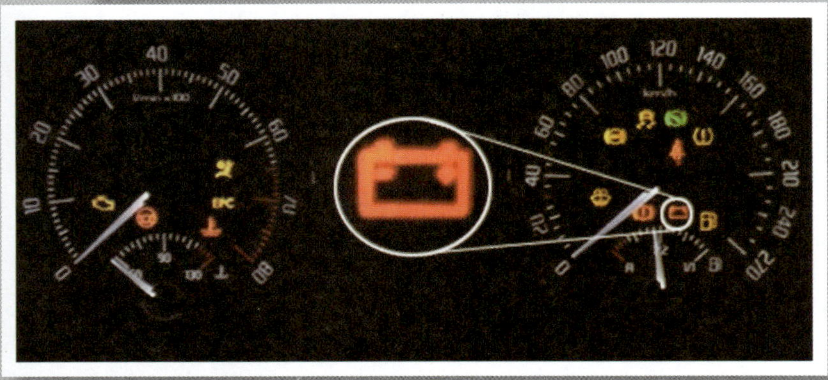

充电指示灯

## 114. 如何利用万用表诊断电源系统故障?

1）将万用表拨到直流电压 DC 档，万用表的正极接发电机输出端子，负极搭铁。

2）记下此时万用表指示的电压，该电压即为蓄电池的空载电压，正常值为 12.0 ~ 12.6V。

3）起动发动机，并逐渐踩下加速踏板使其转速升高。当发动机转速升到高于怠速转速，万用表指示的电压应高于蓄电池的空载电压，并随转速升高而稳定在某一调节电压值不变。

4）若万用表指示的电压高于调节器的调节电压，且随发动机转速升高而升高，则说明发电机能发电，调节器或其线路有故障；若万用表指示的电压随发动机转速升高而保持蓄电池空载电压不变或低于蓄电池空载电压，则说明发电机或调节器有故障，此时可将发电机和调节器从车上拆下分别进行检测。

## 115. 如何检修定子总成?

1）定子铁心的检修。查看定子铁心有无碰损或擦伤，如果定子铁心损坏严重，应更换定子总成。

2）定子绕组断路的检修。定子绕组断路是指绕组内部中断，或绕组引线折断、脱焊，使线路不通。定子绕组断路可用万用表进行检查。检查时，先用烙铁烫开定子绕组引线，然后将万用表置于蜂鸣档，使两表笔与定子绕组任意两引线相接检查，应导通。如果不导通，表明该绕组有断路之处。定子绕组的断路多发生在绕组外部，并且多数是由于引线碰损或接头脱落所致。定子绕组引线折断或接头脱焊，可重新接牢、焊好，并进行必要的绝缘处理，以防再次出现断路或引起短路故障。

3）定子绕组搭铁的检修。定子绕组搭铁是指绕组导线绝缘层被破坏，直接与定子铁心相连通。定子绕组搭铁也可用万用表检查。检查时，将万用表置于蜂鸣档，并使一表笔与定子铁心相连，另一表笔分别跟定子绕组各引线相接，应不导通。如导通，则表明定子绕组有搭铁之处。

定子总成

## 116. 如何检修转子总成？

1）励磁绕组断路及短路的检修。励磁绕组断路是指绕组内部导线中断或引线折断、脱焊，使线路不通。励磁绕组短路是指绕组被破坏，造成部分绕组匝间相通，使绕组电阻值减小。

励磁绕组的断路及短路可用万用表检查。检查时，将万用表置于欧姆档，使两表笔与两集电环相接，并查看仪表读数。其电阻值应为 30 ~ 50Ω，如果电阻值小于规定值，则表明励磁绕组短路；如果电阻值为无穷大，则表明励磁绕组断路。

如果励磁绕组断路或短路发生在绕组内部，则只能重新绕制或更换转子总成。重新绕制时，应先用烙铁从集电环上将线圈引线烫开，然后用压力机将转子轴压出，从爪形磁极中取出绕组。绕制时，应在绕线机上利用模具绕线，并使其线径、匝数、外形尺寸与原励磁绕组一致。绕制完毕，进行整形、浸漆和烘干处理，并将绕组放在两爪形磁极内，用压力机将转子轴装回原位，然后刮净引线接头，用烙铁将引线接头焊接在集电环上。

2）励磁绕组搭铁的检修。励磁绕组搭铁是指励磁绕组、绕组引线或集电环绝缘被破坏，直接与转子轴或爪形磁极相连通。励磁绕组搭铁可用万用表检查。检查时，将万用表置于相应档位，使一表笔与集电环相连，另一表笔与爪形磁极或转子轴相连，并查看仪表读数，其数值应为无穷大，否则为有搭铁故障。

如果励磁绕组搭铁部位是在绕组引线与转子轴或爪形磁极之间，可清洁后进行绝缘处理，如果励磁绕组搭铁部位是在绕组引线与集电环之间，可清洁后将引线接牢，并进行绝缘处理。

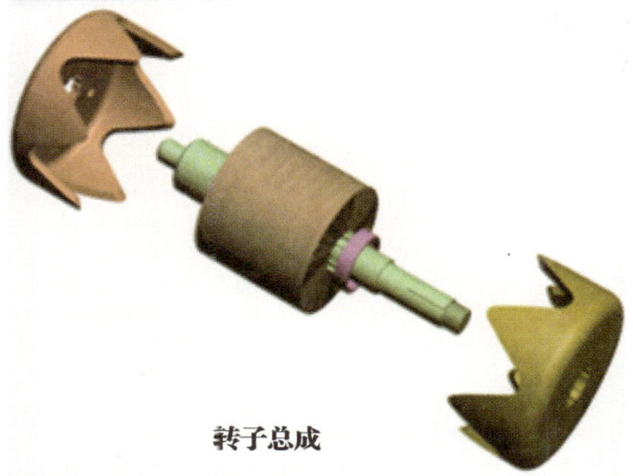

转子总成

## 117. 怎样检修集电环和转子轴？

1）检查两个集电环之间是否导通。如不能导通，则说明转子励磁绕组已断路，应更换。

2）检查集电环表面有无裂痕和烧蚀现象，如果损伤轻微，则可用砂布打磨光洁；如果出现沟槽，但集电环的厚度不小于 2mm，则可装在车床上进行精车，然后用砂布打磨光洁；如果损伤严重，则应换装新集电环或更换转子总成。

3）若转子轴弯曲变形，则可装在车床或放在 V 形块上，用百分表检查其径向跳动，跳动量应不大于 0.1mm，否则，转子轴应放在压力机上校直；当弯曲较大不能校直时，应更换转子总成。

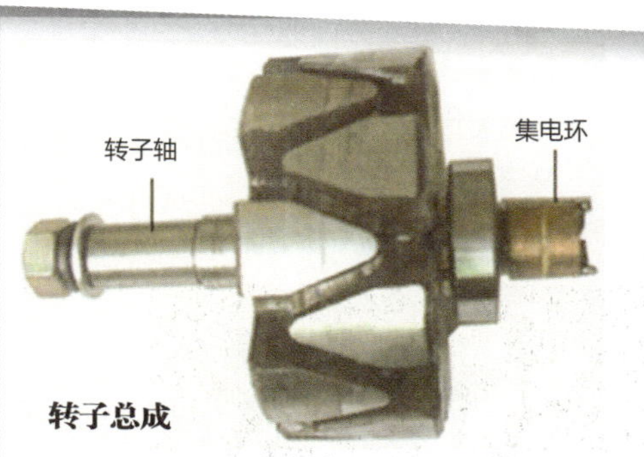


转子总成

## 118. 怎样检修电刷组件？

1）检查电刷架有无破损、裂纹，电刷在电刷架内是否活动自如。如有破损、裂纹或电刷在电刷架内运动受阻，则应更换电刷架。

2）检查电刷弹簧是否变形、折断或老化失弹。如果弹簧折断或严重变形，则应更换。

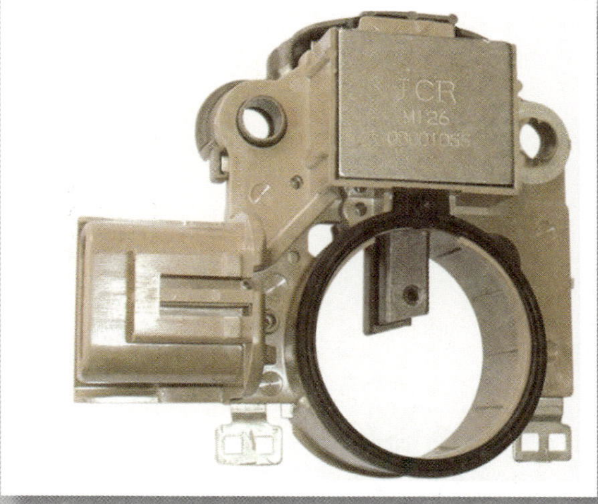

## 119. 如何检查发电机驱动带？

1）外观检查。观察驱动带有没有裂纹或磨损情况，如有则应更换驱动带。

2）挠度检查。在交流发电机与曲轴带轮之间驱动带的中心点施加 100N 的力，测量驱动带中心的挠度。一般新带的挠度不大于 6mm，旧带的挠度不大于 10mm。

3）张力检查。用专用工具皮带张力仪进行检测。

## 120. 如何调整发电机驱动带？

由于驱动带的挠度和张力都能反映发电机的驱动情况，因此，有的汽车只规定检查其中的一项。若检查结果不符合规定，则应进行调整。

调整时，拧松发电机固定螺栓的锁紧螺母，转动调节螺栓到合适的松紧度，然后拧紧锁紧螺母和固定螺栓，再次检查驱动带挠度和张力，直到符合规定为止。

发电机驱动带

## 121. 如何检查发电机运转有无噪声？

当发电机出现故障，特别是机械故障时，如轴承破损、转子轴弯曲等，发电机运转时会发出异常噪声。检查时，逐渐打开发动机节气门（踩下加速踏板），使发电机转速逐渐升高，同时监听发电机有无异常噪声。当有异常噪声时，应将发电机分解检修。

## 122. 怎样排除发电机机械噪声？

发电机机械噪声的主要来源有轴承、电刷、风扇。

车辆行驶一定里程后，轴承和电刷因为正常磨损，噪声有一定增加，风扇噪声几乎没有变化。其中，电刷噪声是可修复的。一般在车内听不到就不需要调整。轴承噪声主要特征表现为机械撞击声，并发出“咔哒”、“咔哒”声，它不像电刷噪声那么尖锐。在大多数情况下，发出噪声的轴承并没有损坏，只是因为发电机在使用过程中的振动、温度变化导致端盖微量不均匀变形，使轴承内、外圈不完全同心，产生噪声，其频率与发电机转速相同，这种情况不影响轴承寿命。如果是轻微的噪声，不需要维修。若要修理，可用木锤轻轻敲击端盖靠近轴承部位，即将噪声消除。

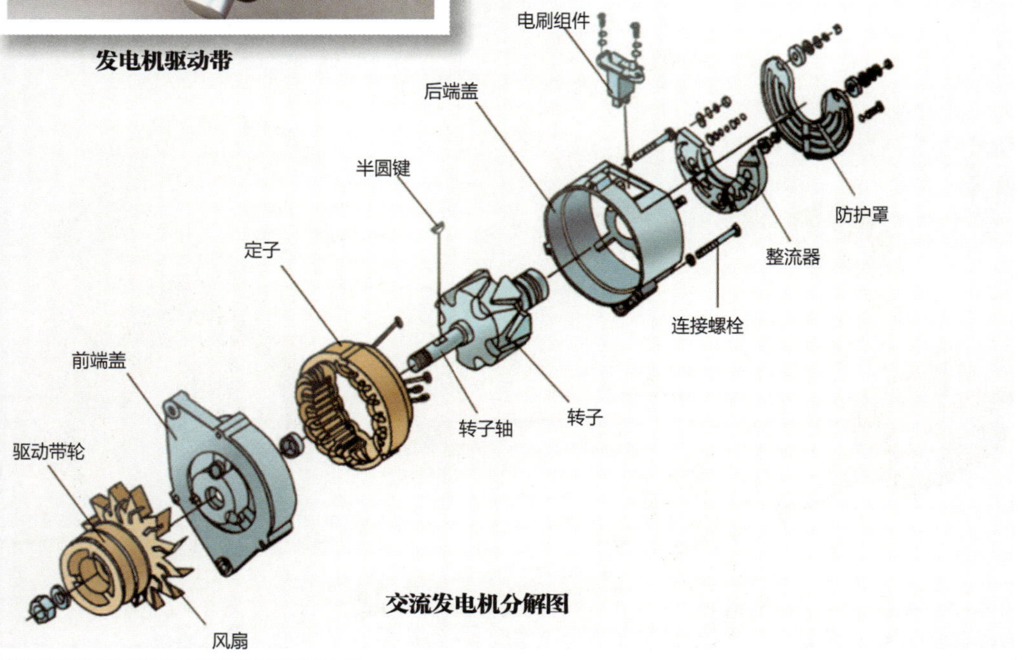


交流发电机分解图

## 123. 如何进行空载性能诊断?

1）将电压表的正、负极分别与蓄电池的正、负极相连，将钳形直流电流表的检测夹夹到发电机输出端子 B 的引出导线上。

2）起动发动机，并将其转速升高到 2000r/min 运行，此时电压表指示的电压，即调节电压应为 13.9 ~ 15.1V，电流表读数应小于 10A。调节电压过高或过低应检修或更换调节器；电流过大说明蓄电池充电不足或有故障，应补充充电或更换蓄电池。

## 124. 如何进行负载性能诊断?

1）连接检测仪器并进行空载性能诊断。

2）起动发动机，并使其以 2000r/min 运行。

3）接通前照灯和暖风电动机（夏季则接通空调），此时调节器电压也应为 13.9 ~ 15.1V，电流表读数应大于 30A。若小于 30A，则说明发电机功率不足，应拆下检修或更换发电机。

## 125. 如何诊断与排除不充电故障?

（1）故障现象

发动机中高速运转，充电指示灯不熄灭。

（2）故障原因

1）线路的接线断开或短路。

2）调节器调整不当或有故障。

（3）判断步骤与方法

1）检查发电机驱动带的状况。

2）检查发电机驱动带的松紧度：用手指压下驱动带的中部，若压下量过大，说明发电机驱动带过松，应调整。

3）检查发电机驱动带是否打滑。

4）检查充电线路各导线和接头有无断裂或松脱，并检查发电机的接线是否正确。

5）打开点火开关，但不起动发动机，用试灯将其一端接在发电机的磁场接线柱上，另一端搭铁，观察试灯：

①若试灯不亮，说明故障在调节器。

②若试灯亮，则拆下发电机电枢接线柱上的导线并悬空，用试灯将其一端接在发电机电枢接线柱上，另一端搭铁，起动发动机，若试灯不亮或灯光发红，说明故障在发电机。

6）若发电机有故障，则可用万用表测量各接线柱之间的电阻值，粗略判断故障所在。测量前，拆下发电机各接线柱上的导线，将万用表置于电阻档测量各接线柱间的电阻值，其阻值应符合规定；若不符合规定，应对发电机进行拆检。

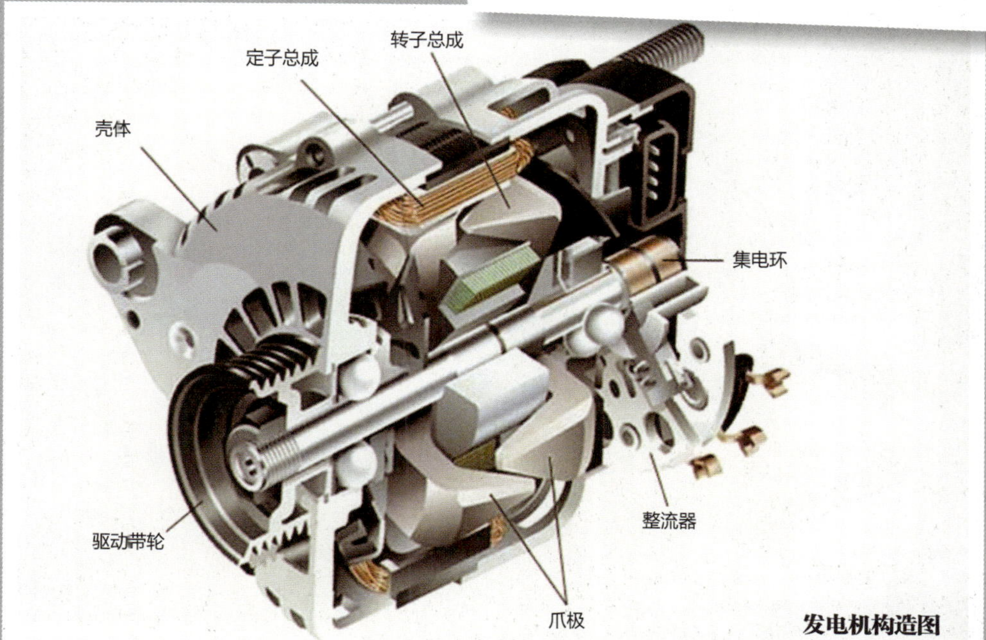


发电机构造图

## 126. 如何诊断与排除充电电流过小故障？

（1）故障现象

1）蓄电池经常存电不足。

2）打开前照灯，灯光暗淡，按动电喇叭声音小。

（2）判断步骤与方法

1）检查发电机驱动带的松紧度：用手指压下驱动带的中部，若压下量过大，说明发电机驱动带过松，应调整。

2）检查充电线路各导线和接头是否接触不良或锈蚀脏污。

## 127. 如何诊断与排除充电电流过大故障？

（1）故障现象

1）在蓄电池不亏电的情况下，存电电流仍在 10A 以上。

2）蓄电池电解液损耗过快。

3）各种灯泡经常烧坏。

（2）判断步骤与方法

充电电流过大的故障，一般都是调节器失调所致，或在调节器的线束中出现导线短路，内搭铁式为“+”线与 F 线间短路；外搭铁式为 F 线与“−”线间短路。所以在检查时，应对调节器及其连线进行检查。

1）对于装有晶体管调节器的充电系统，应检查发电机与调节器是否匹配。如果无匹配问题，则应更换调节器。

2）对于装有触点式调节器的充电系统，应进行弹簧弹力及衔铁间隙的调整，使之符合要求。

第三章 起动系统

## 128. 发动机有哪几种起动方式?

发动机借助外力由静止状态过渡到能自行运转的过程，称为发动机的起动。发动机的起动方式有人力起动、辅助汽油机起动和电力起动三种方式。

1）人力起动最简单，但不方便，劳动强度大，只适用于一些小功率的发动机，在一些汽车上仅作为后备方式保留着。

2）辅助汽油机起动主要用在大功率的柴油机上。

3）电力起动方式操作简单，起动迅速，具有重复起动能力，并且可以远距离控制，因此被现代汽车广泛采用。

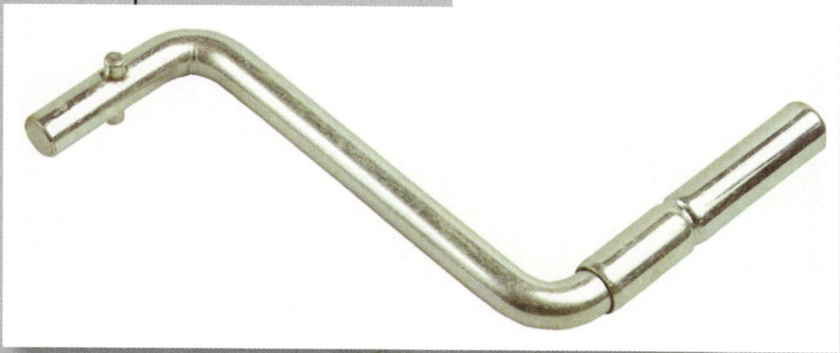

## 129. 起动系统需要满足哪些要求?

1）起动机的小齿轮与发动机飞轮齿圈啮合要容易，尽量不发生冲击现象。

2）发动机起动后，起动机的小齿轮应能自动打滑或脱离啮合，以免发动机起动后，飞轮带动起动机高速旋转，造成起动机的损坏。

3）起动系统应结构简单、工作可靠。

4）发动机在工作中，起动机的小齿轮不能再进入啮合，防止发生冲击。

## 130. 起动系统包括哪些部件？

要使发动机由静止状态过渡到工作状态，必须先用外力转动发动机的曲轴，使活塞作往复直线运动，气缸内的可燃混合气燃烧膨胀做功，推动活塞向下运动使曲轴旋转，发动机才能自行运转，工作循环才能自动进行。因此，曲轴在外力作用下开始转动到发动机开始自动地怠速运转的全过程，称为发动机的起动。完成起动过程所需的装置，称为发动机的起动系统。

目前几乎所有的汽车发动机都采用电力起动系统，它由蓄电池、点火开关、起动继电器、起动机等组成。

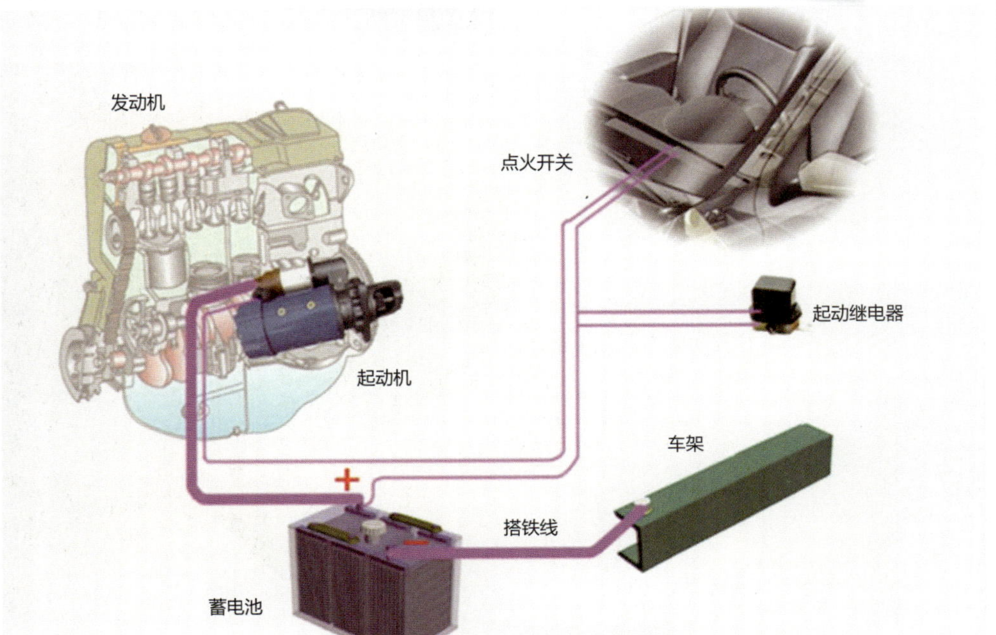

起动系统构成图

## 131. 起动机按总体结构可分为哪些类型？

1）普通起动机。无特殊结构和装置，现代汽车大都采用普通起动机。

2）永磁起动机。电动机的磁极用永磁材料（如铁氧体或铁硼等）制成，取消了磁场线圈，因此结构简化、体积小、质量小。

3）减速起动机。电动机的传动机构设有减速装置的起动机。电动机可采用高速、小型、低转矩电动机，质量和体积比普通起动机可减小 30%～35%。

## 132. 起动机按控制方式可分为哪些类型？

1）机械控制式，也称为直接操纵式，由手拉杠杆或脚踏联动机构直接控制起动机的主电路开关来接通或切断主电路。由于机械控制式要求起动机、蓄电池靠近驾驶室而受到安装和布局的限制，且操作不方便，因此目前已很少采用。

2）电磁控制式，也称为电磁操纵式，借助点火开关或按钮控制电磁铁，再由电磁铁控制主电路开关来接通或切断主电路。由于电磁铁可进行远距离控制，且操作方便省力，因此现代汽车广泛采用。

## 133. 起动机按传动机构啮入方式可分为哪些类型？

1）强制啮合式：依靠电磁力或人力拉动杠杆机构，拨动驱动齿轮强制啮入飞轮齿圈。工作可靠性高，现代汽车广泛采用。

2）惯性啮合式：驱动齿轮借旋转时的惯性力啮入飞轮齿圈，工作可靠性较差，已很少采用。

3）电枢移动式：依靠磁极磁通的电磁力使电枢产生轴向移动，从而将驱动齿轮啮入飞轮齿圈，结构比较复杂，东欧国家采用较多。

4）齿轮移动式：依靠电磁开关推动电枢轴孔内的啮合杆，从而使驱动齿轮啮入飞轮齿圈。

起动机

## 134. 起动机由哪些部件组成？

起动机（starter）俗称马达，它由直流串励式电动机产生动力，经驱动齿轮传递动力给飞轮齿圈，带动飞轮、曲轴转动而起动发动机。现代汽车均采用电力起动机，它一般由直流串励式电动机、传动机构和电磁开关三部分组成。

## 135. 起动机各部件有什么作用？

1）直流串励式电动机。电枢绕组与磁场绕组串联的直流电动机称为直流串励式电动机。电动机是起动的动力源，它将蓄电池的电能转化为电磁转矩，用来带动曲轴旋转。

2）传动机构。传动机构使起动机实现单向动力传递，在起动时将电动机的电磁转矩传递给发动机飞轮；而当发动机起动后则自动断开发动机向起动机的逆向动力传递。

3）电磁开关。电磁开关是起动的控制机构，用于控制起动机驱动小齿轮与发动机飞轮齿圈的啮合与分离以及电动机电路的通断。

## 136. 直流串励式电动机有什么优点？

1）磁场绕组和电枢绕组都是用大截面扁铜线绕制，在静态起动时可通过近似短路的巨大电流。电枢电流达到最大值，转矩也相应地达到最大值。转矩与电枢电流的平方成正比，所以制动电流所产生的转矩很大，足以克服发动机的起动阻力矩，使发动机起动变得很容易。

2）串励式电动机在输出转矩较大时，电枢电流较大，电动机转速随电流的增加而急剧下降；反之，在输出转矩较小时，电动机转速又随电枢电流的减小而很快上升。串励式电动机具有轻载转速高、重载转速低的特性，对保证起动安全可靠是非常有利的。

起动机构造图

## 137. 直流串励式电动机包括哪些部件?

直流串励式电动机的作用是将电能转换为机械能而产生电磁转矩。它主要由磁极、电枢、换向器、电刷和外壳等组成。

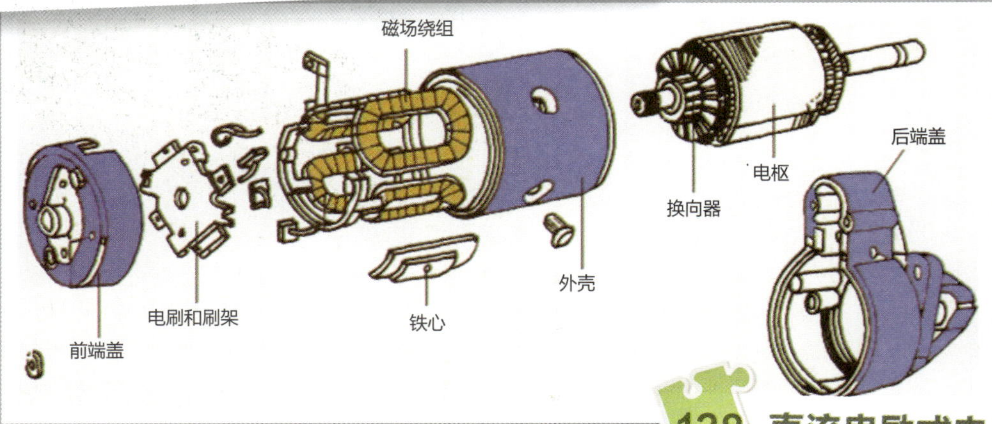


直流串励式电动机构造图

## 138. 直流串励式电动机各部件有什么作用?

1）磁极。磁极由固定在外壳上的磁极铁心和磁场绕组组成。一般采用 4 个磁极，磁场绕组一端接在外壳的绝缘接线柱上，另一端与两个非搭铁电刷相连。其作用是产生电枢转动时所需要的磁场。

2）电枢。电枢由外圆带槽的硅钢片叠成的铁心和电枢绕组组成。起动机工作时，通过电枢绕组和磁场绕组的电流达几百安或更大，因此，其磁场绕组和电枢绕组一般采用矩形断面的裸铜线绕制。

3）换向器。换向器装在电枢轴上，它由许多换向片组成。换向片嵌装在轴套上，各换向片之间均用云母绝缘。

4）电刷。电刷装在端盖上的电刷架中，电刷弹簧使电刷与换向片之间具有适当的压力以保持配合。电刷和换向器配合使用，用来连接磁场绕组和电枢绕组的电路，并使电枢轴上的电磁力矩保持固定方向。4 个磁极的电动机装有 4 个电刷，其中两个与外壳绝缘，接磁场绕组的尾端，电流通过这两个电刷进入电枢绕组；另外两个为搭铁电刷，流过电枢绕组的电流通过这两个电刷搭铁。

5）外壳。外壳是磁极和电枢的安装机体，同时起动机的电磁开关也安装在外壳上，其上有一绝缘接线端，是电动机电流的引入线。

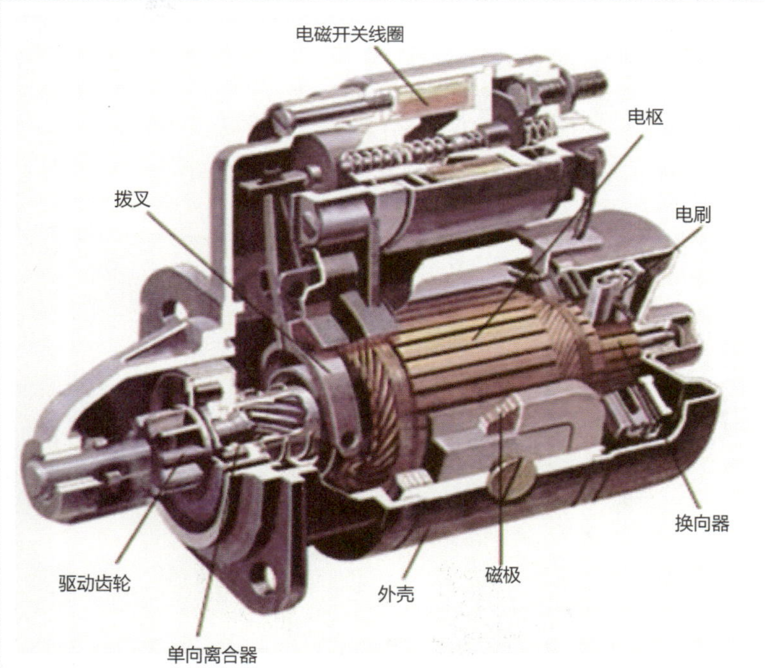


起动机构造剖面图

## 139. 直流串励式电动机如何工作?

两片换向片分别与环状线圈的两端连接，电刷一端与两换向器片相接触，另一端分别接蓄电池的正极和负极。在环状线圈中电流的方向交替变化，用左手定则判断可知，环状线圈在电磁力矩的作用下按顺时针方向连续转动。这样在电源连续对电动机供电时，其线圈就不停地按同一方向转动。

为了增大输出转矩并使运转均匀，实际电动机中的电枢采用多匝线圈，随线圈匝数的增多换向片的数量也要增多。

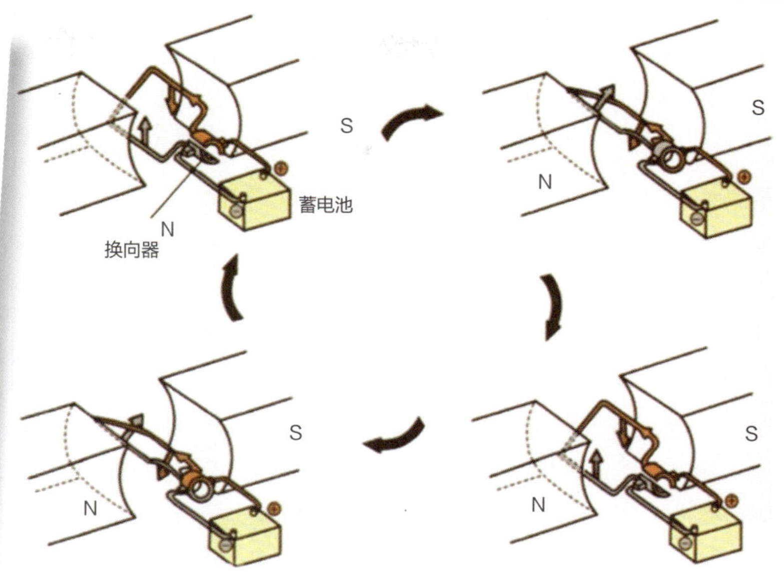


直流电动机工作原理图

## 140. 什么是电动机的特性?

直流串励式电动机的转矩、转速和功率随电枢电流变化的规律，称为直流串励式电动机的特性，主要包括转矩特性、转速特性和功率特性。

## 141. 电动机的转矩特性是什么?

在起动机起动的瞬间，因发动机的阻力矩很大，起动机处于完全制动状态。此时，电枢转速为零，电枢电流达到最大值，输出转矩也相应达到最大值。转矩与电枢电流的平方成正比，所以电枢电流所产生的转矩很大，足以克服发动机阻力矩，使发动机的起动变得很容易。这就是汽车起动机采用串励式电动机的主要原因。

## 142. 电动机的转速特性是什么?

串励式电动机输出转矩大时，电枢电流也大，电动机转速随电流的增加而急剧下降；反之，在输出转矩较小时，电动机转速又随电枢电流的减小而快速上升。

串励式电动机具有轻载转速高、重载转速低的特性，对保证起动安全可靠是非常有利的，这是汽车上采用串励式电动机的又一重要原因。但是，轻载或空载时的高转速，容易使串励电动机发生“飞车”事故。所以，串励式电动机不可在轻载或空载情况下使用。

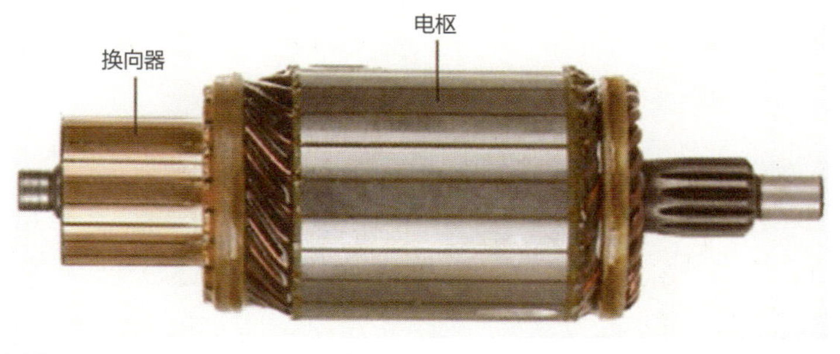


电枢及换向器

## 143. 电动机的功率特性是什么?

电动机完全制动时，转速和输出功率为零，转矩达到最大值。空载时电流最小，转速最大，输出功率也为零。当电枢电流接近制动电流一半时，电动机输出功率最大。

## 144. 影响起动机功率的因素有哪些?

1）蓄电池的容量。蓄电池的容量越小，供给起动机的电流越小，于是产生的转矩就越小，导致功率减小。

2）温度。环境温度主要是通过影响蓄电池的内阻而影响起动机功率。温度降低，蓄电池的内阻增加，容量减小，起动机的功率明显下降。故冬天对蓄电池适当保温，可以提高起动机功率，改善起动性能。

3）接触电阻和导线电阻。接触电阻大、导线过长及截面积过小，都会造成较大的电压降，使起动机的功率减小。

## 145. 减速起动机的结构特点有哪些?

在起动机的电枢轴与驱动齿轮之间装有齿轮减速器的起动机，称为减速起动机。直流串励式电动机的功率与其转矩和转速成正比，可见，当提高电动机转速的同时降低其转矩，可以保持起动机功率不变，故当采用高速、低转矩的直流串励式电动机作为起动机时，在功率相同的情况下，可以使起动机的体积和质量大大减小。但是，起动机的转矩过低，不能满足起动发动机的要求。为此，在起动机中采用高速、低转矩的直流串励式电动机时，在电动机的电枢轴与驱动齿轮之间安装齿轮减速器，可以在降低电动机转速的同时提高其转矩。因此，与传统起动机相比，减速起动机的结构特点主要有：

1）在传动系统中增加了齿轮减速器，增大了起动机电枢轴和飞轮之间的传动比。

2）采用小型高速、低转矩的电动机，减小了起动机的体积和质量。

3）电枢轴的长度缩短，不易弯曲。

4）部分减速起动机没有拨叉。

## 146. 减速起动机有哪些优点?

1）起动机单位质量的输出功率（比功率）增加，在同样输出功率条件下减速起动机的质量比传统起动机减小 20% ~ 35%，既减轻了重量、节省了材料，又减小了体积，便于安装和维护。

2）提高了起动机的输出转矩，有利于发动机起动。

3）降低了起动机主电路电流，从而使蓄电池的容量可以适当减小。

4）减轻了蓄电池的负荷，有利于提高蓄电池的使用寿命。

减速起动机

## 147. 减速起动机有哪些类型?

减速起动机根据其齿轮减速器的结构不同，可分为外啮合式减速起动机、内啮合式减速起动机和行星齿轮式减速起动机三种类型。

## 148. 各类型减速起动机有什么特点?

减速起动机根据其齿轮减速器的结构不同，可分为外啮合式减速起动机、内啮合式减速起动机和行星齿轮式减速起动机三种类型。

（1）外啮合式减速起动机

外啮合式减速起动机的减速机构是利用惰轮作为中间传动，且电磁开关铁心与驱动齿轮同轴心，直接推动驱动齿轮进入啮合，无需拨叉。因此，起动机的外形与普通起动机有较大的差别。通常分有惰轮外啮合式和无惰轮外啮合式。外啮合式减速机构的传动中心距较大，因此受起动机构的限制，其减速比不能太大，一般不大于 5，多用在小功率的起动机上。

（2）内啮合式减速起动机

内啮合式减速起动机的减速机构传动中心距小，可有较大的减速比，故适用于较大功率的起动机。但内啮合式减速机构噪声较大，驱动齿轮仍需拨叉拨动进入啮合，因此，起动机的外形与普通起动机相似。

（3）行星齿轮式减速起动机

行星齿轮式减速起动机的减速机构结构紧凑、传动比大、效率高。输出轴与电枢轴同轴线、同旋向，因此电枢轴无径向载荷，振动轻，整机尺寸减小。另外，行星齿轮式减速起动机还具有如下优点：

1）负载平均分配在三个行星齿轮上，可以采用塑料内齿圈和粉末冶金的行星齿轮，使质量减轻、噪声降低。

2）尽管增加行星齿轮减速机构，但是起动机的轴向其他结构与普通起动机相同，故配件可以通用。

## 149. 传动机构包括哪些部件?

起动机的传动机构是使起动机实现单向动力传递，在起动时将电动机的电磁转矩传递给发动机飞轮；而当发动机起动后则自动断开发动机向起动机的逆向动力传递。传动机构由驱动齿轮、单向离合器、拨叉、啮合弹簧等组成，安装在起动机轴的花键部分。

## 150. 传动机构如何工作?

起动时，传动机构使驱动齿轮沿起动机轴移出与飞轮齿圈啮合，将电动机产生的转矩通过飞轮传递给发动机的曲轴，使发动机起动；起动后，飞轮转速提高，将通过驱动齿轮带动电动机轴高速旋转，引起电动机超速。因此，在发动机起动后，传动机构应使驱动齿轮与电动机轴自动脱开，防止电动机超速。

## 151. 单向离合器有什么作用?

传动机构中，结构和工作情况比较复杂的是单向离合器，它的作用是传递电动机转矩，起动发动机，而在发动机起动后自动打滑，保护起动机电枢不致飞散。

减速起动机采用的驱动齿轮

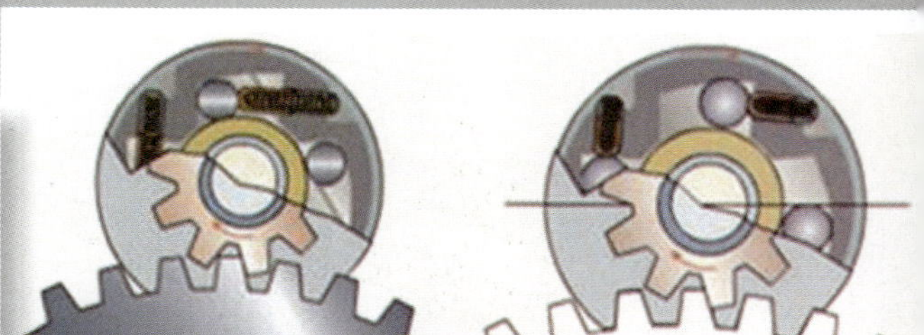

滚柱式单向离合器

## 152. 单向离合器如何工作?

起动机的单向离合器原理是单向接合，反向脱开。当起动时，拨叉动作将离合器推出，使驱动齿轮啮入飞轮齿圈后，电动机通电，再通过单向离合器带动曲轴旋转，由于这时电动机的转速高于发动机（发动机相对静止或在起动前转速很低）的转速，从而起动发动机。当发动机起动后，由于发动机的转速高于电动机的转速，则飞轮齿圈带动驱动齿轮高速旋转，驱动齿轮通过单向离合器相对于飞轮齿圈就是反向转动，所以就把起动电动机与发动机脱开，各自自由转动，起飞散保护作用，避免损坏电动机。

飞速保护装置

## 153. 电磁开关包括哪些部件?

电磁开关主要由固定铁心、动铁心、吸引线圈和保持线圈等组成。固定铁心固定不动，动铁心可以在铜套里做轴向移动。动铁心前端固定有推杆，推杆前端安装有开关接触盘，动铁心后段用调节螺钉和连接销与拨叉连接。铜套外面安装有复位弹簧，作用是使动铁心等可移动部件复位。

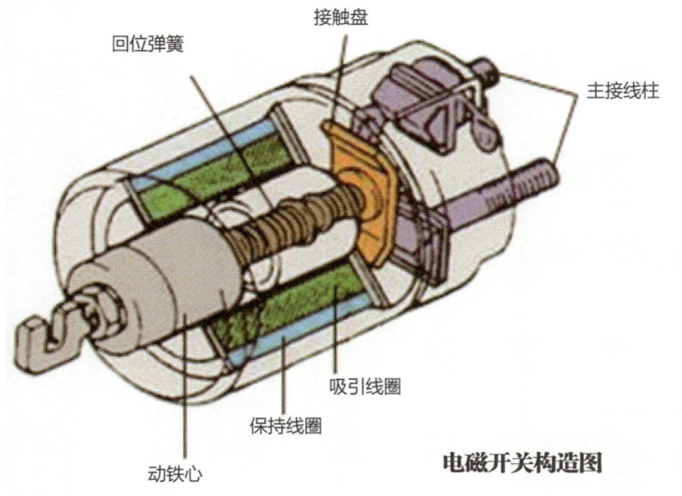

电磁开关构造图

## 154. 电磁开关是怎样工作的?

1）吸引。当点火开关置于 STA 位置时，蓄电池电流同时流到吸引线圈和保持线圈。然后电流从吸引线圈经磁场线圈到电枢线圈，以低速旋转电枢。这样，电磁开关的动铁心被吸入极芯。通过这一吸入操作，使驱动小齿轮被推出，并与飞轮齿圈啮合，接触盘将主接触点闭合。

2）保持。当接触盘的主接触点闭合时，无电流流经吸引线圈，磁场线圈和电枢线圈直接从蓄电池得到电流。电枢随后便开始高速旋转，发动机进行起动。因为无电流流过吸引线圈，动铁心只是由保持线圈所施加的磁力保持在固定位置。

3）返回。当点火开关从 STA 返回 ON 位置时，电流从主接触侧经吸引线圈流到保持线圈。此时，由于吸引线圈与保持线圈形成的磁力相互抵消，它们失去了保持住动铁心的力。因此，动铁心由复位弹簧拉回，并且接触盘的主接触点断开，起动机停止旋转。

## 155. 起动机是怎样工作的？

当起动电路接通后，吸引线圈、保持线圈同时通电，保持线圈的电流经起动机接线柱进入，经线圈后直接搭铁，吸引线圈的电流也经起动机接线柱进入，但通过线圈后未直接搭铁，而是进入电动机，经电动机后再搭铁。两线圈通电后产生较强的电磁力，克服弹簧弹力使活动铁心移动，一方面通过拨叉带动驱动齿轮移向飞轮齿圈并与之啮合，另一方面推动接触盘移向两个主接线柱触点，在驱动齿轮与飞轮齿圈进入啮合后，接触盘将两个主触点接通，使电动机通电运转。在驱动齿轮进入啮合之前，由于经过吸引线圈的电流经过了电动机，所以电动机在这个电流的作用下会产生缓慢旋转，以便于驱动齿轮与飞轮齿圈进入啮合。在两个主接线柱触点接通之后，蓄电池的电流直接通过主触点和接触盘进入电动机，使电动机进入正常运转，此时通过吸引线圈的电路被短路，因此，吸引线圈中无电流通过，主触点接通的位置靠保持线圈来保持。发动机起动后，切断起动电路，保持线圈断电，在弹簧的作用下，动铁心回位，切断了电动机的电路，同时也使驱动齿轮退出与飞轮齿圈啮合。

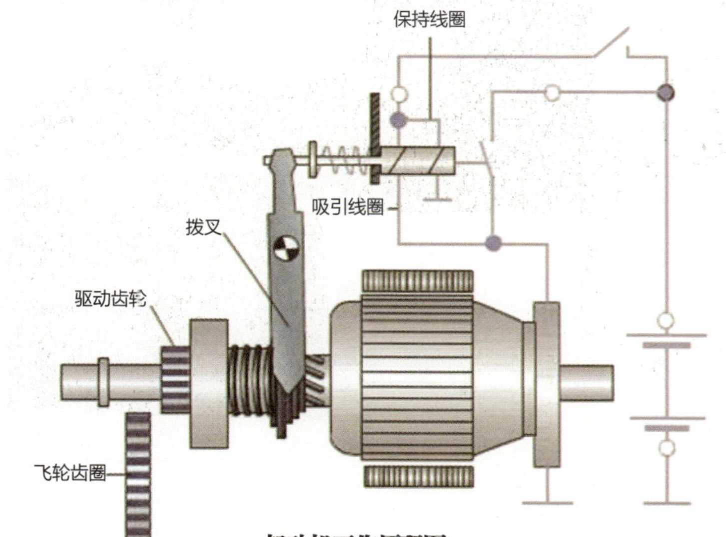


**起动机工作原理图**

## 156. 起动时间为什么不要超过 5s？

起动机是汽车上大的用电设备，其起动电流一般为 200 ~ 600A，如果长时间起动，线路会过热，并且对蓄电池的损害也非常大，因此，起动时间最好不要超过 5s。如果到 5s 了没有起动，可以停 15s 以上再起动一次，如果试了 3 次以上都无法起动，那就说明有故障了。

另外，为了顺利起动，可先将点火开关打到 ON 位置，不起动发动机，稍等片刻，待汽油泵运转一会儿再起动，这可以使供油系统建立油压，便于顺利起动。

## 157. 什么是发动机远程起动？

发动机远程起动就是通过遥控钥匙来远程起动发动机。其原理也很简单，车辆通过遥控钥匙发来的信号来起动发动机，整套过程省去了人为进入车内操作的不便。发动机在运转时，中控锁还处于闭锁状态，有效提供了安全保障。通常来说，远程起动发动机后，车辆会连续工作 10min，之后若无收到其他指示则会自动熄火。此种方式同样可以达到提升驾驶室温度的作用。该功能在国外非常常见，在寒冷地区的使用率也颇高，但由于我国大多地区并不处于寒带，为节约成本，此功能没有被广泛采用。

发动机远程起动功能对车辆本身会有一些限制，最重要的一点就是只有自动变速器车型才可安装。其原因是自动变速器会配有 TCU（变速器控制单元），这个装置会将档位信息告知发动机电脑，只有当电脑确认变速杆位于 P 位时才会起动发动机。这样做是为了防止车辆意外开动，后期加装的则无此保护功能。

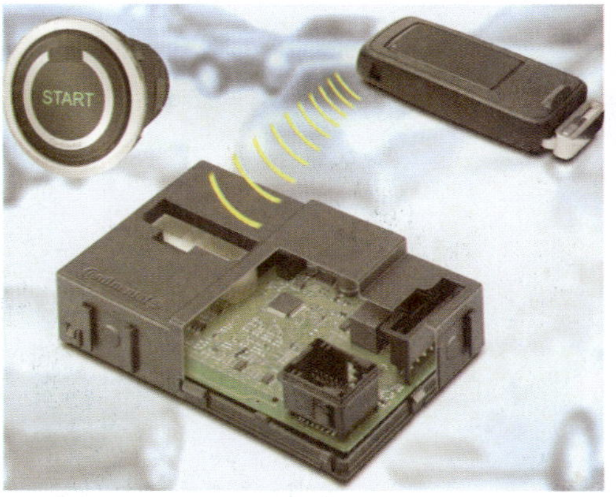


**远程起动原理图**

## 158. 远程起动有什么特点?

1）可靠性高：由于发动机远程起动与手动打火在结构上没有任何差别，都是通过起动机来起动发动机，所以，不存在加热器机械磨损问题，从而使故障率也大大降低。

2）使用方便：虽然发动机远程起动不能像驻车加热那样定时起动，但遥控起动方式同样非常方便。遥控范围通常不低于 50m。如果车辆停放在地面停车场，从家里或单位都能直接遥控来提前起动发动机。

3）自动定时：通常经远程起动的发动机如果在一段时间后没有进行任何操作，发动机会自动熄火，从而避免忘记熄火可能带来的燃油浪费。

4）全车加热：该功能与驻车加热都是让散热器内的冷却液升温，所以，无论车厢还是发动机或是车窗都能得到有效加热。

### 你知道吗?

使用时要注意预热最多不超过厂家限定的10min，次数也不宜超过两次。因为发动机在原地怠速运行中升温速度比正常行驶要慢得多，三元催化转化器也迟迟达不到350℃以上的工作温度，这时发动机由于燃烧不充分产生的废气会给三元催化转化器带来很大负担，长期以往会损坏三元催化转化器。若在厂商设定的程序内正确使用则不会出现问题。

## 160. 无钥匙起动如何工作?

无钥匙起动采用无线射频识别技术，通过车主随身携带的智能钥匙里的芯片感应自动开关门锁，也就是说当您走近车辆一定距离时，门锁会自动打开并解除防盗；当您离开车辆时，门锁会自动锁上并进入防盗状态。一般装备有无钥匙进入系统的车辆，其车门把手上有感应按钮，同时也有钥匙孔，是以防智能钥匙损坏或没电时，车主仍可用普通方式开启车门。

按钮式无钥匙起动

旋钮式无钥匙起动

## 159. 无钥匙起动有哪些类型?

无钥匙起动的方式可分为两类：一类是按钮式，点火按钮位于中控台伸手可及之处，因此也称“一键起动”，例如宝马、奔驰等；另一类是旋钮式，一般位于原始的钥匙插口处，但是无需插车钥匙，直接拧动旋钮即可起动，例如日产、马自达等。无论是按钮式还是旋钮式，都必须在接受到智能钥匙的存在时才能起动，这种感应距离一般在 50cm 左右。

无钥匙进入系统的智能钥匙

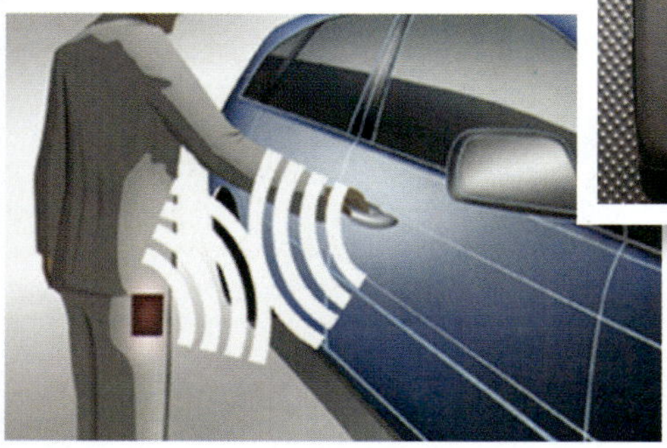

无钥匙进入系统

## 161. 什么是无钥匙进入系统?

汽车无钥匙进入系统英文表示为 PASSIVE KEYLESS ENTER，简称 PKE。但汽车厂商对于自己的产品叫法不一。该产品采用了世界最先进的 RFID 无线射频技术和最先进的车辆身份编码识别系统，率先应用小型化、小功率射频天线的开发方案，并成功地融合了遥控系统和无钥匙系统，沿用了传统的整车电路保护，真正实现了双重射频系统，双重防盗保护，为车主最大限度地提供便利和安全。

无钥匙进入系统不是传统的钥匙，而是一个带有智能电子芯片的钥匙。当你踏进指定范围时，该系统即可识别出你就是授权的驾驶人并自动开门。如今的智能钥匙还能“锁定”钥匙本身，防止你将自己锁在外面。

需要注意的是，具备无钥匙进入功能的车辆，不一定具备无钥匙起动功能。

## 162. 发动机自动起停是怎么回事?

发动机自动起停就是在车辆行驶过程中临时停车（例如等红灯）的时候，自动熄火。当需要继续前进的时候，系统自动重起发动机的一套系统。起停技术就是致力于最大限度减少发动机怠速时燃油的损耗，避免这部分能源的浪费，对节省能源与降低排放有着重要的意义。

对于手动变速器的车辆来说，当遇到红灯或堵车时，驾驶人制动使车辆停下来后，将变速杆换入空档并完全释放离合器踏板，这时控制系统会自动将发动机熄火。当绿灯放行后，驾驶人踩下离合器踏板，发动机则自动重新起动，挂入档位后即可前行。而自动档车型的操作则更为简单，当变速器处于 D 位时，驾驶人只要施加制动使车辆停止大概两秒钟后发动机就会自动熄火。在释放制动或者转动转向盘后，发动机将自动起动，立即又可以踩加速踏板起步。

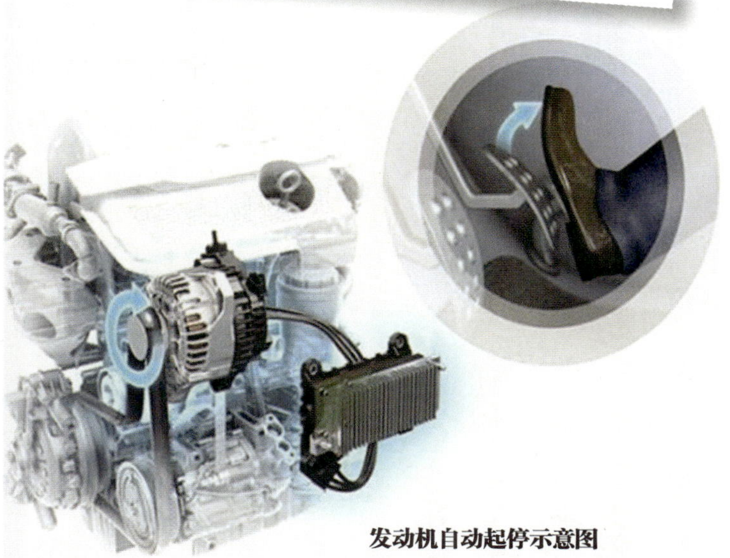

发动机自动起停示意图

## 163. 怎样正确使用起动机?

1）经常检查各部位连接状态及导线的松紧情况。

2）清除导线、接线柱的氧化物以及起动机外部的灰尘和油污，使之保持干净。

3）冷天起动应使发动机预热 10 ~ 15s，再使用起动机。

4）起动机只能短时间工作，每次起动时间不能超过 5s。若一次无法起动，应间隔 1 ~ 2min 后再起动。

5）发动机起动后，应立即松开起动开关，避免不必要的空转，减少单向离合器的磨损。

## 164. 使用起动机时应注意哪些问题?

1）起动前应将变速器挂上空档，自动变速器的汽车应将变速杆置于 P 位或 N 位，起动同时踩下离合器踏板。

2）每次接通起动机的时间不应超过 5s，重复起动时应停歇 15s 以上，否则会严重影响蓄电池和起动机的使用寿命。

3）冬季和低温地区冷车起动时，应先预热发动机，然后再起动发动机。

4）发动机起动后，应立即松开点火开关，使起动机停止工作，以减小单向离合器不必要的磨损。

5）发动机工作时，严禁拧点火开关至起动档。

6）当发动机连续几次不能起动时，应对起动机电路及发动机有关系统进行检查，如蓄电池的容量、极柱的连接、油电路等，否则蓄电池的容量将严重下降，起动发动机变得更加困难。

7）发动机起动后，如起动机不能停转，应立即拆除蓄电池搭铁线，查找故障。

## 165. 如何维护起动机？

1)经常检查起动电路各导线连接是否牢固,绝缘是否良好。

2)经常保持起动机和各部件的清洁干燥。

3)汽车每行驶 5000 ~ 6000km 后，应检查电刷的磨损及电刷弹簧的压力。

4)经常检查传动机构和控制装置的活动部件，并按规定加以润滑。

5)起动机一般每年应进行一次维护性检修，可视实际情况适当地缩短或延长。

起动机

## 166. 维修起动机时应注意哪些问题？

1)在车上进行起动检测之前，一定要将变速器挂上空档，并实施驻车制动。

2)在拆卸起动机之前，应先拆下蓄电池的搭铁电缆线。

3)有些起动机在起动机与法兰盘之间使用了多块薄垫片，在装配时应按原样装回。

## 167. 怎样检查起动机继电器？

1)从熔丝盒内拆下起动机继电器。

2)使用万用表检查起动机继电器各端子的导通性，例如如图所示的继电器,端子 30 和 87 应不导通;端子 85 和 86 应导通。

3)在端子 85 上提供 12V 电压，端子 86 搭铁，检查端子 30 和 87 之间是否导通，如果没有导通，则说明起动机继电器损坏，应更换。

## 168. 如何分解起动机？

分解起动机前应清洁外部的油污和灰尘，然后按下列步骤进行解体：

1)从电磁开关接线柱上拆开直流电动机与电磁开关的连接导线。

2)松开电磁开关总成的两个固定螺母，取下磁力开关总成。

3)拆下两个紧固螺栓，取下后端盖。

4)拆下电刷架及定子总成。

5)将起动机电枢总成及移动拨叉一起从起动机机壳上拉出来。

6)从电枢轴上拆下电枢止推挡圈的右半环、卡环、电枢止推挡圈左半环，拆下单向离合器总成。

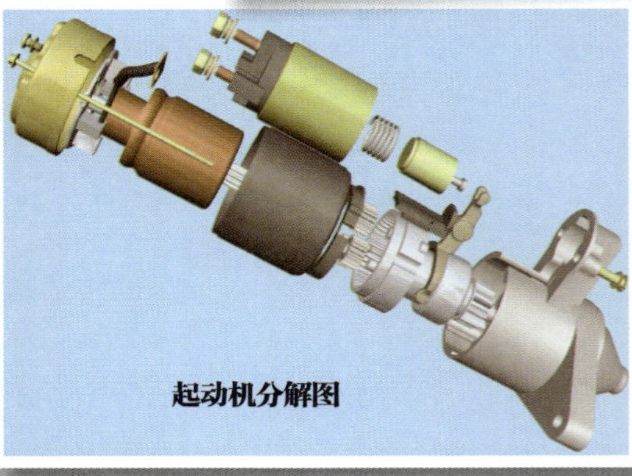

起动机分解图

## 169. 如何装复起动机？

起动机的形式不同，具体装复的步骤也不可能完全相同，但基本原则是按与分解时相反的步骤进行。

## 170. 装复起动机时应注意哪些问题？

1）注意检查各轴承的同心度。电枢轴有三个轴承支撑，往往不易同心，若不同心度过大，就会增加电枢轴运转的阻力。检查的方法是：各轴颈与每个铜套配合时，既能转动自如又感觉不出有明显的间隙（中间轴承间隙可稍大一点）。在中间轴承支撑与后端盖接合好后，应将电枢轴装入试转，此时应转动自如，无卡滞现象。装上前端盖后，再次转动电枢，也应转动灵活，否则为轴承不同心。发现轴承不同心时，轻者可以修刮轴承，严重时应更换个别铜套。

2）各铜套、电枢轴颈、键槽垫圈等摩擦部位，都应使用机油予以润滑。固定中间轴承支撑板的螺钉，一定要带有弹簧垫圈。否则，工作中支撑板振动，使螺钉松动，便会造成起动机不能正常工作，甚至损坏起动机。

3）驱动小齿轮端面的止推垫圈和换向器端面的胶木垫圈及中间轴承支撑板靠离合器一面的胶木垫圈，装复时不要遗漏。

4）磁极与电枢铁心间应有 0.82 ~ 1.80mm 的间隙，最大不应超过 2mm，不可有相互碰刮的现象。

5）电枢轴轴向间隙不宜过大，一般应为 0.2 ~ 0.7mm，不合适时，可在轴的前端或后端改变垫圈的厚度进行调整。

## 171. 如何检查磁场绕组？

磁场绕组的常见故障有接头脱焊、绕组短路、断路或搭铁等。接头脱焊故障在解体后可直接看到。绕组搭铁故障诊断可用万用表的电阻档测量绕组端子与外壳间的电阻，如果电阻很大，则无搭铁故障。将绕组放在电枢检验仪上可检查绕组匝间是否短路。检验仪通电 5min 后若绕组发热，则说明绕组有匝间短路。若绕组连接脱焊，应重新焊接；若绕组绝缘不良，应拆除旧绝缘层重新包扎并浸漆、烘干。

## 172. 如何检查电枢绕组？

电枢绕组常见的故障是匝间短路、断路或搭铁、绕组接头与换向器铜片脱焊等。检查绕组是否搭铁，可用万用表电阻档检测换向器铜片和电枢轴之间的电阻，电阻应足够大。检查匝间短路时，接通检验仪的电源，并将钢片放在电枢铁心上方的线槽上，若电枢中有短路，则在电枢绕组中将产生感应电流，钢片在交变磁场的作用下，在槽上振动，由此可判断电枢绕组中的短路故障。

## 173. 如何检查换向器？

换向器故障多为表面烧蚀、云母片凸出等。轻微烧蚀用 00 号砂纸打磨即可。严重烧蚀或失圆应精加工，但加工后换向器铜片厚度不得少于 2mm。云母片如果高于铜片也应车削修整，云母片是否过低要看具体的起动机。有的起动机换向器的云母片要低于铜片，在检修时若换向器铜片间槽的深度小于 0.2mm，就需用锯片将云母片割低至规定高度。

换向器

## 174. 如何检查电枢轴？

电枢轴的常见故障是弯曲变形，检查时，利用百分表测量电枢轴的径向圆跳动。电枢轴的径向跳动应不大于 0.15mm，否则应校直。

## 175. 如何检查电刷和电刷架？

1）电刷在电刷架中应活动自如，不应有卡滞现象，且电刷与换向器的接触面积不应低于 75%，否则应调整或更换。

2）电刷长度应不低于新电刷高度的 2/3，最小一般不应小于 6 ~ 10mm，否则应更换。

3）电刷弹簧张力可用弹簧秤测量，测量结果应符合标准值，张力过弱应更换。

4）电刷架无歪斜、松旷现象，否则应更换。

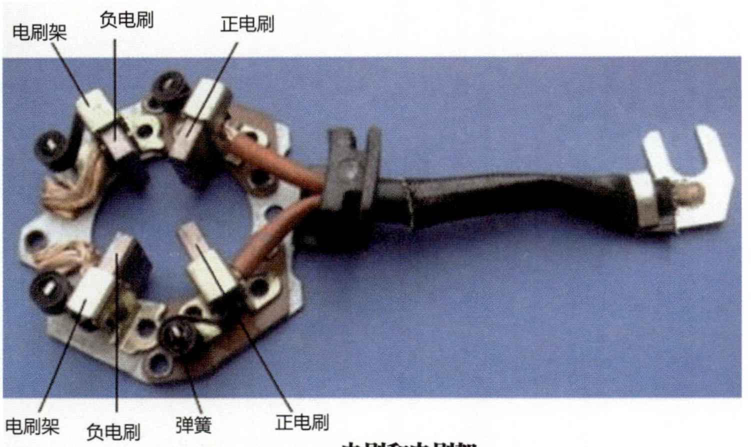


电刷和电刷架

## 177. 如何检查电磁开关？

1）主接线柱和接触盘接触面应清洁，无烧损。若接触面有脏污或轻微烧损可用细砂纸打磨，严重时接触盘可换面使用，主接线柱可锉修。修理后主接线柱端部厚度应相等，保证接触盘与主接线柱有足够大的接触面积。

2）吸拉线圈和保持线圈的常见故障是短路、断路及搭铁。断路故障可通过测量线圈电阻进行判断。搭铁故障可通过测量线圈与外壳之间的绝缘电阻进行判断。吸拉线圈和保持线圈也可以通过检查电磁力是否足够进行判断。吸拉线圈和保持线圈发生短路故障或内部发生断路或搭铁故障时，一般应予更换。

3）电磁开关回位弹簧应能保证驱动齿轮及时迅速退回，否则应予更换。

电磁开关

## 176. 如何检查单向离合器？

1）用游标卡尺或齿轮量具测量驱动齿轮，齿厚度和齿长应符合规定值，如果不符或有缺损、裂痕，应更换。

2）一只手握住单向离合器花键套筒，另一只手转动驱动齿轮，齿轮应在一个方向可以自由转动，另一个方向不能转动，如果两个方向都能转动，表明单向离合器损坏，应更换。

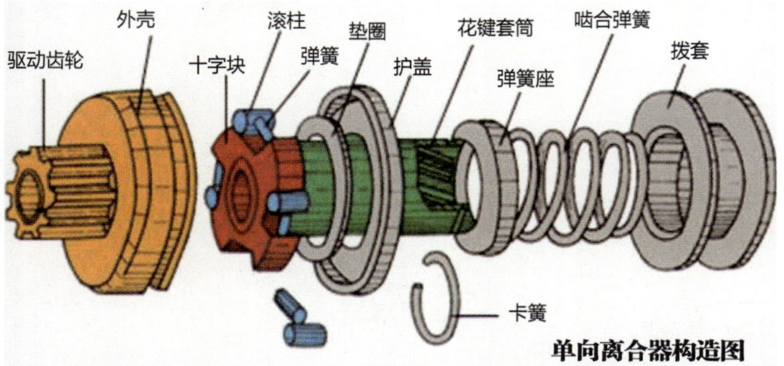


单向离合器构造图

## 178. 如何检查轴承？

测量电枢轴轴颈外径与衬套内径之间的配合间隙，标准值为 0.04 ~ 0.08mm，允许最大间隙为 0.15 ~ 0.20mm。如果衬套磨损严重，间隙超过规定值，应更换衬套，并重新铰配。

## 179. 什么是起动机空载试验？

起动机的空载试验就是测量起动机的空载电流和空载转速并与标准值比较，以判断起动机内部有无电路和机械故障。

## 180. 如何进行空载试验？

将起动机夹紧在试验台上，并接好试验线路。接通起动电路（每次试验不要超过 1min，以免起动机过热），起动机转动应均匀、无抖振现象，电刷与换向器之间应无火花，同时记录电流表和电压表的示数，并测量转速值。然后，将记录数值与技术标准比较：

1）若电流大于标准值而转速低于标准值，则表明存在装配过紧方面的机械故障，或电枢、磁场绕组搭铁、短路。

2）若电流和转速都小于标准值，则说明电路中有接触不良之处。如电刷和换向器接触不良、弹簧压力太弱，磁场绕组连接端接触不良等。

## 181. 什么是起动机全制动试验？

全制动试验应在空载试验的基础上进行，空载试验不合格的起动机不应进行全制动试验。全制动试验的目的是测量起动机在完全制动时所消耗的电流（制动电流）和制动力矩，以判断起动机主电路是否正常，并检查单向离合器是否打滑。

## 182. 如何进行全制动试验？

将起动机夹紧在专用试验架上，并夹住起动机驱动齿轮使其不动，装好扭力杠杆和弹簧秤，接好试验线路。接通起动电路，在 5s 内观察单向离合器是否打滑，并立即记录电流表及电压表和弹簧秤的示数，然后与技术标准对照。

若制动力矩小于标准值而电流大于标准值，则表明电枢绕组或磁场绕组中有搭铁和短路故障。若力矩和电流都小于标准值，则说明电路有接触不良之处。若驱动齿轮锁止而电枢轴有缓慢转动，则说明单向离合器有打滑现象。

全制动试验每次接通电流的时间不应超过 5s，以免损坏起动机及蓄电池。

## 183. 如何进行跨接起动？

1）将两辆车靠近，直到跨接电缆足够连接两车蓄电池的正、负极。

2）确定两车蓄电池的正极和负极，使用电缆将两车蓄电池的正极与正极、负极与负极分别连起来，而且要保证电缆的可靠连接。

3）关闭被起动车辆上的所有附属用电设备，起动提供电源的车辆，使发动机运转几分钟，以保证电量充足。

4）按正常方式起动无电车辆。发动机起动后，应轻踩加速踏板，使发动机以 2000r/min 运转几分钟。

5）小心拆除电缆，注意避免正、负极电缆接头相碰。

跨接线和蓄电池

## 184. 如何进行推车起动?

（1）车辆停放位置的路况是否适合推车起动，最好借助下坡路，以提高起动车速。

（2）尽量不要在车辆和行人多的路段推车起动，以免车辆起动后因驾驶人应变不当而出现意外事故。

（3）车辆推动前，将点火开关置于 ON 位，踩下离合器踏板，将变速器挂入 1 档或 2 档，然后推动车辆。

（4）当达到适当车速后，迅速松开离合器踏板。发动机一旦起动，应迅速踩下离合器踏板，同时控制加速踏板，不让发动机熄火，然后慢慢停车，并注意车辆有无异常现象。

（5）采用推车的方法起动发动机是一种迫不得已的手段，不能经常使用，因为这样做对发动机和离合器有一定的损伤。

## 185. 如何进行牵引起动?

这种起动方法的原理与推车起动方法的原理大同小异，不同的是采用的驱动力由人力换成了车辆牵引力。具体操作方法和注意事项如下：

1）使用长度适当的牵引绳，并将两头捆扎结实。

2）在牵引前，前、后车驾驶人应先确定好联络信号。

3）前车驾驶人除应注意后车的起动情况外，还应随时注意路面上的交通状况，慢速起步；在发动机起动后，后车驾驶人应及时向前车驾驶人示意，然后两车应缓慢靠路边停车。

推车起动发动机

汽车牵引绳

推车起动发动机

## 186. 如何诊断与排除起动机不转故障？

（1）故障现象

接通点火开关起动档，起动机不转。

（2）判断步骤与方法

1）检查蓄电池的状况和电源导线连接情况。

①按喇叭或开前照灯，若喇叭响声变小或前照灯灯光暗淡，说明蓄电池容量过低或电源导线接触不良。

②如果蓄电池良好，则应对蓄电池的正极线、搭铁线及各接线柱和总电源开关进行检查，若有脏污或松脱，应清洁或紧固。

2）用金属条短接起动机磁力开关上的两个主接线柱，若起动机不转且无火花，则说明电动机有故障，应解体检修；若起动机运转，则说明电动机正常。

3）用导线连接磁力开关上的蓄电池主接线柱和起动机接线柱（即吸拉及保持线圈流入端），若起动机不工作，说明磁力开关有故障，应进一步检查磁力开关；若起动机工作，则说明起动机磁力开关良好。通过上述检查，可以认定起动机无故障，故障应出在控制电路中。

4）用导线短接起动继电器的点火开关与蓄电池接线柱，若起动机工作，则说明点火开关及其连线有故障；若起动机不工作，则说明继电器及其连线有故障。

电路的故障可用试灯沿起动控制电路逐点查找，直至找到故障部位。

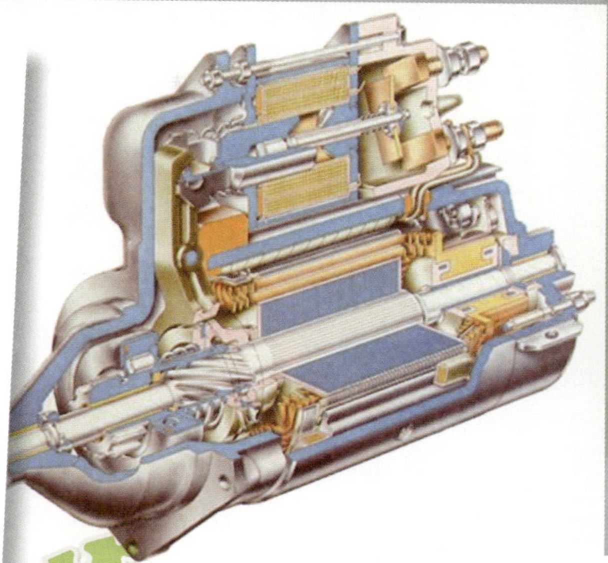

## 187. 如何诊断与排除起动机转动无力故障？

（1）故障现象

1）起动机转动缓慢无力，带动发动机困难。

2）接通点火开关起动档，起动机只有“咔嗒”一声并不转动。

（2）判断步骤与方法

1）检查蓄电池容量和电源导线的连接情况。

2）在确认蓄电池容量足够、线路连接良好的情况下，用金属条短接起动机磁力开关的两个主接线柱：如果短接后起动有力了，说明起动机磁力开关内的主触点和接触盘接触不良；如果短接后起动仍然无力，则可认为电动机有故障或其搭铁不良，需进一步拆检。

3）在接通点火开关起动档后，起动机有连续的“咔嗒”声，如果短接起动机磁力开关的两个主接线柱，起动机转动正常，则说明磁力开关保持线圈断路或短路。

开启前照灯

## 188. 如何诊断与排除起动机空转故障?

（1）故障现象

接通点火开关起动档，起动机只是空转，不能带动发动机运转。

（2）判断步骤与方法

1）起动机空转时，有较轻的摩擦声音，起动机驱动小齿轮不能与飞轮齿圈啮合而产生空转，即驱动小齿轮还没有啮合到飞轮齿圈中，磁力开关就提前接通，说明主回路的接触盘行程过短，应拆下起动机，进行起动机接通时刻的调整；或为飞轮上的齿圈在飞轮上滑转。

2）起动机空转时，有严重的碰擦轮齿的声音，说明飞轮齿圈或起动机驱动小齿轮严重磨损，应拆下起动机进一步检查，根据实际情况更换驱动小齿轮或飞轮齿圈。

3）起动机空转时，速度较快但无碰齿声音，说明起动机单向离合器打滑，即驱动小齿轮已经啮入飞轮齿圈中，但不能带动飞轮旋转，只是起动机电枢轴在空转，应更换单向离合器总成。

点火开关

## 189. 如何诊断与排除起动时有打齿故障?

（1）故障现象

接通点火开关起动档，起动机在飞轮齿圈处发出强烈的打齿声，且不能带动发动机运转。

（2）故障原因

1）起动机安装螺栓松动。

2）驱动齿轮与飞轮齿圈正常啮合的位置调整不当，即主电路已接通，驱动齿轮还未与飞轮齿圈完全啮合，从而引起打齿现象。

3）起动机电枢轴与轴承径向间隙过大。

4）驱动齿轮与飞轮齿圈的齿损坏严重。

## 190. 如何诊断与排除电磁开关吸合不牢故障?

1）故障现象。当接通点火开关起动档时，听见电磁开关吸合的“哒、哒”声，但发动机不能被起动。

2）故障原因。蓄电池存电不足、内部短路或连接导线接触不良，致使蓄电池输出电压降低。当点火开关接通时，蓄电池小电流向起动继电器与电磁开关吸引线圈及保持线圈供电，蓄电池内部压降不大，端电压较高，能够带动起动继电器与电磁开关工作。但是，当起动机主回路通电后，大电流放电使蓄电池端电压立即下降，当其低于起动继电器与电磁开关的工作电压时，起动继电器的触点和电磁开关将自动断开，驱动齿轮退回原位。当主电路断电后，蓄电池内部压降减小，端电压又回升到高于起动继电器与电磁开关的工作电压，起动继电器触点和电磁开关也随之闭合，驱动齿轮又被拨向啮合位置。如此周而复始，导致电磁开关、驱动齿轮往返运动撞击，发出“哒、哒”声。

# 第四章 点火系统

## 191. 点火系统有什么作用?

在汽油机中，发动机活塞运行到压缩行程接近终了时，要靠电火花点燃可燃混合气，可燃混合气燃烧时产生强大的压力，推动活塞向下运动从而使发动机做功。为了在气缸中产生高压电火花，在汽油机中设有点火系统，其作用是按照汽油机工作的要求产生电火花，点燃气缸内被压缩的可燃混合气。

## 192. 点火系统需要满足哪些要求?

点火系统在发动机运转时所扮演的角色是在任何发动机转速及不同的发动机负荷下，均能在适当的时机提供足够的电压，使火花塞能产生足以点燃气缸内被压缩的可燃混合气的火花，让发动机得到最佳的燃烧效率。不管汽车上采用何种点火系统，都必须满足发动机对点火系统的基本要求：

1）点火系统应能够产生足以击穿火花塞间隙的高压电。

2）火花塞产生的电火花应具有足够的能量。

3）点火时间应能适应发动机的工作情况。

4）工作可靠。

## 193. 点火系统包括哪些部件?

汽车点火系统的作用是按照各缸点火次序，定时地供给火花塞以足够高能量的高压电（15000 ~ 30000V），使火花塞产生足够强的火花，点燃气缸内的可燃混合气。

传统点火系统主要由点火线圈、火花塞、高压线、分电器、点火开关及控制电路等组成。现代轿车大多采用无分电器式电子点火系统。

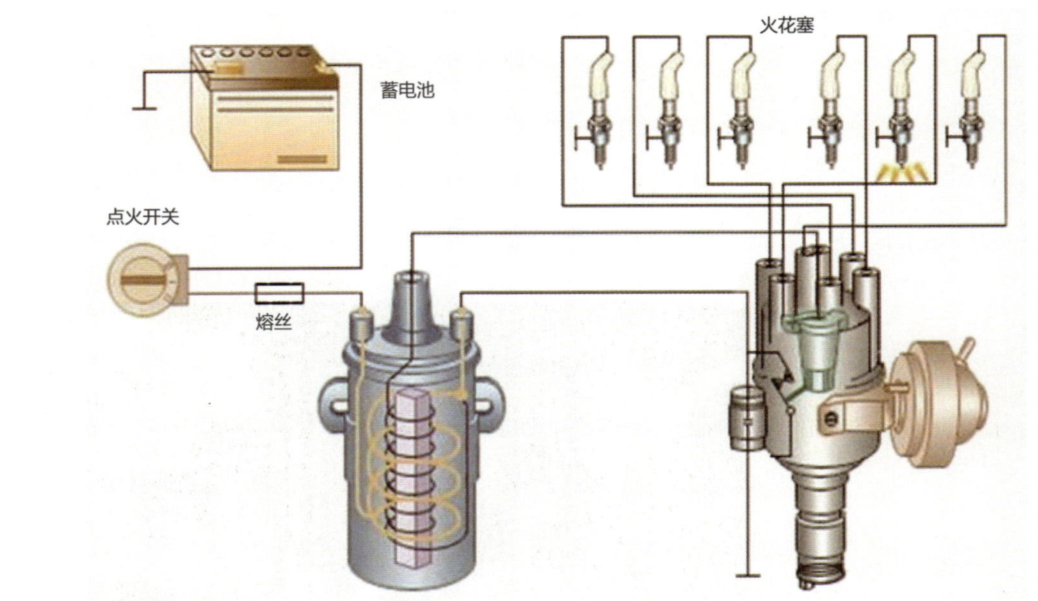


点火系统构成图

## 194. 点火线圈的构造如何?

点火线圈之所以能将车上的低压电变成高压电，是由于它有与普通变压器相同的形式，即点火线圈里面有两组线圈：初级线圈和次级线圈。次级线圈通常用 0.1mm 左右的漆包线绕 15000 ~ 25000 匝；初级线圈通常用 0.5 ~ 1mm 的漆包线在次级线圈外绕 200 ~ 500 匝。初级线圈一端与车上低压电源连接，另一端与点火器连接；次级线圈一端与初级线圈连接，另一端与高压线输出端连接并输出高压电。

## 195. 点火线圈为什么能产生高压电?

点火线圈之所以能将车上的低压电变成高压电，是由于它有与普通变压器相同的形式，初级线圈与次级线圈的匝数比大。但点火线圈的工作方式却与普通变压器不一样，普通变压器是连续工作的，而点火线圈则是断续工作的，它根据发动机不同的转速以不同的频率反复进行储能及放能。

当初级线圈接通电源后，随着电流的增长初级线圈四周产生一个很强的磁场，铁心储存了磁场能量。当初级线圈在点火器的控制下其电路断开时，初级线圈的磁场迅速衰减，次级线圈就会感应出很高的电压。初级线圈的磁场消失速度越快，电路断开瞬间的电流越大。两个线圈的匝数比越大，则次级线圈感应出来的电压越高。

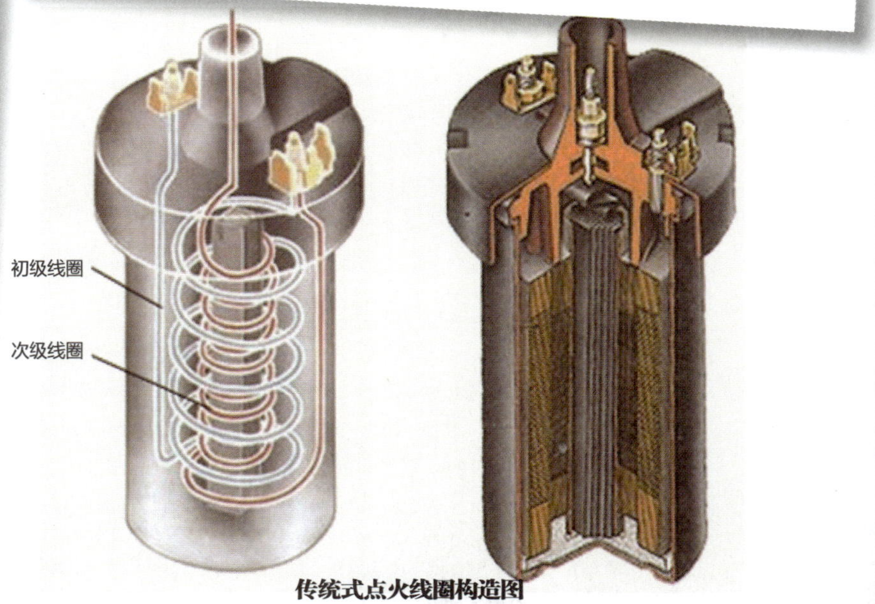


传统式点火线圈构造图

## 196. 影响次级电压的因素有哪些?

1）发动机气缸数的影响。发动机的气缸数越多，使初级线圈闭合的时间缩短，造成初级线圈断开时的电流下降，使次级电压下降。

2）火花塞积炭的影响。发动机在工作中，若混合气的浓度不合适、发动机窜机油或火花塞的热值不对，会在火花塞的裙部形成积炭。积炭是具有一定导电性能的导体，相当于在火花塞的电极间并联了一个电阻，电阻的阻值随积炭严重程度的增加而减小，这个电阻将次级电路变成了闭合电路。当电阻减小到一定程度时，次级电压还未上升到击穿电压时，就通过积炭产生漏电，造成火花塞不能点火。积炭较少所形成的电阻较大时，由于电阻的作用，也会使次级电压有不同程度的下降。

3）电容器的影响。电容器容量的大小对次级电压的影响，从理论上分析，电容器的容量为零，次级电压最大，但实际上没有电容器，就会使触点的火花增大，造成初级电路断开不彻底，降低了磁通的变化率，使次级电压下降。而电容器过大，虽然对减小触点的火花很有好处，但其充电和放电的周期延长，同样会影响磁通的变化率，使次级电压下降。

4）断电器触点间隙的影响。断电器触点间隙的大小会影响触点的闭合角，进而影响触点断开时的初级电流，造成对次级电压的影响。一般情况下触点间隙过大，将造成触点的闭合角减小，使触点的闭合时间缩短，减小初级电流，使次级电压下降；触点间隙过小，将会造成触点分离不彻底，降低点火线圈中的磁通变化率，导致次级电压下降。

5）点火线圈温度的影响。点火线圈的温度过高，会使初级线圈的电阻增大，致使初级电流减小，引起次级电压下降。在正常使用中，点火线圈的温度不应超过80℃。

## 197. 什么是开磁路点火线圈?

开磁路点火线圈的中心部分是一个软铁心，由硅钢片叠成，包在硬纸板套内。在纸板套外先绕制次级线圈，用直径为0.06～0.10mm的漆包线绕11000～26000匝；再在次级线圈外面用0.5～1.0mm的漆包线绕制初级线圈，匝数为230～370匝。在线圈与外壳之间装有导磁钢套，用来加强磁通。外壳的底部有绝缘瓷杯，用来防止高压电击穿次级线圈的绝缘向铁心和外壳放电。点火线圈的上部是胶木盖，中央凸出的部分是高压线插口，高压线插口两侧的接线柱是低压接线柱。

## 198. 什么是闭磁路点火线圈?

闭磁路点火线圈的铁心加工成日字形，铁心的内部先绕初级线圈，初级线圈的外面绕次级线圈。采用热固性树脂作为绝缘充填物，外壳以热熔性塑料注塑成形，其绝缘性、密封性均优于开磁路点火线圈。闭磁路点火线圈的磁力线可由铁心构成闭合磁路，因而漏磁少，能量损失小、能量变换效率高。另外，闭磁路点火线圈还具有结构紧凑、体积小的优点。

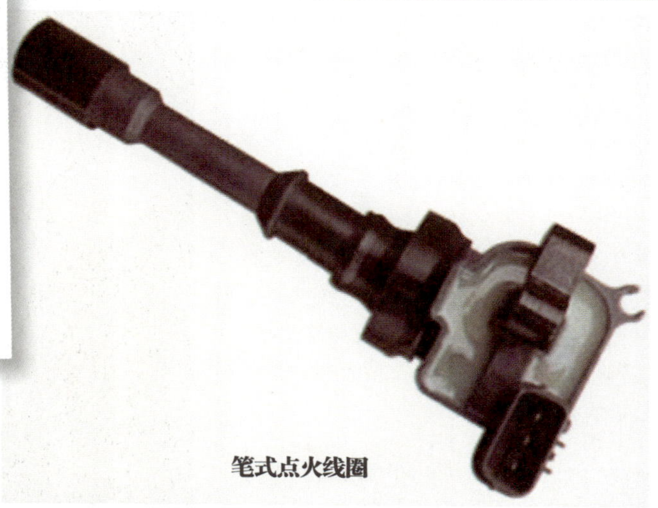

笔式点火线圈

## 199. 点火模块有什么作用?

点火模块的作用是按照点火信号发生器发出的点火信号接通和断开点火系统的初级电路，使点火线圈的次级电路产生高压电。现代汽车的电子点火模块中除了最基本的电路外，还增加了闭合角控制电路、初级电路、电阻可变电路、停车断电保护电路、点火能量恒定控制电路等，使点火系统的性能更加完善。

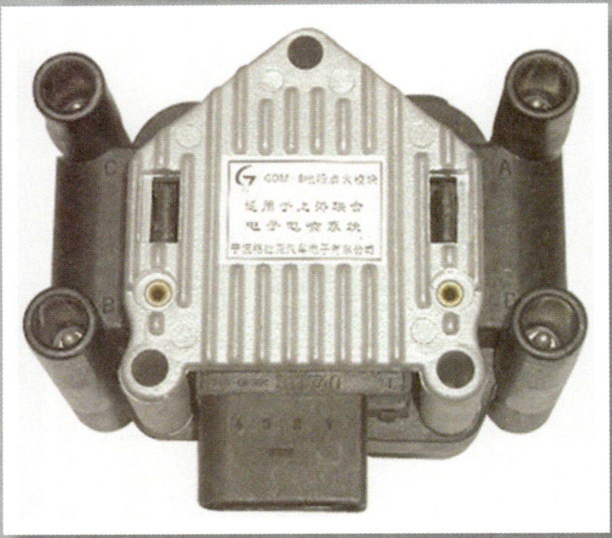

## 200. 火花塞有什么作用?

火花塞是在汽油发动机上使用的，通过螺纹拧紧在气缸盖上，每缸一个，个别的高速汽油机每缸还装有两个火花塞。火花塞虽然是一个小零件，但却极其重要，没有它发动机就不能工作。那么，火花塞的作用是什么呢？火花塞的作用就是将点火线圈产生的高压电引入发动机的燃烧室内，通过本身的间隙产生火花放电，点燃被压缩的可燃混合气。

## 201. 火花塞需要满足哪些要求?

火花塞的工作条件极为恶劣，它受到气缸内高温、高压气体的作用，同时还受到燃烧产物强烈的腐蚀作用。因此，对火花塞提出了较高的要求，具体如下：

1）火花塞应能承受冲击性高压电的作用，其绝缘体应在 30000V 高压的作用下保证良好的绝缘性能。

2）发动机气缸内燃烧气体的温度与进入气缸的新鲜混合气的温度相差很大，火花塞要能承受这种温度的剧烈变化，并保持一定的温度，不得产生局部过热或过冷。

3）火花塞要能承受住混合气燃烧所产生的巨大的冲击力，因此火花塞要有足够的机械强度。

4）火花塞在工作中要受到燃烧产物中多种活性气体的腐蚀作用，因此要求火花塞的电极采用难熔、耐蚀的材料制成。

火花塞

## 202. 火花塞有哪些类型？

1）断电触头尖型火花塞。断电触头尖型火花塞的中心电极和侧电极都覆盖一层很薄的断电触头薄膜。断电触头薄膜非常耐蚀，大大延长了火花塞的使用寿命。另外，为了改善火花塞的放电性能，这种火花塞的中心电极的直径减小，电极间隙增大，在使用过程中也不必调整火花塞间隙。为了区别普通火花塞和断电触头尖型火花塞，断电触头尖型火花塞陶瓷绝缘体的上部有五条深蓝色的条纹。

2）多极火花塞。多极火花塞的侧电极一般为两个以上，其优点是点火可靠，电极间隙不需经常调整，故在电极容易烧蚀和火花塞间隙不能经常调整的汽油机上采用，特别是一些对点火要求较高的发动机已广泛采用多极火花塞。

3）凸出型火花塞。凸出型火花塞的绝缘体裙部较长，凸出于壳体端面之外，具有吸收热量大、抗污能力好的优点，能直接受到进气的冷却，不易产生炽热点火，热适应范围宽，是应用范围最广的火花塞之一。

4）细电极型火花塞。细电极型火花塞的电极很细，特点是火花强烈，点火能力好，在寒冷条件下也能保证发动机迅速可靠起动，热范围较宽，能满足多种用途。

5）铜芯电阻型火花塞。铜芯电阻型火花塞在高速发动机上普遍采用，其内部的电极导热性能良好，热值较普通火花塞提高10%～40%。高速时能限制炽热点火，而火花塞裙部的加长，使热值的下限拓宽，同时也提高了电极的耐油污、抗烧蚀的能力。

6）沿面跳火型火花塞。沿面跳火型火花塞又称沿面间隙型火花塞，是一种最冷型的火花塞，其中心电极与壳体端面之间的间隙是同心的。它必须与点火能量大、电压上升率快的电容放电型点火系统配合使用，可完全避免火花塞的炽热点火，即使在油污的情况下也能正常点火。其缺点是可燃混合气不易接近电极，故在稀混合气的情况下，不能充分发挥汽油机的功能。另外，由于点火能量增大，中心电极很容易烧蚀。

火花塞类型

## 203. 火花塞的结构有什么特点？

火花塞的主要部件是绝缘体、接线柱和电极，而火花塞电极包括中央电极和侧电极，两者之间的间隙为火花塞间隙，一般不到1mm。火花塞的放电部分是中央电极和侧电极，两者之间用高氧化铝陶瓷绝缘体隔开。绝缘体内部的中心导电部分分为三段：最下面一段为中央电极；中间是膨胀系数与陶瓷绝缘体相差不大的导电玻璃，确保火花塞在各种温度下的密封性；最上面是金属杆。金属杆的上部制有螺纹，中央电极接线柱拧在其上，高压导线接在中央电极接线柱上。绝缘体的外面是钢制壳体，壳体与陶瓷绝缘体之间有两个铜质的内垫圈，起密封和导热作用。壳体上部加工有供拆装火花塞用的六方壳体，其下部制有螺纹，拧入气缸盖相应的火花塞座孔，壳体的下端固定有侧电极。为保证火花塞在装入气缸盖后气缸的密封性，固定螺纹的上端还有金属密封圈。

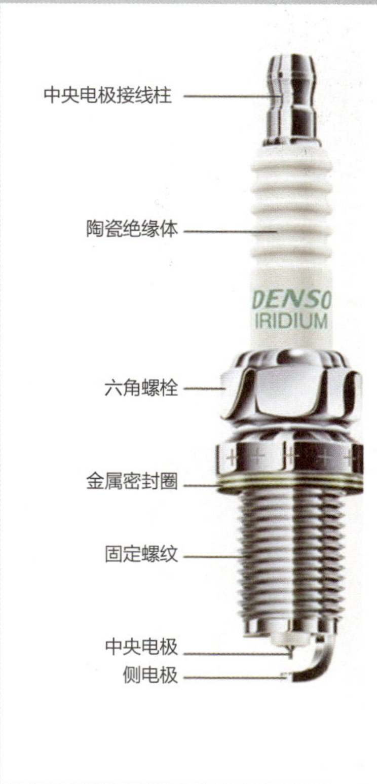

## 204. 火花塞点火的原理是什么？

火花塞点火的原理有点类似雷电，火花塞头部有中央电极和侧电极（相当于两朵带相反极性离子的云），两个电极之间有个很小的间隙，当通电时能产生高达1万～3万多伏的电火花，可以瞬间“引爆”气缸内被压缩后温度非常高的可燃混合气。

## 205. 影响火花塞跳火性能的因素有哪些？

1）火花塞电极形状的影响。火花塞电极的形状对放电性能有很大影响，一般电极有比较尖锐的棱角，比较容易放电，如果电极是球面的形状，则放电困难。

2）火花塞电极间隙的影响。一般火花塞的电极间隙越大，所需要的放电电压越高。为保证发动机在任何情况下可靠点火，火花塞的间隙为 0.6～0.8mm。

3）气缸压缩压力的影响。气缸的压缩压力越大，火花放电就越困难，所需的电压也就越高。

4）电极温度的影响。火花塞电极的温度越高，所需的电压越低。

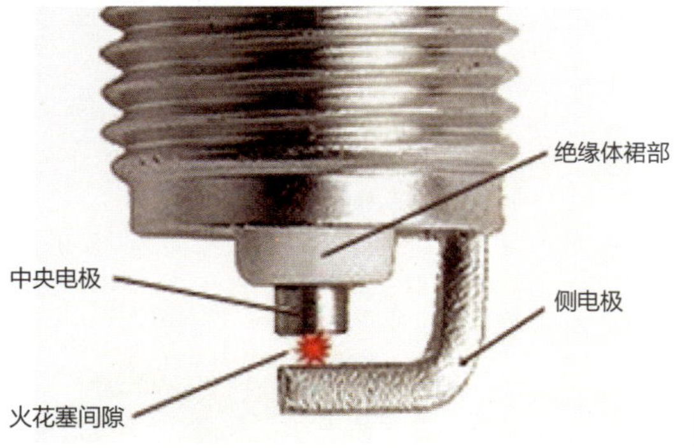

火花塞点火原理

## 206. 火花塞间隙对发动机有什么影响？

火花塞间隙越大，跳火的火花越强，火花越强则气缸内的原料不但越容易燃烧，并且能燃烧得更好，于是发动机起动容易，用油也能节省。但是间隙越大越需要高电压才能跳火，此外，气缸的压缩比越大，越需要高的电压才能跳火，因此，必须按照点火系统能供给的电压以及气缸的压力状况来设定最适当的火花塞间隙。

如果间隙太大，就要求有更高的点火电压，以使火花能跳过这一间隙，如果不依照原厂的规定而将间隙调得太高，可能会因火花塞跳火而使发动机不易起动，加速无力，车速受限，耗油太多。如果间隙太小，可能造成不点火、点火过早、爆燃，而且运行有噪声和排气性能变差。

## 207. 火花塞的自洁温度是多少？

要使火花塞工作良好，必须使火花塞保持在适当的温度范围以内。此适当的温度范围的下限称为火花塞的自洁温度，大约为 450℃。如果火花塞在工作中低于此温度，燃油不完全燃烧所产生的积炭就会沉积在火花塞的陶瓷绝缘体表面，导致火花塞漏电。积炭严重时，将造成火花塞不能点火；高于此温度，沉积的积炭会被烧掉，因此，称此温度为自洁温度。温度范围的上限称为早燃温度，大约为 950℃。如果火花塞中央电极的温度超过此温度，火花塞不跳火就能将混合气点燃，这种情况称为早燃。发生早燃，会造成发动机的输出功率下降，甚至造成活塞顶烧熔。因此，火花塞的温度必须在 950℃以下。火花塞的正常工作温度范围为 450～950℃。

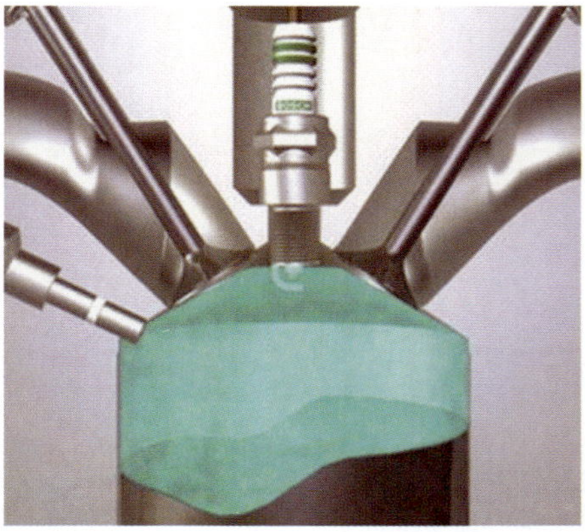

## 208. 火花塞分为哪两种类型？

火花塞的关键部分是绝缘体，如果绝缘体不起作用，高压电就会“抄小路”而不经两极搭铁，造成无火花现象。火花塞的绝缘体必须要有良好的机械性能和耐高电压、耐高温冲击、耐化学腐蚀的能力，普通火花塞多采用以氧化铝为基础的陶瓷做成。火花塞的尺寸是全世界统一的，任何汽车上都可以通用，但鉴于汽油机类型的不同，火花塞也分为两种：冷型火花塞和热型火花塞。

## 209. 什么是冷型火花塞与热型火花塞？

冷型火花塞与热型火花塞是相对而言，它反映了火花塞的热特性。火花塞要有适当的温度才能工作良好，没有积炭才能工作正常。实践证明，火花塞绝缘体保持在 500 ~ 600℃时，落在绝缘体上的油滴能立即烧去不会形成积炭，高于这个温度会早燃，低于这个温度有积炭。在不同发动机上的温度会不一样，设计者就利用绝缘体裙部的长度来解决这个矛盾。在相同的工作条件下，裙部短的火花塞受热面积小，传热路径短，散热容易，因而工作温度低些，我们把这样的火花塞称为冷型火花塞；反之，裙部长的火花塞，受热面积大，传热路径长，散热困难，因而工作温度高些，我们把这样的火花塞称为热型火花塞。

## 210. 冷型火花塞与热型火花塞分别适用于哪些发动机？

发动机的技术性能不同，气缸内的工作温度也不相同，对火花塞的要求也有所不同。对于高速、大功率、高压缩比的发动机，气缸内的工作温度高，应采用冷型火花塞；对低速、小功率、低压缩比的发动机，气缸内的工作温度低，应选用热型火花塞。介于两者之间的发动机，应采用热值中等的火花塞。对于具体型号的发动机，制造厂已为其匹配相应热值的火花塞，在使用中如果需要更换火花塞，应选用厂家规定型号的火花塞，以保证热值匹配。

## 211. 火花塞热值对发动机有什么影响?

热值较高的火花塞反应迅速，较适合市区走走停停的路况，但气温较高时使用容易使发动机出现过热的现象。反之，热值较低的火花塞在走停间不如热值高的火花塞反应迅速，不过当汽车长时间高速行驶时，热值低的火花塞就会有较佳的表现。只求稳妥的车主，还是换用与出厂所备火花塞完全相同的品牌、型号较为保险。

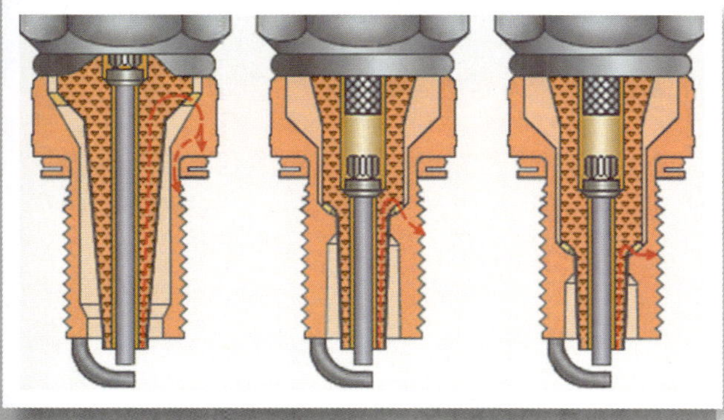


火花塞形式

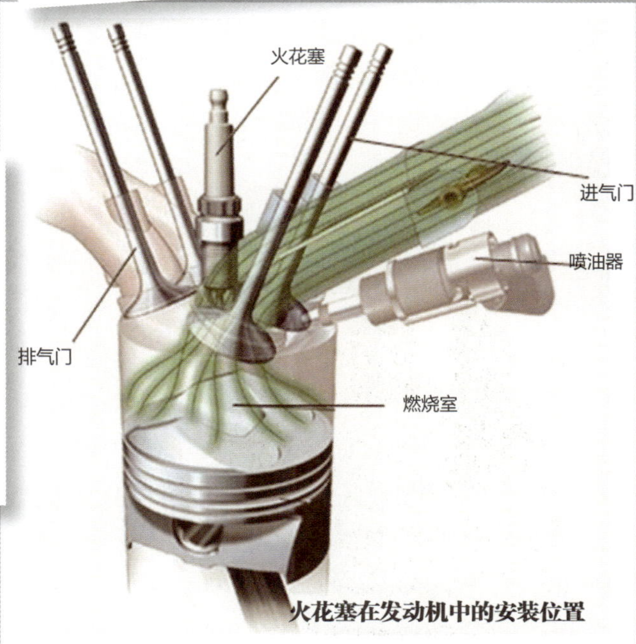


火花塞在发动机中的安装位置

## 212. 火花塞的使用寿命有多长?

火花塞的使用寿命往往用电极的消耗来衡量，火花塞的使用寿命定义为“直到电极不能跳正常的火花为止”，可见电极的消耗对火花塞使用寿命的影响之大。电极的消耗是由烧蚀和腐蚀而引起的，又同电极材料和电极工作温度有关。实际测试表明，温度到 580℃以上电极就开始发生腐蚀，而且随温度上升腐蚀相应地增加，到 890 ~ 1000℃附近就开始氧化。如果产生侵（烧）蚀，电极的棱角就变成弧状，电极间隙将变大，这样就会提高电极间跳火所必需的放电电压。一般随着发动机的运行或汽车行驶距离的增加，电极间隙所必需的放电电压也在不断地上升，会越来越接近点火系统所提供的电压极限，于是点火越来越困难，并最终发生了断火，火花塞的使用寿命也就终结于此。普通火花塞的使用寿命为 15000km，长效火花塞的使用寿命为 30000km。

## 213. 火花塞烧蚀的现象及原因有哪些?

1）电极熔化且绝缘体呈白色。此现象表明燃烧室内温度过高，其原因可能是燃烧室内积炭过多、火花塞未按规定力矩拧紧等。

2）电极变圆且绝缘体有疤痕。此现象表明发动机早燃，其原因可能是点火时间过早或者汽油辛烷值低、火花塞热值过高等。

3）绝缘体顶端碎裂。爆燃是绝缘体破裂的主要原因，而点火时间过早、汽油辛烷值低、燃烧室内温度过高，都可能导致发动机爆燃。

4）绝缘体顶端有灰黑色条纹。这种条纹标志火花塞已经漏气，应更换新件。

电极烧蚀

## 214. 火花塞有沉积物的现象及原因有哪些?

1）油性沉积物。火花塞上有油性沉积物，表明机油已经进入燃烧室内。如果只是个别火花塞上有油性沉积物，则可能是气门油封损坏。如果各缸火花塞都粘有油性沉积物，表明气缸窜油，应检查空气滤清器和通风装置是否堵塞等。

2）黑色沉积物。火花塞电极和内部有黑色沉积物，表明混合气过浓，可以增高发动机运转速度，并持续几分钟，就可烧掉留在电极上一层黑色的煤烟层。

火花塞上的油性沉积物

## 215. 柴油机有火花塞吗?

柴油机是燃烧柴油来获取能量释放的内燃机。它是由德国发明家鲁道夫 · 狄塞尔（Rudolf Diesel）于 1892 年发明的。为了纪念这位发明家，柴油就是用他的姓 Diesel 来表示，柴油机也被称为狄塞尔发动机。

柴油机在进气行程中吸入的是纯空气，在压缩行程接近终了时，柴油经喷油泵将油压提高到 10MPa 以上，通过喷油器喷入气缸，在很短的时间内与压缩后的高温空气混合，形成可燃混合气。由于柴油机压缩比高（一般为 16 ~ 22），所以，压缩终了时气缸内的空气压力可达 3.5 ~ 4.5MPa，同时温度高达 500 ~ 800℃，大大超过了柴油的自燃温度。因此，柴油在喷入气缸后，在很短时间内与空气混合后便立即自行燃烧。气缸内的气压急速上升到 6 ~ 9MPa，温度也升到 1800 ~ 2300℃。燃烧所产生的高温高压燃气在气缸内膨胀，推动活塞向下运动并带动曲轴旋转而做功。因此，柴油机没有点火线圈、火花塞等，即没有点火系统。

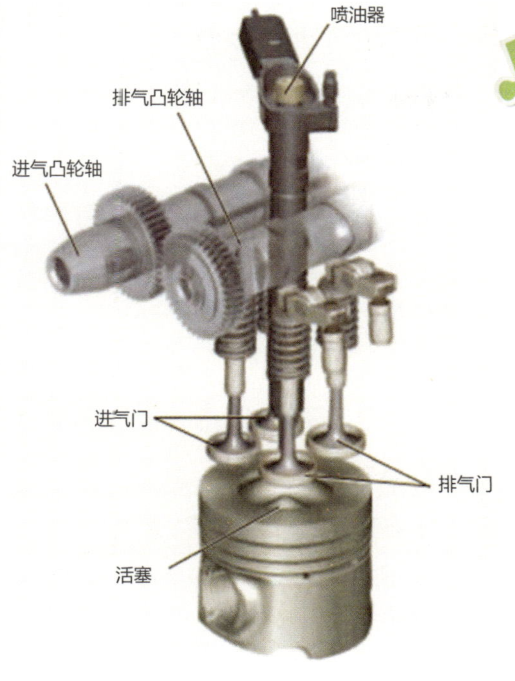

喷油器在发动机中的安装位置

## 216. 什么是普通火花塞?

经常听说普通火花塞、铂金火花塞和铱金火花塞，其实这是针对火花塞电极材料的不同而区分出来的特殊称谓。一般汽车的原厂火花塞，其电极材料由镍锰合金制成，即普通火花塞，它们一般在行驶 1 万 km 或 1 年后都要进行检查或更换。

铂金火花塞可实现 10 万 km 内免检查更换，而近来才出现的铱金火花塞同样能达到这样的水平。这给用车带来极大的方便，不过在修发动机时若没特别申明，修配厂是不会给你换上铂金火花塞的，因为一只普通火花塞仅几十元，而原厂的铂金火花塞则上百元（一般只有奔驰、宝马一类高档轿车和部分丰田轿车原厂才配用铂金火花塞），所以必须谨记普通火花塞的保养时限，并时常检查为妙。

## 217. 铱金火花塞有什么优点?

由于银、金的熔点太低所以不能用作电极材料，而镍则有接近 1500℃的熔点且价格便宜，所以就制成了普通火花塞。铂金则接近 2000℃才被熔掉，其稳定性和抗烧蚀性自然比镍要好，而铱金材料则比铂金有更高的熔点，更加适合高性能发动机长时间、高转速情况下使用。另外，化学特性比较稳定是衡量金属的本质，铂金、铱金在极高转速的高温、高压下，依然能提供准时、强劲的火花。要知道在这种极限情况下，普通火花塞极有可能发出不稳定、不准时的火花，甚至有可能“失火”，发动机的工作因此大打折扣。

## 218. 铂金火花塞有什么优点?

铂金火花塞的电极采用的就是铂金，其寿命是普通火花塞寿命的 5 倍，铂金火花塞的平均寿命能达到 16 万 km。铂金电极火花塞的优越性主要有以下几个方面：

1）提高了发火性。

2）提高了跳火性能。

3）容易稳定在燃烧的最佳工作温度内。

4）扩大了热范围。

5）优良的耐久性。

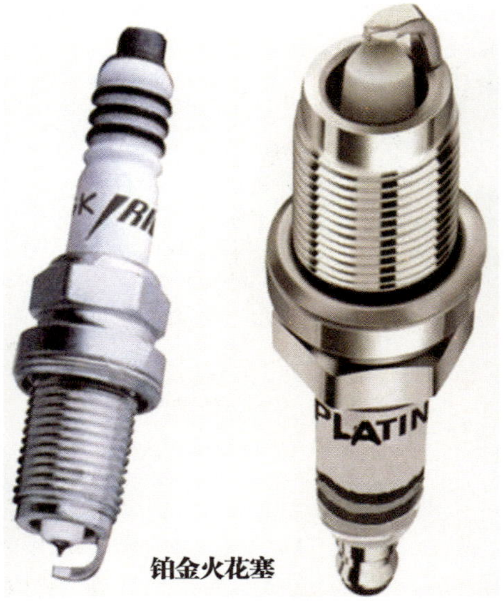

铂金火花塞

## 219. 火花塞有哪些规格?

国外以螺纹直径M14和M12为主，M10次之；我国仅以M14为主，M12和M10的火花塞在特殊情况下生产。各国的火花塞型号表示方法有所不同，比如T8126J型火花塞，其中“T”表示结构类型，“8”表示螺纹尺寸和六角对边，“12”表示螺纹旋合长度，“6”表示热值，“J”表示特征，常见的结构类型有标准型（用B表示）、凸出型（用T表示）。螺纹尺寸规格有1、4、8三种，1表示M10×1，S = 16；4表示M14×1.25，S = 19；8表示M18×1.5，S = 22。螺纹旋合长度有11、12、19三种。热值包括1～9九个数字，其中1～3为低热值，4～6为中热值，7～9为高热值。热值越高，散热越快，为冷型火花塞；热值越低，散热越慢，为热型火花塞。

## 220. 如何选用火花塞?

应根据发动机结构性能特点更换火花塞，特别应按发动机说明书规定型号来选用。若使用中火花塞积炭严重，应选热值大一级的火花塞；若发动机有炽热点火现象，应选热值小一级的火花塞。多缸发动机要保证各缸火花塞型号、新旧程度统一。建议成组更换，避免因小失大。对于进口汽车，缺少火花塞配件时可用国产型号代替，要求代用型号的旋入螺纹长度、螺纹直径及热值必须与原型号一致。

## 221. 如何使用火花塞?

在实际运行中，除了正确选择适合自己汽车的火花塞之外，还有一些措施，可以有效控制各种积污，充分发挥火花塞的作用。比如避免长时间低速、低负荷运行；减少怠速运行时间（越来越多的汽车专家认为怠速着车损伤汽车）；避免超高速、超负荷运行，如果不是换车跟买手机一样，最好不要飙车；燃油要保持一定的纯净度，认准油品的品牌非常关键；避免急加速、急减速运行等不良驾驶习惯。只有这样，才能有效地控制火花塞的各种积污，延长火花塞的使用寿命，提高发动机的工作效率。

## 222. 如何检查火花塞状况?

火花塞的技术状况除用专用仪器进行密封发火试验以外，还可采取下述方法检查：

（1）就车检查法

1）触摸法：起动发动机，使其怠速运转，用手触摸火花塞绝缘陶瓷部位，如温度上升得很高很快，表明火花塞正常，反之为不正常。

2）短路法：起动发动机，使其怠速运转，然后用螺钉旋具逐缸对火花塞短路，听发动机转速和响声变化。若转速和响声变化明显，表明火花塞正常，反之为不正常。

3）跳火法：旋下火花塞，放在气缸体上，用高压线试火，若无火花或火花较弱，表明火花塞漏电或不工作。

（2）观色法

拆下火花塞观察，如为赤褐色或铁锈色，表明火花塞正常。如为渍油状，表明火花塞间隙失调或供油过多，高压线短路或断路。如为烟熏之黑色，表明火花塞冷热型选错或混合气浓，机油上窜。如顶端与电极间有沉积物，当为油性沉积物时，说明气缸窜机油与火花塞无关；当为黑色沉积物时，说明火花塞积炭而旁路；当为灰色沉积物时，则是汽油中添加剂覆盖电极导致缺火。若严重烧蚀，如顶端起疤、有黑色花纹破裂、电极熔化，表明火花塞损坏。

## 223. 如何清理火花塞？

1）将火花塞从气缸上取下之前，切记要将吸附在火花塞周围的尘土和油污擦拭干净。防止取下火花塞时，这些尘土和油污进入气缸。在取下火花塞后，也要将火花塞安装孔盖好，以免异物掉入气缸。

2）取下火花塞后，先用小刀或废旧钢锯条刮掉火花塞上的污物和积炭（如果污物和积炭不易刮掉，可先将火花塞用火烧一下。注意不要使用强火，以免烧坏火花塞的绝缘材料）。当污物和积炭清理完毕，用汽油清洗干净，并烘干。

3）在重新安装火花塞之前，还要检查火花塞的电极间隙，应符合相应车型火花塞间隙规定值。火花塞电极间隙如果不符合要求，可用木制器具调整火花塞的侧电极，一般不要动火花塞的中央电极，以免损坏火花塞的绝缘体。

## 224. 什么情况下需要更换火花塞？

如果发现火花塞顶端起疤、破裂或电极熔化、烧蚀，说明火花塞已经烧坏，应该更换。另外，若是绝缘体顶端有灰黑色条纹，也要更换火花塞，因为这表示该火花塞已经漏气。如果火花塞电极头被油泥附着，或是看起来颜色不太正常，最好到修理厂做个检查，因为这说明发动机工作状况可能有问题了。

火花塞

## 225. 自己如何更换火花塞？

首先选择规格合适的火花塞套筒。将火花塞上的高压线轻轻拔下，如果抓着高压线本身用力拉，可能会拉伤高压线，此时，可抓住高压线根部（靠近火花塞侧）用力拉。用抹布或刷子清理火花塞周围的污垢，再将火花塞套筒正确套上。为避免弄乱高压线与火花塞的搭配顺序，应该逐缸处理，或在高压线头标明它是属于哪个缸的线，以免复原时装错。

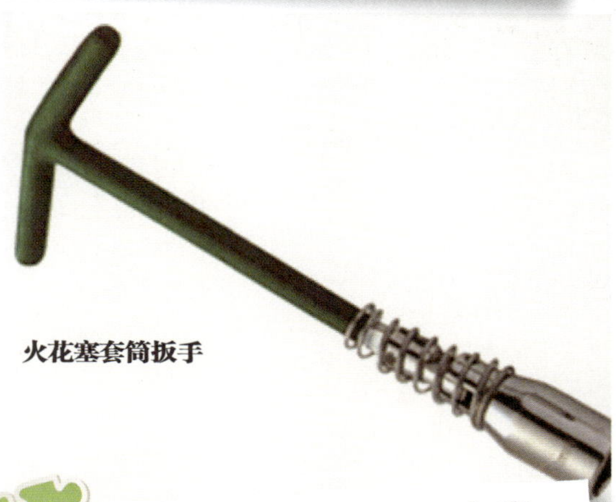

火花塞套筒扳手

## 226. 拆装火花塞有哪些注意事项？

1）拔下高压线接头时应轻柔，操作时不可用力摇晃火花塞绝缘体，否则会破坏火花塞的密封性能。

2）发动机冷却后方可拆卸，当旋松所要拆卸的火花塞后，用一根细软管逐一吹净火花塞周围的污物，以防火花塞旋出后污物落入燃烧室内。

3）螺钉周围、火花塞电极和密封垫必须保持清洁，干燥无油污，否则会引发漏电、漏气、火花减弱等故障。

4）安装时，先用套筒将火花塞对准螺孔，用手轻轻拧入，拧到约螺纹全长的 1/2 后，再用加力杠杆紧固。若拧紧时手感不畅，应退出检查是否对正螺口或螺纹中有无夹带杂质，切不可盲目加力紧固，以免损伤螺孔，殃及气缸盖，特别是铝合金气缸盖。

5）应按规定力矩拧紧，过松会造成漏气，过紧使密封垫失去弹性，同样会造成漏气。锥座型火花塞不用密封垫，因此按规定力矩拧紧螺栓尤显重要。

## 227. 点火提前角受哪些因素影响？

影响点火提前角的因素主要是发动机转速和发动机负荷。

1）当发动机转速高时，应增大点火提前角。这是由于在发动机转速升高时，在相同的时间内活塞的移动距离变大，曲轴转过的角度变大，如果燃烧速率不变，点火提前角应增大。

2）当发动机负荷大时，应减小点火提前角。这是由于在发动机负荷增大时，吸入气缸的混合气增多，压缩终了时的压力和温度增高，残余废气相对减少，混合气燃烧速度加快，点火提前角应减小。

## 228. 分电器是如何分电的？

分电器的作用是按气缸点火次序定时地将高压电分配给各缸火花塞，那它是如何分配的呢？接下来我们看一下分电器的结构。分电器通常是由配电器（分电器盖）、断电器、电容器和点火提前调节装置组成。这里面的分电器盖就起到分配高压电的作用。

分电器盖的中心插孔通过高压线与点火线圈相连接，点火线圈的高压电则通过分电器盖上的中心电极传给分火头，分火头转动将高压电通过旁电极和分缸高压线传递给各缸火花塞，从而点燃各缸的可燃混合气。

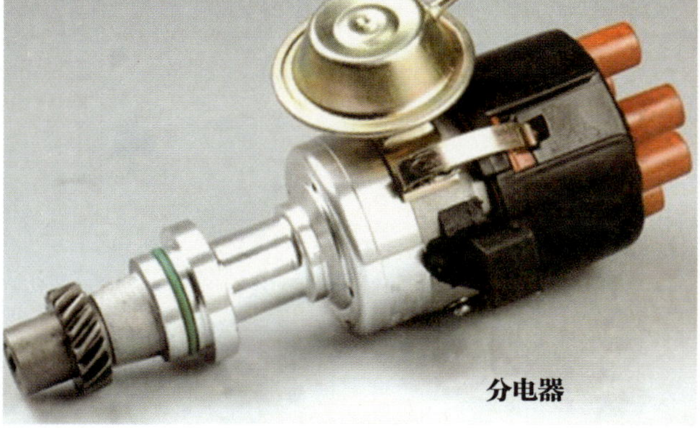

分电器

## 229. 高压线有什么作用？

高压线用来将点火线圈的高压电送至分电器盖的中心插孔，再从分电器盖的旁电极插孔传至火花塞。现在使用的高压线，大多采用电阻型的高压线，以抑制点火系统所产生的无线电干扰。

高压线两端的金属接头分别与火花塞和分电器盖的旁电极插孔相连，两端的胶皮套要套住火花塞和分电器，以保证密封和绝缘。

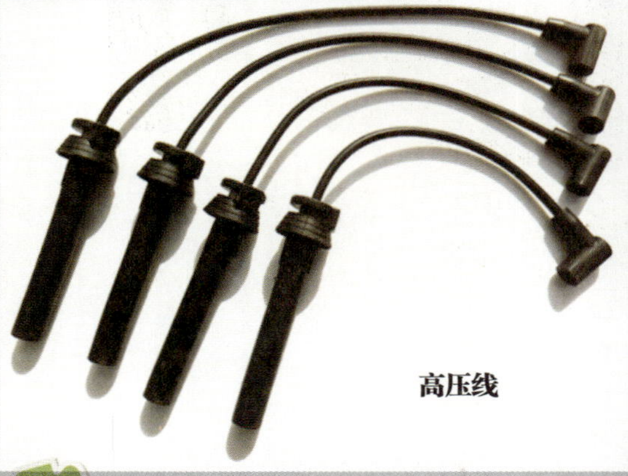

高压线

## 230. 什么是爆燃？

汽油机在燃烧过程中，燃烧室内有明显的火焰前锋在推进。在火焰前方的未燃混合气受到已燃混合气强烈的压缩和热辐射作用，其压力和温度都急剧增高。如果火焰前锋到达以前，未燃混合气已达到它的自燃温度而自行着火，形成新的火焰中心，产生新的火焰传播，这种现象称为爆燃。

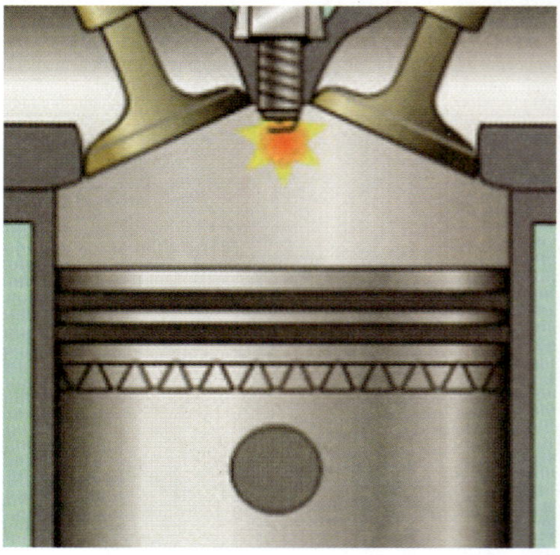

正常燃烧

## 231. 爆燃有什么危害?

1）机件过载。强烈爆燃时的冲击波使缸壁、缸盖、活塞、连杆、曲轴等机件过载，或使机件变形甚至机件损坏。

2）机件烧损。爆燃时，汽油机燃烧终了的温度可达 2000 ~ 2500℃，而活塞顶、燃烧室壁及气缸壁的温度仅为 200 ~ 300℃。除了冷却液的作用外，能够维持这样低温度的原因是在这些壁面上形成了气体的附面层，它起了隔热作用。强烈爆燃的冲击波会破坏这一附面层，使机件直接与高温燃气接触，而严重爆燃时局部燃气温度可达到 4000℃以上，使活塞头部和气门等机件烧损。

3）性能指标下降。严重爆燃时的局部高温产生严重的热分解现象，燃烧产物分解为 CO、$H_2$、$O_2$、$NO_x$ 及游离碳的现象增多。游离碳已不能再燃烧，形成排气冒烟。CO、$H_2$、$O_2$ 等在膨胀过程中重新燃烧，使补燃增加，排气温度增高，附面层破坏，向缸壁散出的热量增加，发动机过热，有效功率降低，有效耗油率增加。

严重爆燃时，即使机件没有损坏，其寿命也会降低。试验表明，严重爆燃时气缸的磨损量比正常燃烧时高 27 倍左右。

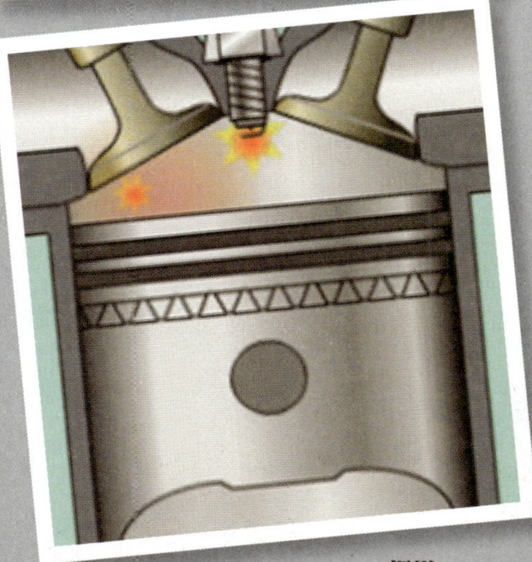

爆燃

## 232. 爆燃传感器能精确控制点火吗?

发动机工作时因点火时间提前（点火提前角）、发动机的负荷、温度及燃料的质量等影响，会引起发动机爆燃。发生爆燃时，由于气体燃烧在活塞运动到上止点之前，轻者会产生噪声，降低发动机的功率，重者会损坏发动机的机械部件。为了防止爆燃的产生，爆燃传感器是不可缺少的重要部件，这样可以通过电子控制系统去调整点火提前时间。

发动机发生爆燃时，爆燃传感器把发动机的机械振动转变为信号电压送至 ECU。ECU 根据其内部事先储存的点火及其他数据，及时计算修正点火提前角来调整点火时间，防止爆燃的发生。

爆燃传感器

爆燃传感器安装位置示意图

## 233. 什么是表面点火？

表面点火是在发动机工作时，气缸内混合气不是被火花塞点燃，而是被燃烧室内局部机件炽热表面及炽热的高温点（其温度在 850℃以上）所点燃。这是一种不正常的燃烧现象。在正常火花塞点火前的表面点火称为“早火”；在正常火花塞点火后的表面点火称为“后火”。表面点火的外部特征与爆燃相似，有强烈而沉闷的敲击声，而且工作不正常，负荷增加，加剧了零部件的磨损，对发动机有严重的破坏作用。

## 234. 如何预防表面点火？

引起表面点火的原因：燃烧室内炽热物，如过热的排气门、过热的火花塞电极、燃烧室内积炭等。那么，如何预防表面点火的发生呢？主要从以下四点进行预防：

1）清除燃烧室表面凸起物。

2）清除燃烧室表面的积炭。

3）保证冷却系统正常工作。

4）使用抗爆性好的汽油燃料。

## 235. 表面点火和爆燃有什么区别？

表面点火与爆燃是两种完全不同的不正常燃烧现象。爆燃是燃烧室内末端混合气的自燃现象，而表面点火是由炽热物点燃混合气所致。表面点火时火焰传播速度比较正常，没有压力冲击波，但二者之间存在着相互促进的内在关系。

表面点火与爆燃的区别在于：表面点火是混合气为炽热表面所点燃的结果，而爆燃是未燃混合气因受已燃混合气的加热压缩而引起自燃的结果，它发生在火花点火之后，并有压力波产生。表面点火的加剧可以引起爆燃，而爆燃又将形成更多的炽热表面，使表面点火更为剧烈。

## 236. 点火开关有什么作用？

点火开关（Ignition Switch）主要用来接通和切断点火电路，同时还控制起动电路、发电机励磁电路、仪表电路及其他辅助电器设备的电路，是汽车电路中一个重要的控制开关。

## 237. 点火开关包括哪几个档位？

点火开关通常有 LOCK、ACC、ON 和 START 四个档位。

1）LOCK 档：一般的点火钥匙放到这个档位就等于锁死了方向盘，方向盘不能有太大的活动。

2）ACC 档：可以使用部分用电设备，如收音机、车灯等，但不可以使用空调等大的用电设备。

3）ON 档：正常行车时点火钥匙处于 ON 状态，这时全车所有电路都处于工作状态。

4）START 档：是发动机起动档，起动后会自动恢复到 ON 档。

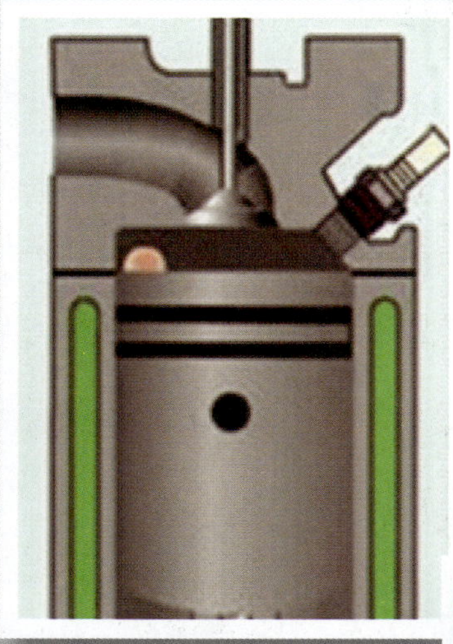

表面点火示意图

点火开关

点火钥匙

## 238. 什么是单缸独立点火？

独立点火，英文为 Coil On Plug，简称为 COP。Coil On Plug 中文直译为线圈在火花塞上。线圈直接安装在火花塞上，即一个气缸分配一个点火线圈，这样还取消了高压线，故俗称单缸独立点火。

单缸独立点火方式适用于任何缸数的发动机，特别适合每缸 4 气门的发动机使用。因为点火线圈和火花塞“合二为一”可安装在双顶置凸轮轴（DOHC）的中间，充分利用了空间。由于取消了分电器和高压线，能量传导损失及漏电损失极小，没有机械磨损，而且各缸的点火线圈和火花塞装配在一起，外用金属包裹，大幅减少了电磁干扰，可以保障发动机电控系统的正常工作。

## 239. 单缸独立点火有什么优点？

1）点火线圈就安装在火花塞的顶部，因此，点火线圈产生的高压电可以直接传给火花塞进行点火，不需要高压线连接，线路损失可以降到最低。

2）在可靠性方面，单缸独立点火也优于传统的分缸点火。对于传统的点火系统而言，一旦点火线圈出现问题，整个点火系统就会瘫痪，发动机将无法运转。而在单缸独立点火系统中，一个点火线圈出问题只会影响到它负责的气缸，其他的气缸点火都不会受影响。

3）从电子干扰方面来看，单缸独立点火也具备明显优势。发动机点火系统产生的这种瞬间的高压电流在传输时，是会产生电子干扰的，为了降低这种干扰，工程师会采用很多材料来屏蔽，这也就是我们看到的高压线特别是高品质的高压线都异常粗大的原因之一。单缸独立点火系统显然没有这个麻烦，它在导线里的电流是低压传输，这种 12V 电压产生的电磁干扰极小。另外，从抗干扰的方面看，也是一样的。汽车产生电磁辐射的地方不止点火系统这一处，同时还有外界环境的干扰，这些干扰都会通过高压线影响点火系统。显然单缸独立点火就没有这方面的问题。

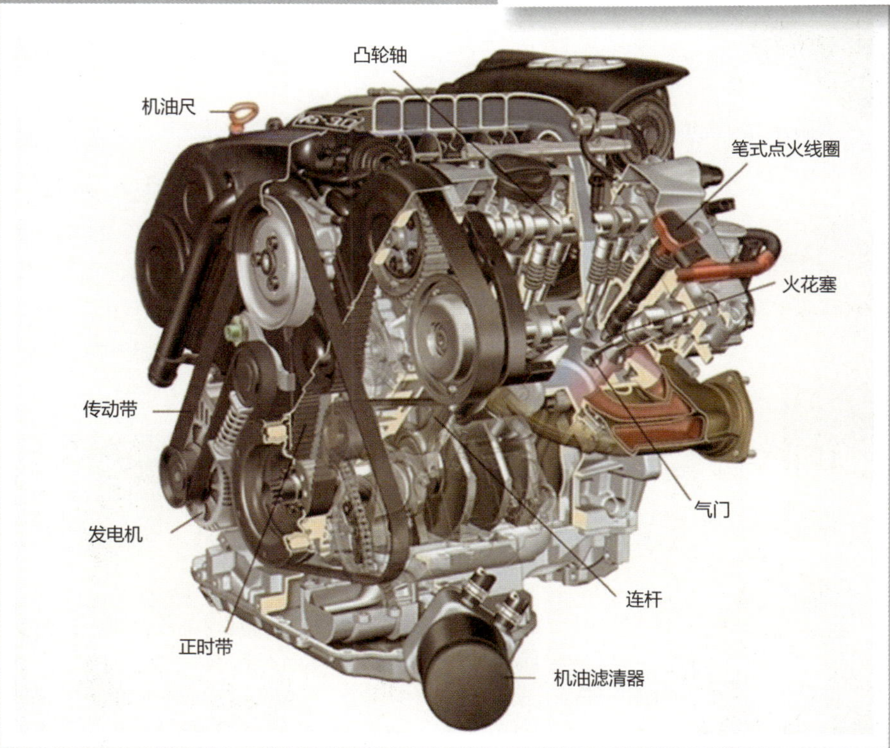


单缸独立点火发动机构造图

## 240. 什么是双缸同时点火？

双缸同时点火方式是指用一个点火线圈同时为两个气缸点火，因此，这种点火方式只能用于气缸数目为偶数的发动机上。如果在 4 缸汽油机上，当两个气缸的活塞同时接近上止点时（一个是压缩，另一个是排气），两个火花塞共用同一个点火线圈且同时点火，这时候一个是有效点火，另一个则是无效点火。前者处于高压低温的混合气之中，后者处于低压高温的废气中，因此两者的火花塞电极间的电阻完全不一样，产生的能量也不一样，导致有效点火的能量大得多，约占总能量的 80%左右，所以可以可靠点火。

双缸同时点火用点火线圈

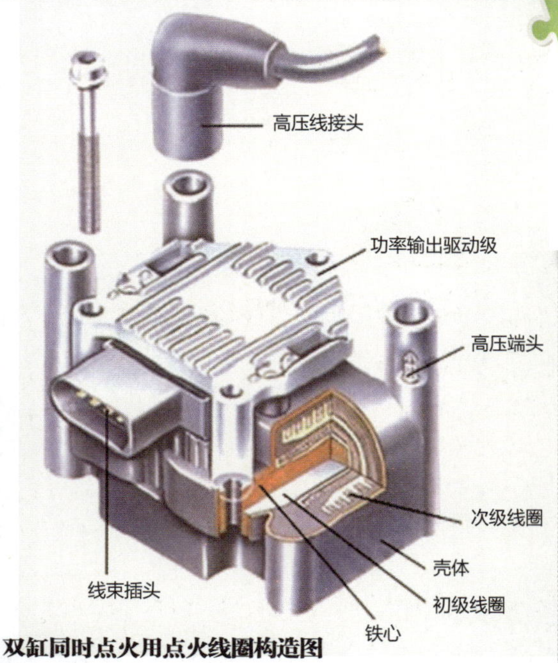


双缸同时点火用点火线圈构造图

## 241. 什么是连续点火？

连续点火是使每个气缸在工作过程中产生连续两个以上甚至几十个高压火花，能够使放电时间所覆盖曲轴旋转的角度延长十几倍，也就是气缸在每个工作过程产生一串火花而不是仅一个火花。为此，有的制造厂采取在一个火花塞上连续数次放电，也有的制造厂是每个气缸安装两个火花塞依次放电。宝马一般采用的是在一个火花塞上连续 3 ~ 8 次放电的连续点火控制方式，其连续点火只是发生在发动机处于怠速工况时，当发动机转速增加时，连续点火方式即转变为普通 1 次点火方式；而福特嘉年华的连续点火控制转速范围远远的超过怠速转速，根据实际测试的结果，在发动机转速低于 1700r/min 时，电脑仍执行每缸 2 次的连续点火控制，但当发动机转速超过 1700r/min 时，点火次数也会从 2 次连续脉冲点火转变为普通 1 次点火方式。

## 242. 连续点火有什么优点？

连续点火通过增加点火次数和延长放电时间实现了增强点火能量的目的。由于增加点火次数、延长放电时间，向混合气提供了更多的能量，同时连续击穿放电产生较强的电磁场，这些都使混合气中的氧分子吸收大量能量而转化为活化氧分子、新生氧原子和臭氧。活化氧分子键比普通氧分子的键容易断裂，它们和新生氧原子都表现出较强的化学活泼性，强烈地参与同汽油类分子的氧化反应，这样就使得反应速度加快，燃烧更加充分。

## 243. 什么是双火花塞点火系统？

本田飞度使用的双火花塞点火系统是在半球形燃烧室两侧对称布置两个同型号火花塞，这两个火花塞与燃烧室中心的距离相等，两个火花塞同时点火，不仅火焰传播距离缩短了一半，而且两个火花塞同时着火爆炸燃烧，急速形成较强烈的涡流，大幅度加快了火焰的传播速度。

双火花塞点火系统

## 244. 双火花塞点火系统有什么优点?

本田飞度配备了本田新一代 23km/L 低耗油发动机"i-DSI 发动机"。智能化双火花塞顺序点火 i-DSI 系统，把通常 1 个气缸 1 个火花塞控制点火方式改为在 1 个气缸上安装 2 个火花塞，将它们分别设在进气侧和排气侧，缩短了燃烧室内火焰传播的时间，实现了全域范围内的急速燃烧，同时降低了爆燃的倾向，使得大幅度提高压缩比成为可能，实现了高输出功率、高输出转矩及低油耗的统一。

## 245. 双火花塞点火系统怎样工作?

本田独有的双火花塞点火系统是根据发动机转速和负荷状况来控制的。当可燃混合气进入燃烧室，靠近进气侧的第一个火花塞点火。接着 靠近排气侧的第二个火花塞点火，促进燃烧过程。与单一的火花塞系统相比，这个系统使燃烧更加完全，使发动机输出功率更大，油耗更少，排放降低。

## 246. 什么是高压高频交流点火?

在连续点火控制技术逐步应用在汽车电子点火系统的同时，一种更加先进的电子点火控制技术也在最新型的车辆上得到采用，这就是高压高频交流点火技术。

在最新的奔驰 S600 轿车上，M137.970 发动机控制系统就采用了这一新的点火系统。这一点火系统专门使用了一个 ECI 主控单元，为点火模块提供 180V 的直流电压以及一个 23V 的辅助电压（用于爆燃监控）。来自 ECI 主控单元的 180V 直流电压提供给两个点火模块。在点火瞬间，直流电压被转换为频率为 25kHz 的交流电压，这意味着每一次点火时，在点火线圈内每秒钟会产生 2.5 万次的磁场变化，也即是说会产生同等次数的电火花，因此在整个燃烧过程中会拥有持续不断的火花放电。

火花塞

## 247. 什么是点火正时?

在发动机压缩行程终了、活塞到达压缩行程的顶点时，点火系统向火花塞提供高压火花以点燃气缸内被压缩的可燃混合气做功，这个时间就是点火正时。为使点火能量最大化，点火正时一般要提前一定的量，所以是在活塞即将到达压缩行程上止点的那一刻点火，而不是正好到达压缩行程上止点时才点火，这个提前量叫点火提前角。

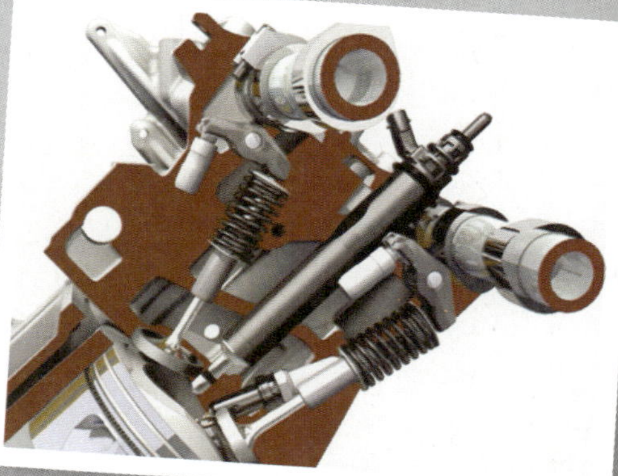

## 248. 点火正时对发动机有什么影响?

点火正时过早会造成发动机的爆燃，使发动机产生局部过热，燃料消耗增加，功率下降；点火正时过晚会使发动机燃烧所产生的最大压力下降，功率下降，温度升高，经济性下降。

## 249. 最佳点火提前角由哪几部分组成?

微机控制电子点火系统所控制的最佳点火提前角通常包括初始点火提前角、基本点火提前角和修正点火提前角三部分。实际的点火提前角就是这三部分相加的结果。

点火燃烧做功

## 250. 如何确定初始点火提前角？

初始点火提前角由发动机的结构及曲轴位置传感器的安装位置决定，是未经电子控制器修正的点火提前角，通常为固定值，其大小随车型或发动机形式而异。此点火提前角一般用作发动机起动时的点火提前角。

## 251. 如何确定基本点火提前角？

基本点火提前角是由电子控制器根据发动机的转速和负荷所确定的点火提前角，是发动机运行过程中最为重要的点火提前角。发动机在各种工况下的最佳基本点火提前角通过大量的台架试验得出，将试验数据优化后作出点火提前角控制脉谱图，并将其存储在电子控制器的存储器中。发动机在运行过程中，电子控制器通过发动机转速和负荷传感器获得发动机的工况信息，根据发动机所处的工况，从存储的数据中得出最佳的点火提前角。

## 252. 如何确定修正点火提前角？

由电子控制器根据除发动机转速和负荷以外的信号，对点火提前角进行修正，主要包括以下几个方面：

1）暖机修正。为了改善低温时发动机的驱动性能，在冷却液温度较低时，应适当增大点火提前角。在发动机暖机过程中，点火提前角的修正值随冷却液温度的变化而变化。

2）过热修正。发动机在正常运行过程中，如果冷却液的温度过高，则有可能引起爆燃。为了避免这种情况，应适当减小点火提前角；发动机在怠速时，如果发动机过热，应适当增大点火提前角。

3）空燃比反馈修正。装有氧传感器和三元催化转化器的发动机，电子控制器可根据氧传感器的信号增减喷油量，使空燃比保持在14.7左右，确保三元催化转化器的转换效率最高。但随着喷油量的改变，发动机的转速也会发生变化，特别是在怠速工况下，不易保持怠速稳定。为了使怠速稳定，在减少喷油的同时，应增加点火提前角。

4）怠速稳定性修正。发动机在怠速工况时，由于负荷不稳定，可能会造成转速的变化。为了维持稳定的怠速转速，需适当改变点火提前角：当实际转速高于目标转速时，适当减小点火提前角；当实际转速低于目标转速时，应适当增加点火提前角。

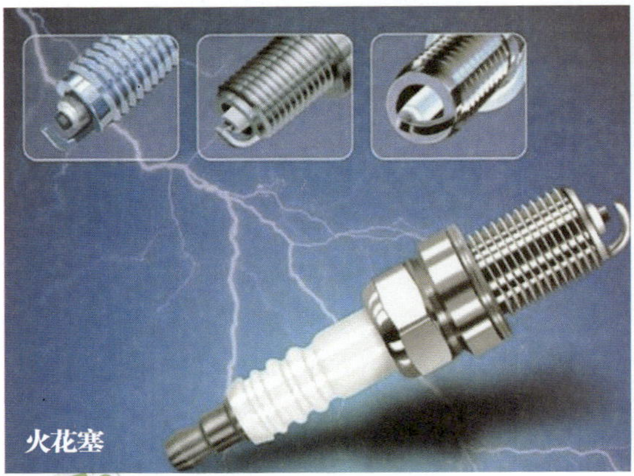

火花塞

## 253. 使用电子点火系统时应注意哪些问题？

1）安装时，接线必须正确、牢固，电源的极性绝不能接错，否则极易损坏点火模块。

2）点火模块必须搭铁良好，使用中应尽可能减少搭铁处接触电阻，确保电路稳定可靠地工作。

3）点火信号线应与高压线分开，避免高压线对点火系统的干扰。

4）洗车时，应尽量避免洗车水溅到点火模块和分动器内。

5）发动机在运转过程中，严禁拆卸蓄电池，也不可用刮火的方法试电，以免损坏点火模块。

6）电子点火系统的点火线圈一般都使用高能点火线圈，应尽可能避免用普通点火线圈代用。

7）高压线必须连接牢靠。如果连接不牢，容易造成系统电压过高而损坏高压系统的绝缘。

8）在判断点火系统的故障时，不要使高压电路处于开路状态，否则极易使点火器中的大功率晶体管损坏。

9）当需要拆卸点火系统的连接导线或安装测试仪器时，应先关断点火开关或拆下蓄电池的负极导线。

10）点火模块应安装在干燥、通风良好的部位，使用中应保持其表面清洁，以利散热。

发动机转速表

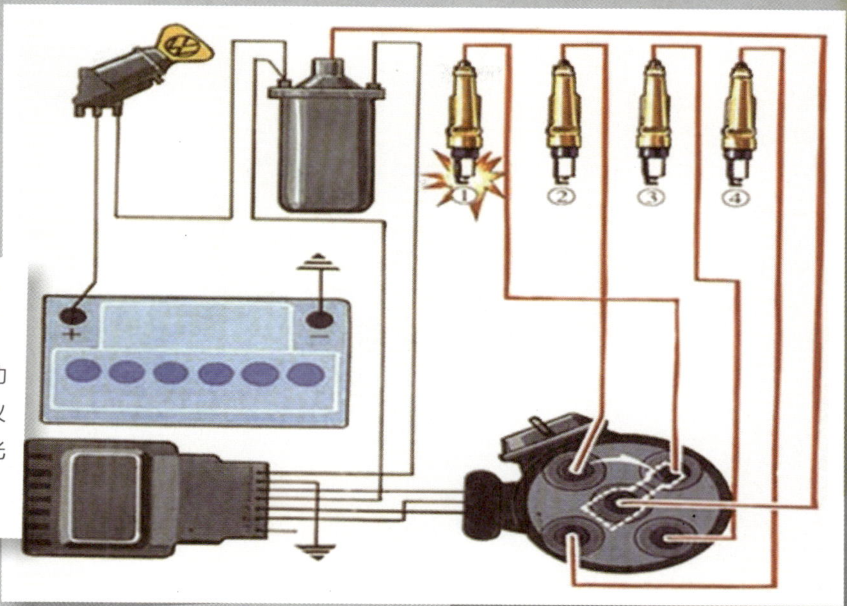

## 254. 点火正时灯有什么作用?

点火正时灯是专门用于测试发动机运转中点火时间是否正确的测试仪器，它用正时灯泡与高压电同时发光作为正时记号来测试点火时间。

## 255. 点火正时灯由哪些部件组成?

点火正时灯由闪光灯、传感器、整形装置、延时触发装置和显示装置组成。正时灯是一种频率闪光灯，每闪光一次表示第 1 缸的火花塞发火一次，因此，闪光与第 1 缸点火同步。当正时灯对准发动机第 1 缸压缩终了上止点标记，并按实际跳火时间进行闪光时，若飞轮或曲轴传动带盘上的标记还未到达固定指针，即第 1 缸活塞还未到达压缩终了上止点，此时可调整正时灯电位器，使闪光时机推迟至转动部分上的标记正好对准固定指针之时，那么推迟闪光的时间就是点火提前的时间，将其显示到表头上，便可读出要测的点火提前角。

点火正时灯

## 256. 如何使用点火正时灯?

1）将正时灯的红色电源夹夹在蓄电池的正极上，黑色电源夹夹在蓄电池的负极上。

2）将正时灯的外卡式传感器卡在一缸高压线上，如果是独立点火系统，应在 1 缸点火线圈上贴感应片，使用专用片式感应器。

3）发动机运转到正常工作温度，打开正时灯开关。

4）在发动机稳定怠速下，正时灯对准转动标记，调整正时灯延时旋钮，直到转动标记与缸体固定标记对齐。此时，正时灯上的指示装置上的读数即为发动机怠速下点火提前角。用同样的方法可以测出不同工况下的点火提前角。

5）检测完毕，关闭正时灯，取下电源夹和外卡式传感器。

## 257. 照明与信号系统包括哪些部件?

汽车照明及信号系统是汽车安全行驶的必备系统之一。它主要包括照明灯具和信号灯具两种。

1）照明灯具有前照灯、雾灯、牌照灯、仪表灯、顶灯、工作灯等。

2）信号灯具有转向信号灯、危险警报灯、示位灯、制动灯、倒车灯等。

## 258. 照明系统需要满足哪些要求?

1）照明设备能提供车前 100 ~ 200m 明亮均匀的照明，在会车时，不应对迎面来车的驾驶人造成眩目。

2）驾驶人在夜间倒车时能看清车后的情况。

3）在夜间，其他行驶车辆驾驶人和行人在一定距离内能看清车辆的牌号。

4）采用特殊照明，提高能见度，改善雾天行车条件。

5）车内要有足够的照明装置，当车内光线强度不够时，可以增强车内光线强度，既便于驾驶人操纵车辆、观察仪表等，又满足乘客阅读等要求。

6）车厢和发动机罩下面应有照明装置，便于车辆使用和检修。

## 259. 照明系统各灯具安装在什么位置?

1）前照灯俗称大灯，安装于汽车头部的两侧，用于夜间或光线昏暗路面上汽车行驶时的照明。

2）雾灯安装于车头和车尾，装于车头的雾灯称为前雾灯，安装在车尾的雾灯称为后雾灯。雾灯用于在雨雾天气行车时照明道路和为迎面来车及后面来车提供信号。

3）牌照灯安装于汽车牌照的上方或两侧，用于汽车夜间行驶时牌照的照明。灯光一般为白色，其亮度应保证在车后 20m 处能看清牌照号码。

4）仪表灯用于夜间行车时仪表的照明，安装在仪表板总成内，以便于驾驶人观察汽车和发动机的工作状况。

5）顶灯又称室内灯，安装于驾驶室和车厢顶部，作为内部照明之用。它可用相应的开关控制。

6）为了便于汽车维修，有的汽车配备了配有插头的工作灯，插座安装在发动机罩下或其他位置。

## 260. 信号系统各灯具安装在什么位置？

1）倒车灯装于汽车尾部，用于倒车时为汽车后方道路照明和警告其他车辆和行人，表示该车正在倒车，兼有灯光信号装置的功能。

2）转向信号灯装于汽车前、后、左、右角，用于汽车转弯时发出明暗交替的闪光信号，使前后车辆、行人、交警知其行驶方向。

3）制动灯安装在汽车的尾部，用于指示车辆的制动或减速信号。

4）示位灯安装在汽车前面、后面和侧面。前位灯（也称小灯，示宽灯）光色为白色或黄色；后位灯（也称尾灯）光色为红色，侧位灯光色为琥珀色。夜间行驶接通前照灯时，示位灯与仪表灯、牌照灯同时发亮，用于标志车辆的位置。

组合尾灯

## 261. 前照灯包括哪几部分？

前照灯的光学系统包括反射镜、配光镜和灯泡三部分。

1）反射镜。反射镜又称反光镜，其作用是最大限度地将灯泡发出的光线聚合成强光束，以增加照射距离。

2）配光镜。配光镜也称为散射玻璃，它是由透明玻璃压制而成的棱镜和透镜的组合体，装于反射镜之前，可将反射光束扩散分配，使路段的照明更加均匀。

3）灯泡。前照灯的灯泡是充气灯泡，是把玻璃泡内的空气抽出后，再充满保护气体。但即使这样，灯丝的钨仍然会蒸发，使灯丝损耗。而蒸发出来的钨沉积在灯泡上，使灯泡发黑。近年来，国内外已使用了一种新型的卤钨灯泡，即在灯泡内充入的保护气体中掺入某些卤族元素物质。

## 262. 前照灯分为哪几类？

1）可拆式前照灯。这是最早使用的一种，其反射镜边缘的齿簧与配光镜组合，再用箍圈和螺钉安装于灯壳上。灯泡的拆装必须将全部光学组件取出后才能进行，因而密封性很差，反射镜易受外界环境的影响而污染变黑，严重降低照明效果，目前已趋淘汰。

2）半封闭式前照灯。其配光镜是靠卷曲反射镜周缘的牙齿而紧固在反射镜上，两者之间垫有橡皮密封圈，其灯泡拆卸只可从反射镜的后方进行。

3）全封闭式前照灯。全封闭式前照灯又称真空灯，其灯丝焊在反射镜底座上，反射镜与配光镜熔合为一体，形成灯泡，里面充入惰性气体。

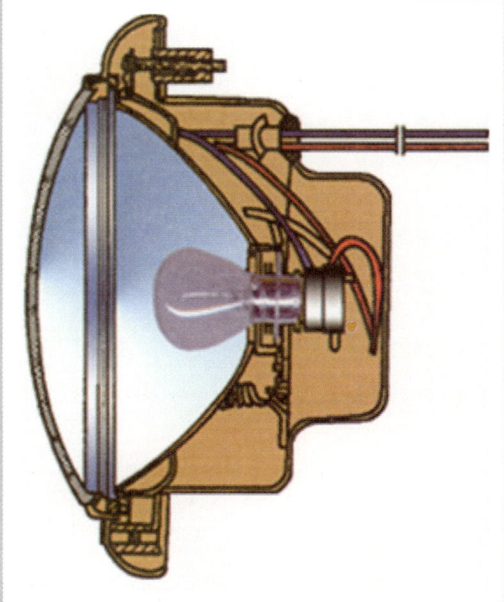

半封闭式前照灯

## 263. 前照灯需要满足哪些要求？

1）前照灯应能保证车前有明亮而又均匀的照明，使驾驶人能够看清车前 100m 内路面上的物体。随着现代汽车行驶速度的不断提高，对前照灯的要求也越来越高，现代高速汽车前照灯的照明距离应达到 200 ~ 250m。

2）前照灯应具备防止眩目的功能，以避免夜间两车相会时，使对方驾驶人眩目而造成交通事故。

前照灯照射距离示意图

## 264. 防止眩目的措施有哪些？

夜间会车时，前照灯强烈的灯光可造成迎面驾驶人眩目，容易引发交通事故，所以必须采取有效的防眩目措施。

1）利用交通法规强制约束。我国交通法规规定，夜间会车时，必须在距对方来车 150m 以外互闭远光灯，改用防眩目近光灯。

2）采用双丝灯泡。前照灯一般采用双丝灯泡，一个灯丝为远光灯丝，功率较大（为 45 ~ 60W），位于反射镜的焦点位置，射出的光线远而亮；一个灯丝为近光灯丝（功率为 22 ~ 55W），位于反射镜焦点的上方或前方并稍向右偏斜，由于光线弱，且经反射后光线大部分向下倾斜，从而减少了对迎面来车驾驶人的眩目作用。

3）加装配光屏。在近光灯丝下加装配光屏（遮光罩），当接通近光灯时，配光屏能将近光灯丝下部分的光线完全遮住，消除了向上的反射光线；而接通远光灯丝时，配光屏不起作用。

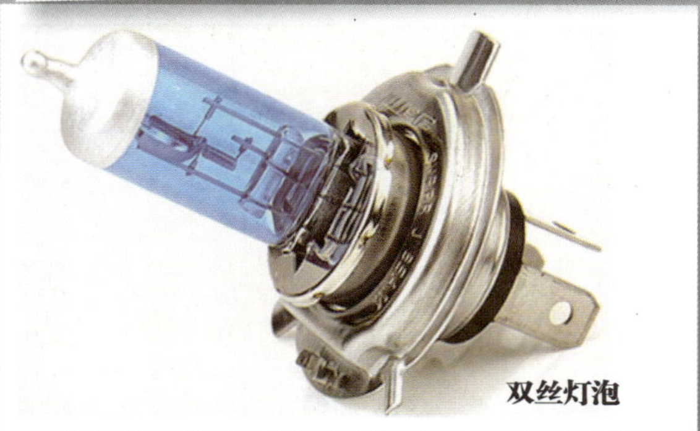

双丝灯泡

## 265. 什么是前照灯延时关闭？

前照灯延时关闭也称为“伴我回家”功能，其本质就是前照灯在车辆熄火后的延时关闭功能，为车主下车后提供一段时间的外部照明。

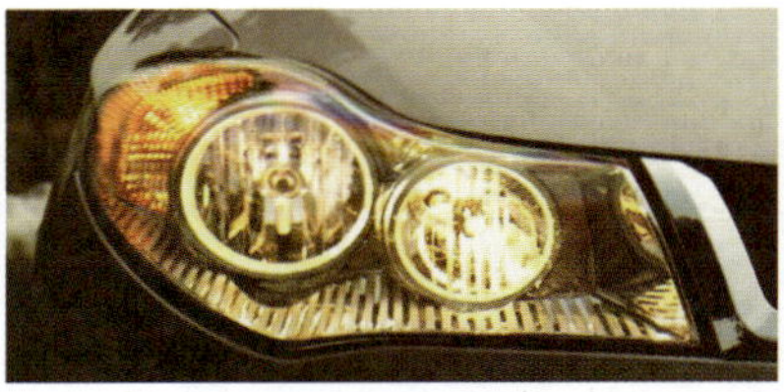

大灯延时关闭

## 266. 为什么前照灯需要清洗？

汽车在夜晚或光线较暗的行驶过程中，雨水和尘埃会将前照灯的照明度减少 90%，驾驶人的视线受到严重影响，对行驶安全来说，存在较大的隐患。保障前照灯的足够照明并给予驾驶人清晰的视线成为这种情况下亟待解决的重要课题。前照灯清洗装置则为解决这一问题提供了简单而有效的方法。

前照灯清洗装置主要用在使用氙气灯的车辆上，这是因为氙气灯亮度非常高，会导致对方车辆驾驶人看不清，因此一般都配有透镜，把灯光调整到一个合理的角度，不至于影响对方驾驶人，保证行车安全。但如果灯罩上有泥水、尘埃等，就会影响前照灯光线的散射，因此需要对前照灯进行清洗。

前照灯清洗装置就是在前照灯的下方有一个出水口，随时可以清洗前照灯灯罩上的尘土及污渍。对于配备这项装置的车型来说，一般操作方法是与刮水器联动，在前照灯点亮的情况下，拉动刮水器操作杆保持 1 ~ 2s，前照灯清洗装置就开始工作，通过喷水清洗灯罩上的污垢。

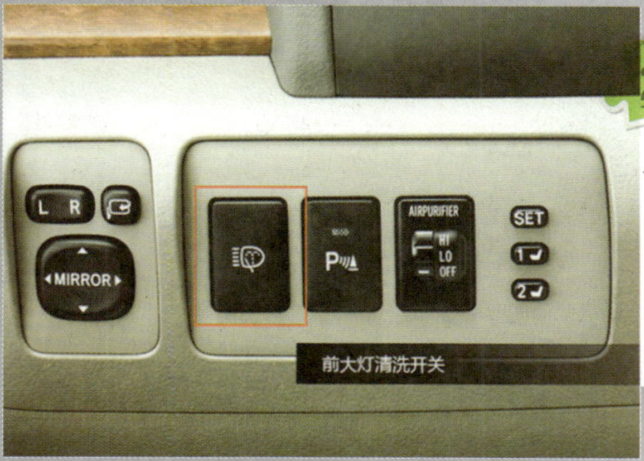


前照灯清洗装置按钮

## 267. 前照灯清洗装置有哪两种结构模式?

1）擦洗系统。擦洗系统只能用于玻璃配光镜，因为塑料配光镜尽管有耐摩擦涂层，但对机械清洗还是比较敏感的，在老一代车型上还可以看到此类清洗系统。

2）高压清洗系统。高压清洗系统已经越来越得到认可，它可以用在玻璃和塑料配光镜上，清洗效果主要取决于喷嘴与配光镜之间的距离、喷水的水滴大小、接触角、喷水速度以及喷水量。

擦洗系统

前照灯清洗装置

## 268. 什么是主动前照灯?

主动前照灯技术，其英文为 Active High Beam technology。它是利用位于车头和前风窗玻璃内的两处光学摄像头扫描前方路面行驶的车辆与行走的行人，并以此为依据控制位于前照灯组内的挡板，最终让遮挡区域保持在前车宽度的 1.5 英寸左右，但目前光学摄像头仅能扫描车前 15° 范围内的路面情况。

## 269. 主动前照灯如何工作?

当光学摄像头扫描到路面有前车或对向出现来车时，位于前照灯组内的挡板会根据前车或对向来车的宽度，自动挡住前照灯组内相应区域的灯光，并且摄像头会不断扫描本车与前车、来车的距离，不断控制挡板位置与遮挡面积，通过遮挡灯光起到减轻灯光对前车或对向来车驾驶人视线干扰的作用，直到前车或对向来车超过本车驾驶人视线范围才会取消遮挡。

实际路况中，前方和对向不仅只有车辆行驶，还会出现行人行走的情况，很多人在夜间也都有被来车刺眼的灯光照射短时失明的经历。如果此时前方出现坑洼或障碍物，很容易发生事故。当主动前照灯系统探测到路边行人时，会自动调整灯光高度，让灯光始终低于行人头部，避免灯光直射行人眼部的情况。这项功能也将随着本车与行人的距离，不断调整灯光高度，达到既保护行人又不丧失照明范围的目的。

探测前方车辆

探测前方车辆和行人

## 270. 什么是自适应前照灯?

传统的前照灯系统是由近光灯、远光灯、行驶灯和前雾灯组合而成。在城市道路行驶并且限速的情况下，主要采用近光；在乡间道路或者高速公路上高速行驶的时候，主要采用远光；雾天行驶的时候，应该打开前雾灯；白天行驶，应该打开行驶灯（欧洲标准）。但是实际的使用中，传统的前照灯存在着诸多问题。例如，现有近光灯在近距离上的照明效果很不好，特别是在交通状况比较复杂的市区，经常会有很多驾驶人在晚上将近光灯、远光灯和前雾灯全部打开；车辆在转弯的时候也存在照明的暗区，严重影响了驾驶人对弯道上障碍的判断；车辆在雨天行驶的时候，地面积水反射前灯的光线，产生反射眩光等。

上述问题的存在，就使得研制一种具有多种照明功能的前照灯成为必要，并且这些功能的切换，出于安全上的考虑，必须是自动实现的，所以欧洲和日本相继研制了这种自动适应车辆行驶状态的前照灯系统——自适应前照灯系统。

自适应前照灯英文为 Adaptive Front-lighting System，简称 AFS。自适应前照灯也被称为随动转向前照灯，当汽车直线行驶时，自适应前照灯与普通前照灯没有太大的区别。自适应前照灯是一种能够自动改变两种以上的光型以适应车辆行驶条件变化的前照灯系统，是目前国际上在车灯照明上的新技术之一。

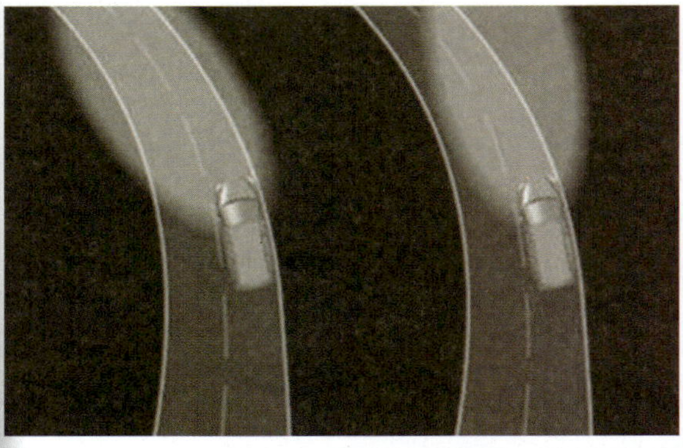

灯光照亮区域示意图

自适应前照灯灯光照亮区域

## 271. 自适应前照灯是什么原理?

自适应前照灯能够根据行车速度、转向角度等不断对前照灯进行动态调节，适应当前的转向角，保持灯光方向与汽车的当前行驶方向一致，以确保对前方道路提供最佳照明，并使驾驶人在任何时刻都拥有最佳的可见度。如在行驶过程中，当驾驶人转动方向盘的同时，自适应前照灯也会转动一定的角度。而普通前照灯具有固定的照射范围，当夜间汽车在弯道上转弯时，由于无法调节照明角度，常常会在弯道内侧出现“盲区”，极大地威胁了驾驶人夜间的安全。

## 272. 顶灯有什么作用?

轿车一般仅设有一只顶灯，除用作室内照明外，还可兼起监视车门是否可靠关闭的作用。在监视车门状态下，只要还有车门未可靠关紧，顶灯就发亮。

## 273. 雾灯有什么作用?

雾灯的主要作用是用于雾天、雨天、雪天或尘土弥漫等能见度较低的情况下，作为道路照明和为迎面来车及后面来车提供信号。前雾灯安装在前照灯附近或比前照灯稍低的位置，前雾灯灯光光色为黄色。后雾灯采用单只时，应安装在车辆纵向平面的左侧，后雾灯灯光光色为红色。

现在汽车的后雾灯是必须有的，如果没有后雾灯，很容易被别人追尾，而前雾灯可有可无。

## 274. 牌照灯有什么作用?

每辆汽车前后的明显位置都装有牌照号码，在后部的牌照号码的旁边或上部装的就是牌照灯。在白天，牌照的号码看得非常清楚，而到了夜间，如果没有灯光的照射就看不清牌照号码。按照有关规定，所有车辆夜间行驶时，都必须打开车后的牌照灯。牌照灯的亮度，夜间正常视力在 20m 之内，必须能看清牌照号码。

## 275. 仪表灯有什么作用?

仪表灯是用来指示车辆性能的功能性灯具。一般车辆的仪表灯有 ABS 指示灯、EPC 指示灯、安全带指示灯、蓄电池指示灯、机油指示灯、燃油量指示灯、冷却液温度指示灯、发动机指示灯、驻车指示灯、远光指示灯、转向指示灯和前后雾灯指示灯等。

## 276. 侧向辅助照明灯如何工作?

侧向辅助照明灯开发的目的是为了照亮夜间弯道盲区。其原理是在组合前照灯里面设有一个特殊角度的小灯泡，只有当方向盘转动到一个特定的角度范围时这个小灯泡才会点亮，当小灯泡点亮时便能提供弯道盲区的照明。

即使车辆并非处于行驶状态，只要转动方向盘，侧向辅助照明灯依然会点亮。这项功能对夜间行驶在没有路灯的地方非常方便，尤其是需要原地掉头的时候。

与 AFS 系统相比，其独特之处是不会影响前照灯原来的照明范围，相对而言，比 AFS 照亮得更远。

普通前照灯转弯时路面照明情况

侧向辅助照明灯转弯时路面照明情况

普通前照灯转弯时路面照明情况

普通前照灯转弯时路面照明情况

车辆不动，方向盘位于中间位置

车辆不动，向右打方向盘

## 277. 什么是车内氛围灯？

车内氛围灯是一种起到装饰作用的照明灯，通常是红色、蓝色、绿色等，主要是为了使车厢在夜晚时更加绚丽。

车内氛围灯

## 278. 什么是卤素车灯？

卤素车灯（Halogen Lamp）是在灯泡内渗入少量的惰性气体碘，从灯丝蒸发出来的钨原子与碘原子相遇产生反应，生成碘化钨化合物，当碘化钨化合物一接触白热化的灯丝（温度超过 1450℃），又会分解还原为钨和碘，钨又重新回到灯丝中去，碘则重新进入气体中，如此循环，灯丝几乎不会烧断，灯泡也不会发黑。所以，它要比传统白炽车灯的寿命更长，亮度更大。

卤素灯泡

## 279. 什么是氙气车灯？

氙气车灯的英文是 High intensity Discharge，缩写为 HID，是指内部充满包括氙气在内的惰性气体混合体，没有卤素车灯所具有的灯丝的高压气体放电灯，简称 HID 氙气车灯，也可称为重金属灯。

与普通车灯相比，氙气车灯有两个显著的优点：一是，氙气车灯拥有比普通车灯高 3 倍的光照强度，耗能却仅为其 1/3；二是，氙气车灯采用与日光近乎相同的光色，为驾驶人创造出更佳的视觉条件。氙气车灯使光照范围更广，光照强度更大，大大改善了驾驶的安全性和舒适性。

## 280. 氙气车灯的发光原理是什么?

氙气车灯的发光原理打破了爱迪生发明的钨丝发光原理，它是在 UV-cut 抗紫外线水晶石英玻璃管内，以多种化学气体充填，其中大部分为氙气与碘化物等，然后再通过升压器将车上 12V 的直流电压瞬间升高至 23000V，经过高压振幅激发石英玻璃管内的氙气电子游离，在两电极之间产生光源，提供稳定的汽车大灯照明系统，这就是所谓的气体放电。而由氙气所产生的白色超强电弧光，可提高光线色温值，类似白昼的太阳光芒。HID 氙气车灯工作时所需的电流仅为 3.5A，亮度是传统卤素灯泡的 3 倍，使用寿命比传统卤素灯泡长 10 倍。

## 281.LED 车灯有何优势?

2008 年，奥迪首先在 A4 上使用了 LED 示宽灯，首先开启了 LED 车灯时代。LED 车灯是指采用发光二极管为光源的车灯。LED 因为具有亮度高、颜色种类丰富、功耗低、寿命长的特点，被广泛应用于汽车领域。它主要有以下优势：

1）寿命长，一般可达几万乃至十万小时。有人认为如果未来的汽车照明灯使用 LED，整个汽车使用期限内将不用更换灯具。

2）高效率、低能耗。LED 光源不需要滤色就能直接产生汽车灯具需要的红色、琥珀色等颜色，无损耗，电能利用率高达 80%以上。

3）光线质量高，属于环保产品，基本上无辐射，属于“绿色”光源。

4）LED 的结构简单。内部采用支架结构，四周用透明的环氧树脂密封，抗振性能好。

5）点亮无延迟，亮灯响应速度快（纳秒级）。

6）LED 占用体积小，设计者可以随意变换灯具模式，令车灯造型多样化。

LED 尾灯

## 282. 什么是 LED 前照灯?

LED 前照灯指的是前照灯所有的光源均采用发光二极管（Light Emitting Diode，LED）。现在大多数车型仍然在使用普通的卤素前照灯，好一点的车型会使用氙气前照灯。最多是在灯组的构造上做一些创新，利用透镜、反射灯光学原理来提高灯光的效率，但是灯组本身技术创新不足。

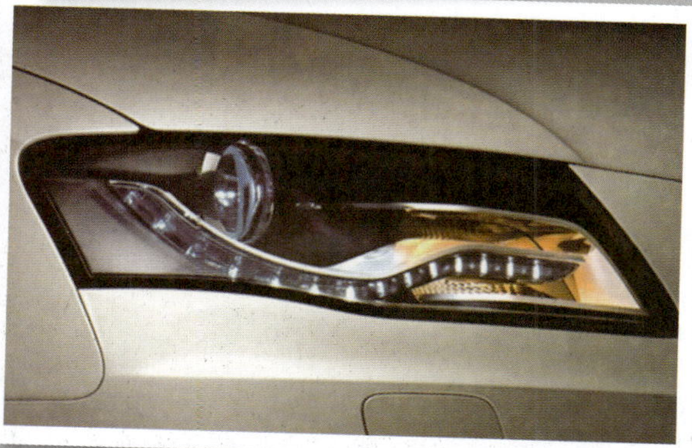

LED 前照灯

## 283.LED 前照灯有哪些优点?

采用 LED 前照灯的色温在 5400K 左右，点亮效果更接近普通日光，照明效果看起来更自然。同时耗能要比普通氙气前照灯要低，使用寿命能够达到终身免更换。当然，外力造成的损坏除外。

LED 前照灯几乎所有的特性都超越了现有的氙气前照灯，而且成本更低。当然，现在这项技术还未普及，厂家肯定会拿这项技术作为卖点，虽然成本低，但价格肯定不便宜。所以，LED 前照灯没有理由不取代传统的前照灯，这只是时间问题，相信不会太久。

## 284. 什么是光纤照明?

光导纤维是一种远距离传输光线的装置，可作为单一光源照明多个物体的工具，它主要用在只需微弱光线且不易安装灯泡的地方，如仪表表面，烟灰盒、钥匙孔、杂货箱等处。

光导纤维是由有机玻璃丝制成，它的外部包有具有隔光作用的聚合物，当灯泡的光线照在光导纤维的一端时，在其内部进行多次反射，曲折前进传导到另一端，发出微光，照亮一定范围。将很多根光导纤维合在一起就组成了光缆。光缆外部包有不透明的软管。

光纤照明

## 285. 如何诊断与排除前照灯不亮故障?

1）故障原因：前照灯熔丝烧断；电源线松动或脱落；搭铁线搭铁不良或接插件接触不良；车灯开关或变光开关有故障。

2）诊断排除方法：诊断时，应根据不同的故障现象采取不同的诊断方法，以提高故障诊断和排除速度。

①一个灯丝不亮。不论远光还是近光，如果只有一个灯丝不亮，故障往往是该灯丝或其熔丝烧断所致，如果灯丝和熔丝正常而灯不亮，说明该灯线路断路或接触不良，检查排除即可。

②远光灯或近光灯都不亮。如果远光灯或近光灯都不亮，故障往往是变光开关有故障或变光开关上的远光灯或近光灯接线脱落或熔丝烧断，如果变光开关及其接线和熔丝正常而灯不亮，再检修灯丝和线路。

③前照灯都不亮。如果远光灯和近光灯都不亮，故障往往是变光开关或其电源线有故障。应首先检查仪表灯是否正常，如果仪表灯工作正常，则说明车灯开关的电源线正常，将点火开关接通（必要的话）、车灯开关置于 2 档（前照灯接通）位置，检查变光开关上的火线接线柱电压是否正常：若电压为零，说明车灯开关至变光开关之间的线路断路或车灯开关有故障；若电压正常，可以短接变光开关试验。若灯亮，说明变光开关损坏，应更换；否则检查变光开关后的线路和灯丝，必要时给予修理和更换。

## 286. 如何诊断与排除前照灯灯光暗淡故障?

1）故障原因：蓄电池容量不足，端电压降低；发电机不发电或发电量不足，输出电压低；散光玻璃或反射镜上有尘埃；电线接头松动和锈蚀，使电阻增大；灯丝蒸发、功率降低。

2）诊断排除方法：诊断时，应根据不同的故障现象采取不同的诊断方法，以提高故障诊断和排除速度。

①个别灯丝暗淡。如果只有一个灯丝暗淡，故障往往是该灯丝功率偏低或其线路接触不良，可更换灯泡对比检查，若更换灯泡后，亮度正常，则说明原灯泡有故障；否则，检修线路。

②一个灯的两个灯丝都比较暗淡。如果一个灯的两个灯丝都比较暗淡，故障原因往往是该灯反射镜、配光镜表面脏污或灯丝功率偏低或搭铁线搭铁不良。如果一个灯的两个灯丝都非常暗淡，故障往往是该灯搭铁线断路。如果将该灯良好搭铁后，亮度正常，则表明原来搭铁线断路或搭铁不良，应重新接好搭铁线；否则，检查灯泡和反射镜、配光镜，必要时进行清洁或更换。

③前照灯都比较暗淡。如果前照灯都比较暗淡，故障往往是电源电压偏低或前照灯性能降低或线路接触不良。应首先检查电源电压是否正常：如果偏低，检查充电系统；否则检查前照灯及其线路接触情况，视情修理。

## 287. 如何诊断与排除前照灯灯丝经常烧坏的故障？

1）故障原因：电压调节器有故障或线路连接错误，导致发电机输出电压过高。

2）诊断排除方法：检修充电系统，使发电机在各种情况下输出电压都不超过规定值。

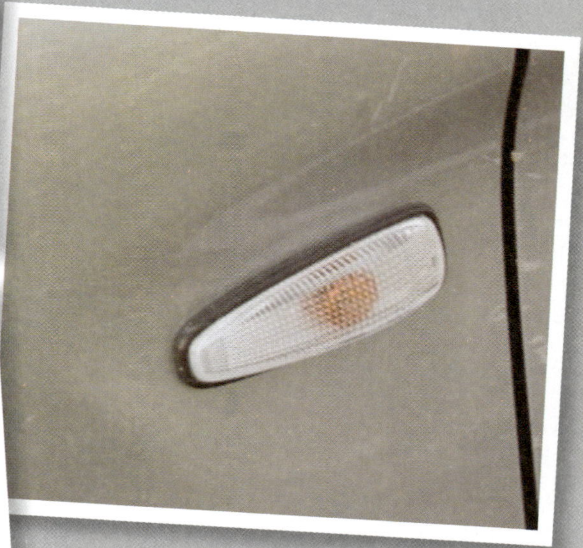

轿车翼子板上的转向信号灯

## 288. 制动灯有什么作用？

制动信号灯俗称为制动灯，安装在车辆尾部，一般为红色。当踩下汽车制动踏板，制动信号灯电路被接通，起到警告后面车辆及行人的作用，另外，制动灯能有效防止车辆追尾事件的发生，减少交通事故。

制动灯亮度较强，也较为明显，它主要用来提醒后面的车辆，本车要减速或停车。制动灯若使用错误或出问题，便很容易造成追尾事故。另外，更换制动灯泡要注意：我国生产的车辆尾灯一般都是“一泡两用”。灯泡内有两个光丝，较弱的为小灯，较强的为制动灯。有的厂家将其设计为高低脚插入式，使用起来非常方便。更换时一定要注意不要接反。

## 290. 转向信号灯有什么作用？

信号灯的使用非常有趣。1916 年，美国一个名叫 C.H. 托马斯的人把一个带电池的灯泡装车后，对方驾驶人就能看到他打的手势。1938 年，别克汽车制造商提供了转向灯作为选用的附件，但当时只在汽车尾部安装，到 1940 年以后汽车前面也装有转向灯了，这就是转向灯的发明过程。

转向信号灯也称为转向灯，装于汽车的四个角，对于车身较长的车辆，其中部也装有转向信号灯。转向信号灯一般为橙色，当汽车转向或变更车道时，发出明暗相间的灯光，示意本车的行驶方向。

## 289. 高位制动灯有什么作用？

高位制动灯一般安装在后风窗玻璃上，以便后面行驶的车辆发现前方车辆制动，起到防止追尾事故发生的目的。没有高位制动灯的车辆，尤其是底盘较低的轿车和微型汽车，在制动时由于后制动灯位置较低，通常亮度也不够，有时会导致在其后面跟随行驶的车辆特别是底盘较高的载货车、客车和公共汽车的驾驶人看不清楚，发生追尾事故的隐患就比较大。高位制动灯能够有效地防止和减少汽车追尾事故的发生。

高位制动灯

## 291. 危险警告灯有什么作用?

危险警告灯由转向信号灯兼任，俗称双闪，是一种提醒其他车辆与行人注意本车发生了特殊情况的信号灯。当汽车发生故障或遇有特殊情况时，按下标有△的红色按钮，此时汽车两侧的转向信号灯同时闪烁，作为危险警告灯信号。

国标规定，危险警告灯装置不受电源总开关的控制。在驾车过程中遇到浓雾、能见度低于 100m 时，由于视线不好，不但应该开启前、后雾灯，还应该开启危险警告灯，以提醒过往车辆及行人的注意，特别是后方行驶的车辆，必须保持应有的安全距离和必要的安全车速，避免紧急制动引起追尾。

危险警告灯开关

## 292. 倒车灯有什么作用?

当汽车挂上倒档时，倒车灯开关接通倒车灯电路，装于车辆后面的白色倒车灯点亮，警告后面的车辆及行人，兼起照明作用；有些车还装配了倒车蜂鸣器或语音警告装置，在倒车的同时发出声响信号，示意汽车倒车。

目前，紧凑型家用车都是一个倒车灯，出厂设计时就是如此。在国内车辆上只配备一个倒车灯的话，它只可以安装在右边，因为法律规定新车一定要有后雾灯。我国是靠右行驶，所以雾灯必须靠左侧和中间。

## 293. 喇叭有什么作用?

喇叭是汽车的信号装置。在汽车的行驶过程中，驾驶人根据需要和规定发出音响信号，警告行人和引起其他车辆注意，保证交通安全，同时还用于催行与传递信号。

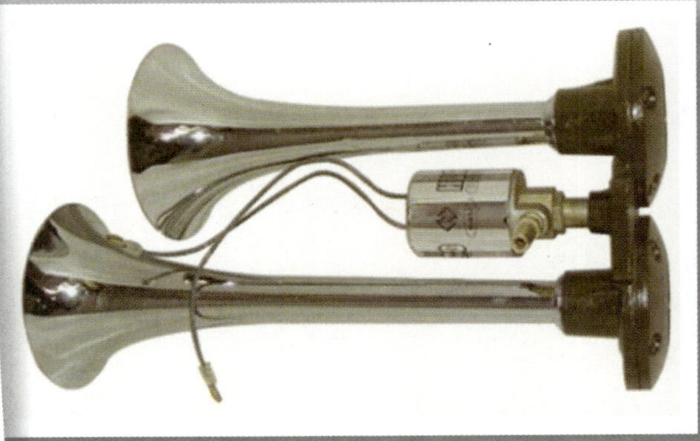

气喇叭

## 294. 汽车喇叭如何分类?

汽车喇叭按其发音动力分有电喇叭和气喇叭两种；按外形分有螺旋形、筒形和盆形三种；按声频分有高音喇叭和低音喇叭两种；按接线方式分有单线制喇叭和双线制喇叭两种；按有无触点可分为有触点式（普通式）电喇叭和无触点式（电子式）电喇叭。其中，气喇叭主要用于具有空气制动装置的重型载货车辆上。电喇叭有盆型喇叭、蜗牛喇叭和警笛喇叭，具有结构简单、体积小、质量轻、声音悦耳且维修方便的特点，因而在中小型车辆上获得了广泛应用。

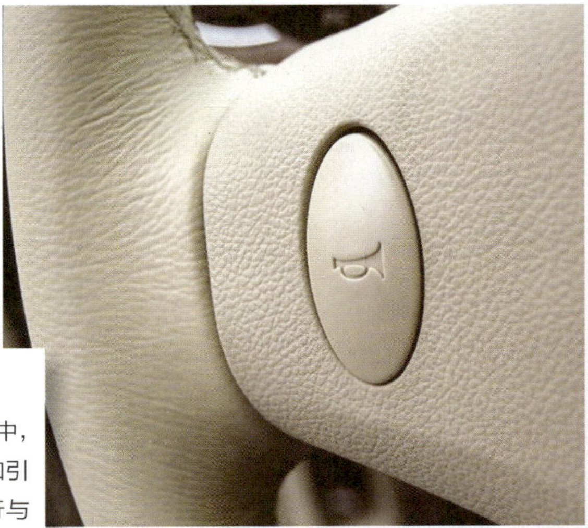

## 295. 电喇叭是怎样工作的?

无论哪种类型的电喇叭，其基本结构都是一样的，都由铁心、磁性线圈、触点、衔铁、膜片等组成。当驾驶人按下喇叭按钮时，电流经触点通过线圈，线圈产生磁力吸下衔铁强制膜片移动，衔铁移动使触点断开，电流中断。磁力消失，膜片在本身弹性和弹簧片作用下又同衔铁一起恢复原位，触点闭合电路接通，电流再通过触点流经线圈产生磁力，重复上述动作。如此反复循环，膜片不断振动，从而发出声响。

## 296. 电喇叭电流过大会有什么结果?

通过汽车电喇叭的电流过大，不但容易烧毁喇叭熔丝，还会引起喇叭继电器触点烧蚀或黏结。一旦黏结，将引起喇叭长鸣，使继电器电源线过热，导致熔丝烧毁。

## 297. 如何诊断与排除电喇叭声音沙哑故障?

（1）故障原因

电喇叭声音沙哑的原因有蓄电池充电不足、喇叭固定螺钉松动、喇叭触点或继电器触点接触不良、喇叭衔铁气隙调整不当、振动膜或喇叭筒等破裂、喇叭内部弹簧片折断等。

（2）诊断排除方法

1）发动机未起动前，喇叭声音沙哑，但当发动机以中速以上速度运转时，喇叭声音恢复正常，则为蓄电池亏电；当发动机以中速以上速度运转时，若声音仍沙哑，则可能是喇叭或喇叭继电器等有问题。

2）用旋具将喇叭继电器的 B 和 H 接线柱短接，若喇叭声音正常，则故障出在继电器部分，应检查继电器触点是否烧蚀或有污物，接触不良；若喇叭声音仍沙哑，则故障在喇叭内部，应拆下仔细检查。

## 298. 双音喇叭的控制有什么特点?

汽车喇叭按频率高低分为高音、低音两种，为了使汽车喇叭音调更加丰满，一些电喇叭将高、低音喇叭并联成一体，组成双音喇叭，但这样做电流是比较大的，将直接危及喇叭按钮触点。为了避免喇叭按钮触点被电弧火花烧坏，有些车在线路中连接一个继电器，用小电流控制大电流，使喇叭按钮只经小电流而免受损害。

## 299. 什么是环保喇叭?

随着科技的不断发展，一种新型喇叭即环保喇叭出现了。环保喇叭采用语音压缩技术，由集成电路制成，是一种结构简单、制作容易、耗能少、无噪声污染、低分贝、声音轻细柔和、音质悦耳动听的发声装置。

环保喇叭不需要更改汽车线路设备，直接并联到警示灯上。只要按下警示灯开关，就有声音、灯光双重提示，既完善了汽车警示功能，又解决了城市禁鸣喇叭的难题。

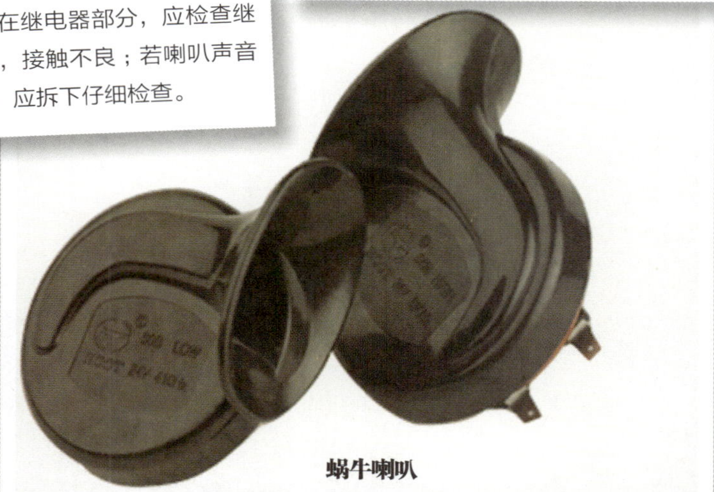

蜗牛喇叭

第六章 仪表与报警系统

## 300. 仪表与报警系统包括哪些部件?

为了使驾驶人能够随时掌握汽车及各系统的工作情况，在驾驶室的仪表板上装有各种指示仪表及各种报警装置。

1）仪表主要有发动机转速表、车速里程表、燃油表、冷却液温度表等。

2）报警装置主要有机油压力警报灯、发动机故障灯、安全气囊指示灯、安全带指示灯、ABS 指示灯、冷却液温度警报灯、充电指示灯、燃油指示灯、车门状态指示灯、驻车制动指示灯、前后雾灯指示灯、转向指示灯、远光指示灯和胎压监测指示灯等。

汽车常见仪表

## 301. 仪表盘内各指示灯有什么作用?

1）驻车制动指示灯：驻车制动手柄拉起时，该指示灯点亮；驻车制动手柄放下时，该指示灯自动熄灭。制动液不足时，该指示灯也会点亮。

2）充电指示灯：显示蓄电池工作状态的指示灯。打开点火开关后，该指示灯亮起，发动机起动后熄灭。如果不亮或常亮应立即检查发电机及电路。

3）机油压力警报灯：显示发动机机油压力的指示灯。该指示灯亮起时表示润滑系统压力过低，此时需立即停车并关闭发动机进行检查。

4）冷却液温度警报灯：显示发动机冷却液温度过高的指示灯。该指示灯点亮报警时，应立即停车并关闭发动机，待冷却至正常温度后再继续行驶。

5）安全气囊指示灯：显示安全气囊工作状态的指示灯，接通电源后点亮，3 ~ 4s 后熄灭，表示系统正常，不亮或常亮表示系统存在故障。

6）ABS 指示灯：指示 ABS 工作状态或是否有故障。

7）燃油指示灯：提示燃油不足的指示灯，该灯亮起时，表示燃油即将耗尽。

8）前后雾灯指示灯：该指示灯用来显示前后雾灯的工作状况。

9）转向指示灯：转向灯亮时，相应的转向指示灯按一定频率闪烁。按下双闪警示灯按键时，两指示灯同时亮起，转向灯熄灭后，指示灯自动熄灭。

10）远光指示灯：显示前照灯是否处于远光状态。

11）安全带指示灯：显示安全带状态的指示灯。

## 302. 什么是炮筒式仪表?

炮筒式仪表主要是针对它的样式来说的，因为造型有些像炮筒，因而得名。在早些时候，炮筒式仪表在跑车或者高性能车辆上出现得较多，那种深邃的设计多多少少地带着些张扬，力量感也由此被营造出来。但是，这种炮筒的造型在设计上并不具备什么难度，因此，它被越来越多的平民车型采用也不足为奇。在炮筒式仪表刚刚植入平民车的时候，不少人可能会觉得有些张扬，炮筒式仪表在增强视效的同时，对实用性也有帮助，因为它的仪表“檐”很长，在一定程度上避免了反光问题，使仪表内的数据更加易读。

炮筒式仪表

## 303. 发动机转速表有什么作用?

发动机转速的高低，关系到单位时间内做功次数的多少或发动机有效功率的大小，即发动机的有效功率随转速的不同而改变。因此，在说明发动机有效功率的大小时，必须同时指明其相应的转速。在发动机产品标牌上规定的有效功率及其相应的转速，分别称为标定功率和标定转速。发动机在标定功率和标定转速下的工作状况称为标定工况。标定功率不是发动机所能发出的最大功率，它是根据发动机用途而制定的有效功率最大使用限度。同一种型号的发动机，当其用途不同时，其标定功率值并不同。有效转矩也随发动机工况而变化。因此，汽车发动机以其所能输出的最大转矩及其相应的转速作为评价发动机动力性的一个指标。

发动机转速为发动机曲轴每分钟的回转数，用 n 表示，单位为 r/min。发动机转速表的作用就是实时显示发动机当前的转速。

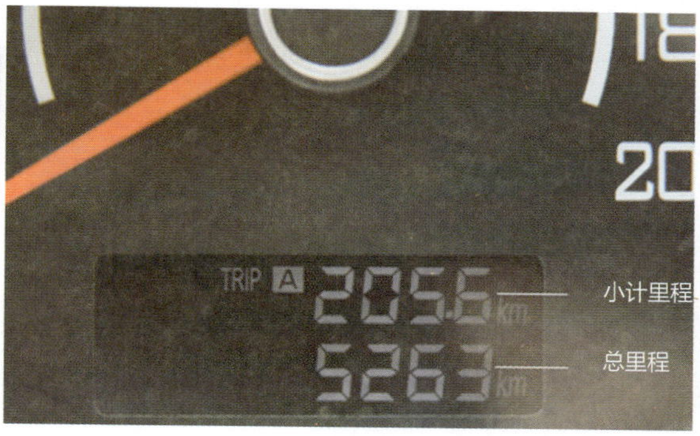


里程表

## 304. 小计里程表怎样清零?

里程表功能集成于组合显示屏，它具有管理总里程的功能。里程表有两种运行模式：

1）总里程表：总里程表记录和显示车辆的总行驶里程，是自车辆投入使用以来的行驶里程数。

2）小计里程表：小计里程是自小计里程表上一次清零以来所行驶的里程数。当点火开关在 ON 位置时，小计里程表可随时清零。小计里程表的清零过程如下：

①若非小计里程表模式，则先转为小计里程表模式。

②按下组合仪表的按钮 500ms 以上。

③小计里程表闪烁，按住按钮并保持 3s 以上，小计里程表清零。

④松开按钮，小计里程表的显示固定不动，清零结束。

## 305. 机械式里程表怎样计算汽车的行驶里程?

机械式里程表由蜗轮蜗杆机构和数字轮组成。汽车行驶时，主动轴经 3 对蜗轮蜗杆驱动里程表最右边的第一数字轮，使第一数字轮上的数字显示 1/10km。从第一数字轮向左，每两个相邻的数字轮之间，又通过本身的内齿和进位数字轮传动齿轮，形成 1:10 的传动比。当第一数字轮转动一周，由 9 转到 0 时，由内传动齿拨动左侧第二个数字轮转动 1/10 圈，形成 1km 数递增；当第二数字轮转动一周，由 9 转到 0 时，其左侧第三个数字轮转动 1/10 圈，以 10km 数递增。其余数字轮由低位到高位的显示，计数方式均依次类推，即可显示汽车行驶里程数。

## 306. 电子式里程表怎样计算汽车行驶里程?

电子式车速里程表由车速传感器（安装在车轮上变速器蜗轮组件的蜗杆上，有光电耦合式和磁电式）、微机处理系统和显示器组成。由传感器传来的光电脉冲或磁电脉冲信号，经仪表内部的微机处理后，可在显示屏上显示车速。里程表则根据车速以及累计运行时间，由微机处理计算并显示汽车行驶里程数。

## 307. 冷却液温度表的作用是什么?

发动机冷却液温度表用于指示发动机冷却液的温度，冷却液温度信号由装在发动机缸盖上的发动机冷却液温度传感器提供。

发动机正常工作时，其显示值应为 80 ~ 100℃。当发动机冷却液温度达到 97℃时，冷却风扇低速运转，当发动机冷却液温度低于 94℃时，冷却风扇停止运转；当发动机冷却液温度高于 105℃时，冷却风扇高速运转，发动机冷却液温度低于 101℃时，冷却风扇停止高速运转；当发动机冷却液温度达到 89℃时，节温器部分开启，当发动机冷却液温度达到 101℃时，节温器全部开启。若发动机冷却液温度达到或超过 112℃，冷却液温度警告灯点亮，此时应立即停车并使发动机熄火，检查冷却液液面及冷却管路。

仪表盘内的水温表和燃油表

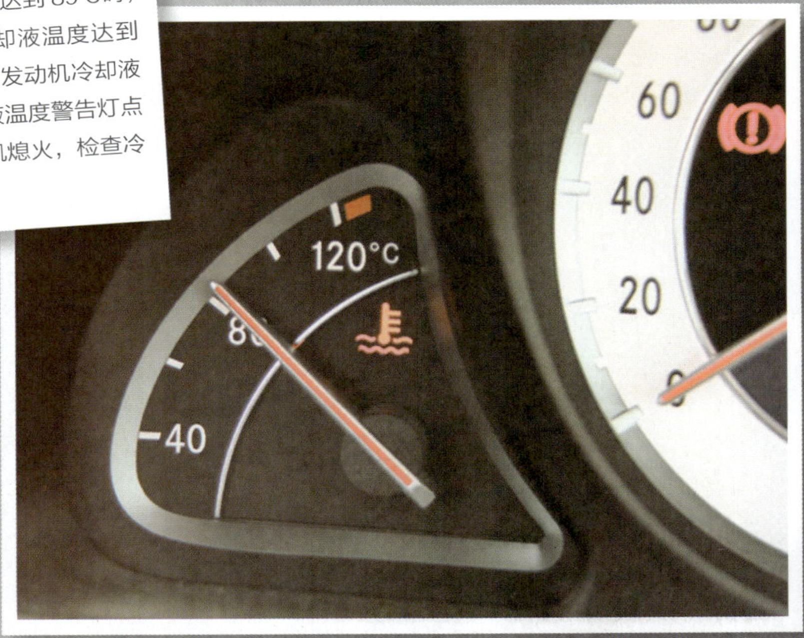

## 308. 车速表的作用是什么？

车速表的作用是显示车辆的行驶速度，单位有两种：一种是“公里 / 时（km/h）”；另一种是“英里 / 时（MPH）”。一般日韩车系和欧洲大部分车系都习惯用“公里 / 时”来表示车辆行驶速度，北美市场一般习惯用“英里 / 时”来表示车辆行驶速度。至于国内的车型包括绝大部分进口车型都是用“公里 / 时”来表示车速的。

我们平时说的速度都是“公里 / 时”，有些人习惯说“迈”，这不是国内正常的速度单位，“迈”实际上就是“英里 / 时”，1MPH = 1.609344km/h。

车速表

## 309. 燃油表的作用是什么？

燃油表用于指示油箱内燃油液面的高低，即剩余油量的多少。当燃油表指示“0”位时，最低燃油液面警告灯点亮，此时油箱中还有 6 ~ 8L 燃油，应尽快到加油站加油。燃油表通过燃油传感器取得液面信息。

燃油传感器是一个滑片式电阻电位计，浮子随燃油箱液面的变化而上下浮动，带动滑片移动而改变传感器串入燃油表电路中的电阻值，通过燃油表的电流相应变化，使表针摆向相应的油面示值。

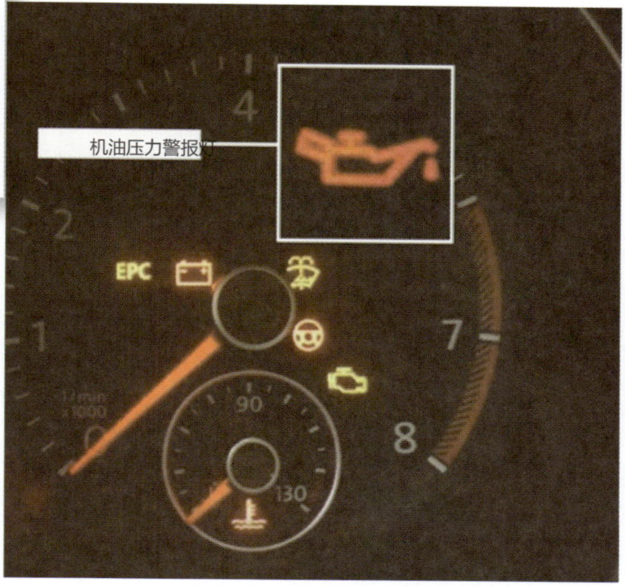


机油压力警报灯

## 310. 机油压力警报灯点亮说明什么？

机油压力警报灯通常称为机油表，指示发动机内部机油压力的大小。至于油底壳中的机油量，需要用发动机旁的机油尺测量。

现今多数汽车以机油压力警报灯代替机油压力表，当把点火开关拧到 ON 位但不起动发动机时，机油压力警报灯闪烁几秒后熄灭。在发动机正常运行时，该警报灯是熄灭的，如果警报灯点亮说明发动机内部机油压力过低，因为车辆使用过程中运动部件磨损造成间隙过大，同时如果油底壳破损、放油螺栓或者机油滤清器安装未到位均会引起机油泄漏，从而造成机油压力低，此时警报灯点亮以警告驾驶人尽快检修。

## 311. 机油压力警报灯点亮的原因有哪些？

只有机油压力正常时才能保证将机油输送到发动机所有摩擦件表面，过高或过低都会影响发动机正常工作，甚至造成发动机零部件的损伤。所以，当机油压力警报灯点亮时应立即停机查找原因，待排除故障后方可继续工作。以下原因都可能使机油压力警报灯点亮。

1）机油油量不足，使机油泵的泵油量减少或因进空气而泵不上油，致使机油压力下降。

2）发动机温度过高，容易使机油变稀，从配合间隙中大量流失而导致油压下降。

3）当机油泵零部件损坏或因磨损、装配等问题出现间隙过大时，将会造成机油泵不出油或出油不足的故障。

4）曲轴与大、小瓦之间的配合间隙不当。间隙过小会使机油压力升高，间隙过大会使机油压力降低。

5）集滤器、机油滤清器堵塞同样会使机油压力降低。

6）回油阀损坏或失灵：若主油道回油阀弹簧疲劳软化或调整不当，阀座与钢珠的配合面磨损或被脏物卡住而关闭不严时，回油量便明显地增加，主油道的油压也随之下降。

7）机油选用不当：如果用错或牌号选用不当，发动机运转时会因机油黏度太低而加大泄漏量，从而使油压降低。

8）机油管路中有漏油、堵塞现象。

机油压力警报灯

## 312.ABS 指示灯是怎样工作的？

1）打开点火开关到 ON 位置时，警告灯亮，ABS 进行自检，并在确认系统能正常工作约 3s 后熄灭。

2）如果行驶时，ABS 指示灯持续点亮，或点火开关转至 ON 位置时不亮，表明 ABS 存在故障。当 ABS 发生故障时，制动操作与未配备 ABS 车辆的操作方法相同。

仪表盘内 ABS 指示灯

## 313.TCS 灯亮是怎么回事？

TCS 是牵引力控制系统的英文缩写，在实际使用中的作用就是防止驱动轮打滑，从而减少轮胎磨损，提高湿滑路面的起步能力。有的车有 TCS 控制开关，正常行车不要关闭，否则会影响安全。如果遇到泥泞路面汽车被淤泥打滑而无法开出去的时候，可以暂时关闭，此时车会出现小幅侧滑，出去后记得打开。

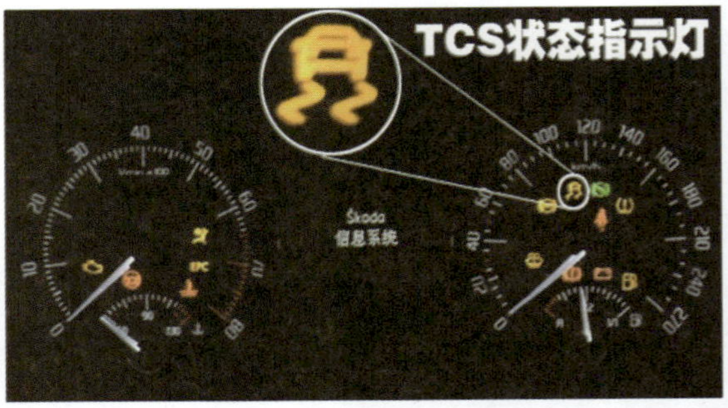

## 314. 汽车上有哪些辅助电器系统？

汽车辅助电器系统主要向舒适、娱乐、保障安全等方面发展。汽车上的辅助电器除了汽车用音响设备、通信器材和汽车电视等服务性装置外，都是一些与汽车本身使用性能有关的电器设备，如电动刮水器、电动喷洗器、风窗除霜装置、电动车窗、电动后视镜、电动座椅、汽车防盗系统等。

## 315. 为什么使用刮水器和喷洗器？

为了清除风窗玻璃上的细小污物或在下雨天保持良好的视线，在汽车上都配有刮水器。为了防止划破风窗玻璃和损坏刮水器胶条，在使用刮水器前，要喷射玻璃清洗液或确保风窗玻璃表面浸湿，如雨天。在风窗玻璃干燥的状态下，不得使用刮水器。

刮水器

## 316. 刮水器和喷洗器包括哪些部件？

刮水器开关、刮水器电动机、刮水器摇臂、连杆、喷洗器开关、喷洗器喷嘴、喷洗器电动机、喷洗器储液罐、间歇继电器等。

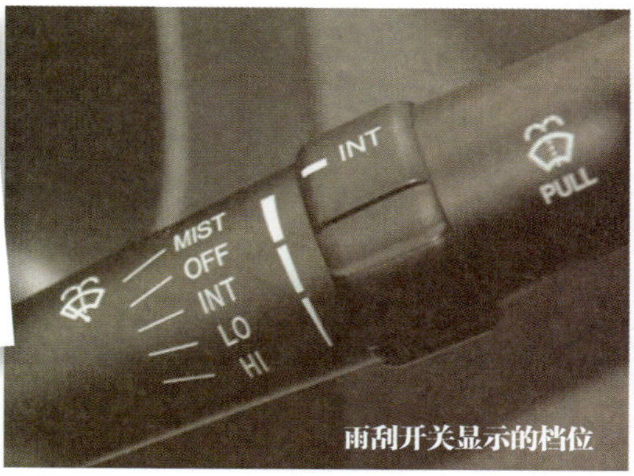


雨刮开关显示的档位

## 317. 如何诊断与排除刮水器各档位都不工作故障？

1）故障现象：接通点火开关后，刮水器开关置于各档位，刮水器均不工作。

2）故障原因：熔断器断路；刮水电动机或开关有故障；机械传动部分锈蚀或与电动机脱开；连接线路断路或插接件松脱。

3）故障诊断与排除：首先检查熔断器，应无断路，线路应无松脱；然后检查刮水器电动机及开关的电源线和搭铁线，应接触良好，没有断路；再检查开关各个接线柱在相应档位能否正常接通；最后检查电动机和机械连接情况。

## 318. 如何诊断与排除刮水器个别档位不工作的故障？

1）故障现象：接通点火开关后，刮水器个别档位（低速、高速或间歇档）不工作。

2）故障原因：刮水电动机或开关有故障；间歇继电器有故障；连接线路断路或插接件松脱。

3）故障诊断与排除：如果刮水器是高速档或低速档不工作，首先检查刮水器电动机及开关对应故障档位的线路是否正常；检查开关接线柱在相应档位能否正常接通；最后检查电动机是否个别电刷接触不良。如果刮水器在间歇档不工作，应顺序检查间歇开关（或刮水器开关的间歇档）、线路和间歇继电器。

## 319. 如何诊断与排除刮水器不能自动停位故障？

1）故障现象：刮水器开关断开或在间歇档工作时，刮水器不能自动停止在设定的位置。

2）故障原因：刮水电动机自动停位机构损坏；刮水器开关损坏；刮水臂调整不当；线路连接错误。

3）故障诊断与排除：首先检查导线连接是否正确，再检查刮水器开关在相应档位的接线柱能否正常接通，最后检查电动机自动停位机构触点能否正常闭合和接触良好。

## 320. 如何诊断与排除喷洗器常见故障？

1）常见故障：所有喷嘴都不工作或个别喷嘴不工作。

2）故障原因：喷洗器电动机或开关损坏；线路断路；清洗液液面过低或连接管脱落；喷嘴堵塞。

3）故障诊断与排除：如果所有喷嘴都不工作，先检查清洗液液面和连接管是否正常；然后检查喷洗器电动机搭铁线和电源线有无断路、松脱；最后开关和电动机是否正常。如果个别喷嘴不工作，一般是喷嘴堵塞所致。

## 321. 无骨刮水器什么样?

无骨刮水器本身是由刮水器胶条、无骨刮水器钢片、刮水器护套和塑料件四种配件组成。其中,支架为不锈钢材质,钢片为碳钢,且长度在 10 ~ 28in(1in=2.54cm),厚度为 0.80 ~ 0.90mm,宽度一般在 7.00 ~ 14.00mm。无骨刮水器中的钢片利用一整根导力钢片条来分散压力,使刮水器刮片各部分受力均匀,以达到减少水痕、擦痕的效果。钢片外层包裹有电镀层,使其更加耐锈。另外,无骨刮水器钢片的弹性比一般有骨刮水器钢片更好一些,可降低抖动磨损,再加上其受力均匀、防日晒、结构简单、重量更轻等特性,无骨刮水器的电动机和刮片寿命比传统刮水器至少要延长一倍。

## 322. 风窗除霜(雾)装置有什么作用?

在较冷的季节,有雨、雪或雾的天气,空气中的水分会在冷的风窗玻璃上凝结成细小的水滴甚至结冰,从而影响驾驶人的视线。为了防止水蒸气在风窗玻璃上凝结,现代汽车都设置了风窗除霜(雾)装置,需要时可以对风窗玻璃加热。

风窗除霜按钮

## 323. 如何诊断与排除风窗除霜(雾)装置故障?

1)故障原因:熔断器或控制线路断路;加热丝或开关损坏。

2)故障诊断与排除:首先检查熔断器是否正常,然后将开关接通后检查加热丝火线端电压是否正常,如果电压为零,应检查开关和电源线路;否则检查电热丝是否断路。若电热丝断路,可用润滑脂清理加热丝端部,并用蜡和硅脱膜剂清理加热丝断头,再用专用修理剂进行修补,将断点处连接起来,保持适当时间后即可使用。

## 324. 什么是汽车导航?

汽车导航系统内置的 GPS 天线会接收到来自环绕地球的 24 颗 GPS 卫星中的至少 3 颗所传递的数据信息,结合储存在车载导航仪内的电子地图,通过 GPS 卫星信号确定的位置坐标与此相匹配,进行确定汽车在电子地图中的准确位置,这就是平常所说的定位功能。在定位的基础上,可以通过多功能显视器,提供最佳行车路线、前方路况,以及最近的加油站、饭店、宾馆等信息。假如不幸 GPS 信号中断,你因此而迷了路,也不用担心,GPS 已记录了你的行车路线,你还可以按原路返回。当然,这些功能都离不开已经事先编制好的使用地区的地图软件。

汽车导航地图

## 325. 组合显示屏有什么作用?

组合显示屏管理里程表、档位显示等多项功能,它根据车速传感器的脉冲信号计算车辆行驶里程,将里程显示在组合显示屏上。中高档车上的组合显示屏还有图像和文字显示,显示内容更丰富,也更直观。

## 326. 双画面液晶显示有哪些优点？

美国通用汽车目前使用可左右显示不同信息的“双画面”（Dual View）液晶，它可根据不同的视角，显示两种画面。例如，可向驾驶人显示车载导航画面，向前排乘客播放 DVD 影片。

双画面液晶是由夏普和夏普欧洲研究所开发的，发布于 2005 年 7 月。应用了可立体显示的 3D 液晶技术，通过向左右两个方向同时显示不同的信息，在不妨碍驾驶人注意力的情况下，可播放视频等内容。另外，与使用两个普通显示器相比，不仅节省空间，还节省了成本。

双画面液晶显示

双画面液晶操作

## 327. 汽车点烟器怎么用？

点烟器顾名思义是点香烟的，那怎么用啊？首先把点烟器安放在点烟器插孔内，然后把点烟器按下，使点烟器座上的电流接通并通过点烟器前端的电热丝加热烧红后，卡簧会受到高温的影响而变形，将点烟器自动弹出。此时，点烟器前端烧红的电热丝就可以点燃香烟了。如果点烟器出现按下之后无法卡住的情况，那么可以用工具伸入插孔内，小心地将两边的卡簧往里扳一点，就能让卡簧位置复位。

## 328. 虚拟多碟 CD 与多碟 CD 有什么区别？

虚拟多碟 CD 是使用内置闪存将多张 CD 碟片的内容存储而实现多碟效果的 CD 机，也就是说可以把几张 CD 的内容拷贝到相应的存储闪存内，从而使用多碟连播的功能。多碟 CD 是指车上配有用以播放 CD 形式音源设备的播放系统，可一次性放入多张 CD 的播放器，并且支持多碟播放。

简单地说，虚拟多碟 CD 是将 CD 碟片插入 CD 机当中，按下 REC 键，可以存入机器内存当中；多碟 CD 就是光驱里能同时存放多张 CD 碟片。虚拟多碟 CD 是记忆存储，影响的是音质；多碟 CD 是物理存储，损耗的是机器。

虚拟多碟 CD 机

多碟 CD 机

## 329. 后排液晶屏是专享娱乐配置吗?

后排液晶屏是放置在前排座椅的头枕后部或者前座中央扶手的后部，是后排乘客的专享娱乐配置，可收看视频等。后排液晶屏可以提升整车档次，增添后排娱乐性，功能较齐全，高端车型具备通讯、办公、上网、外接游戏机等功能。

部分车型的后排液晶屏不与车内功能同步，只能通过屏幕一侧的音视频接口通过外接设备才能进行视频观看等；而高端车型可以为后排独立配备DVD碟仓及车载硬盘等功能，无须前排操作，后排乘客即可打造自己的VIP专属区。

电动天窗

前座中央扶手后部的液晶显示屏

前排座椅头枕后部的液晶显示屏

## 330. 电动天窗有什么作用?

1）节能。夏日里汽车在阳光下暴晒，车内温度可高达60℃，这时打开天窗比开空调降温速度快2～3倍，也可节约能耗30%左右。

2）除雾。春夏两季雨水多、湿度大，前风窗玻璃常有雾气，车内空气也容易污浊，这时打开天窗至后翘通风位置，顷刻间雾气消失，空气清新，又无雨水进入车内，给开车增加了舒适与安全。

3）开阔视野。天窗可以使我们的视野开阔，并且能够亲近自然和沐浴阳光，驱除被封在车厢内的压抑感。

## 331. 电动天窗由哪些部件组成?

电动天窗主要由滑动机构、驱动机构、控制系统和开关等组成。滑板式驱动机构由支架导轨、驱动电动机、减速齿轮器、离合器、钢索带、位置传感器及限位开关构成。整个驱动机构装置在车顶前面，由钢索带动玻璃窗在导轨上移动。当驱动机构工作时，限位开关可检测出玻璃窗全开、全闭、倾斜向上等状态。为防止发生玻璃窗移动时受阻导致电动机超负荷运转，还设置了超载保护离合器。

## 332. 电动天窗如何防水?

电动天窗设计中最重要的问题是防漏水。天窗内侧应设流水槽和嵌有密封橡胶条的框架，从缝隙漏入的水通过流水槽和排水管流出车外。移动玻璃窗一般为褐色，可反射阳光，内侧设有遮阳板，打开遮阳板后光线可射入车厢。

电动天窗

## 333. 电动天窗如何换气？

换气是汽车加装天窗最主要的目的，电动天窗可以很好地实现车厢内通风换气，保持车内新鲜空气的流通，提高车内空气的舒适性，减少驾驶人的疲劳。电动天窗利用负压换气的原理，依靠汽车在行驶时气流在车顶快速流动形成车内的负压，将车内污浊的空气抽出，车内气流极其柔和。

## 334. 怎样使用应急手柄关闭天窗？

如果由于电动机或控制器电器故障而导致不能电动关闭天窗，可使用天窗应急手柄来手动关闭或开启天窗。其操作方法如下：

1）拆卸车顶装饰盖板。

2）将应急手柄向上推进天窗电动机的六角驱动器内。必须用力推，以便使电动机离合器分开。否则，应急手柄会由于没有完全固定在电动机内而滑动。

3）小心地按顺时针方向转动应急手柄，关闭天窗。

4）关闭天窗后，当从电动机上拆卸工具时，来回扭动手柄，以确认电动机离合器重新接合。

5）可用 5mm 的六角套筒代替应急手柄和快速式手柄。

电动天窗

## 335. 什么时候对电动天窗进行初始化？

出现下列情况时，天窗需要进行初始化才能恢复自动操作和防夹功能。

1）蓄电池电量耗尽，断开天窗电源或天窗发生故障时，用手强制移动过天窗。如用内六角扳手进行机械操作，使天窗关闭或打开。

2）更换了新的天窗电动机。更换、调整或拆下并重新安装天窗的导风板、天窗玻璃、天窗密封件、活动天窗模块或活动天窗框架、天窗拉线等相关部件。

3）天窗在运行过程中，电力供应突然中断，导致控制电路程序丢失。天窗工作异常，不能停到正确位置上。

电动天窗

## 336. 如何检修天窗停止位罩不正确？

天窗运行后，停止位置不正确的原因主要是系统内部存储的位置信息丢失或天窗滑动导轨机械装置安装不正确，检修方法如下：

1）检查天窗滑动装置和导轨的安装位置是否对齐。如未对齐，应进行调整，然后进行初始化操作。

2）检查天窗 ECU 供电电压是否处于有效工作电压范围内，如不是应进行以下操作：

①将蓄电池充满电或者重新更换合格的蓄电池。

②检查天窗电源供应线路与线束。

③电压恢复到有效工作电压范围后，需要重新进行初始化操作。

3）若完成初始化操作后，天窗操作仍然不正常，则进行以下检查：

①检查霍尔传感器是否损坏。

②检查 ECU 的供电插脚电压是否处于有效电压范围。

## 337 如何进行电动车窗初始化?

1）打开点火开关，并关闭所有车窗和车门。

2）通过拉住玻璃升降开关（超过 1s）使左前侧窗玻璃保持在关闭位置，然后松开。

3）再将开关拉住 1s。如果初始化成功，则操作时，车窗玻璃会在按下开关时自动降下，并在上拉开关时自动升高。

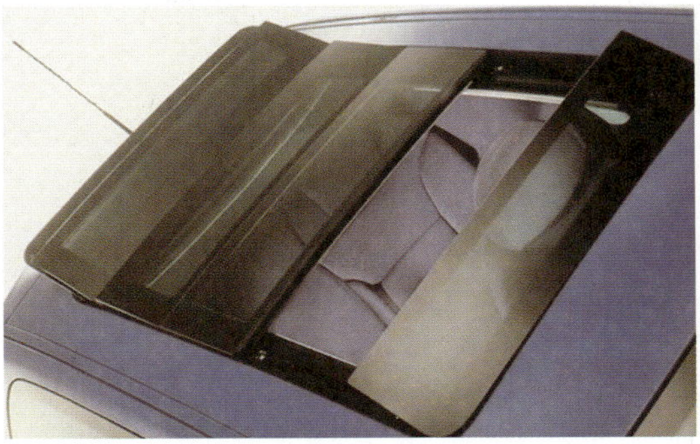

百叶式天窗

## 338. 什么是全景天窗?

汽车全景天窗是相对于普通天窗而言的。一般来说，全景天窗面积较大，甚至是整块玻璃的车顶，坐在车中可以将上方的景象一览无余。

全景天窗具有视野开阔、通风良好的优点，但其缺点是成本高，落尘需要清理，否则影响视线；车身整体刚度下降，安全系数降低。

全景天窗

## 339. 全景天窗有哪几种类型?

目前，大多全景天窗为前后两块单独的玻璃，使得前后座位都有天窗的感受。但是全景天窗也分为两种类型：第一种是整个车顶都是玻璃覆盖，但是不能打开，如欧宝雅特 GTC；第二种则是全景天窗分为前后两部分，前半部分跟普通天窗一样可以打开，如日产天籁、宝马 5 系 GT 等。

## 340. 什么是百叶式天窗?

百叶式天窗就是将数块玻璃以百叶的形式安装在车顶，开启时向后滑动而使玻璃都聚集在一起，与家里的百叶窗帘类似。百叶式天窗可以在保证开启面积的情况下更大限度地节约空间，关闭时又能起到全景天窗般的透光效果。目前，在国内能见到的应用百叶式天窗的车型只有奔驰 B 级，而在奔驰 A 级上，百叶式天窗以选装的形式出现在配置单上。

## 341. 太阳能天窗有哪些优点?

简单来说，太阳能天窗拥有普通天窗一样的功能，但同时在普通天窗玻璃下方又集成了我们熟知的太阳能电池板，它能将光能转换为电能并存储在车辆蓄电池中。

太阳能天窗最为显著的一个特点就是，在夏天高温天气里，汽车在烈日下停车熄火，完全没有能源供给时，能自动调节车内温度。它是利用内置在天窗内部的太阳能集电板依靠阳光所产生的电力，经过控制系统来驱动鼓风机，将车厢外的冷空气导入车内，驱除车内热气，达到降温的目的。

太阳能天窗

## 342. 座椅由哪些部件组成？

轿车座椅由座垫、靠背、侧背支承、头枕等组成，它们具有一定的表面形状，座面和靠背的外形曲线应与人体放松状态下的背部曲线相吻合，乘员坐下后座椅的表面形状与体压分布能使乘员的肌肉处于最放松的状态，能支撑到腰椎部位，不会因血液循环不良而引起肢体麻木，长时间乘坐不易感到疲劳。通过对座椅前后上下、靠背倾斜角度、头枕前后上下等位置的有限调节，可以使大部分人处于舒适状态。

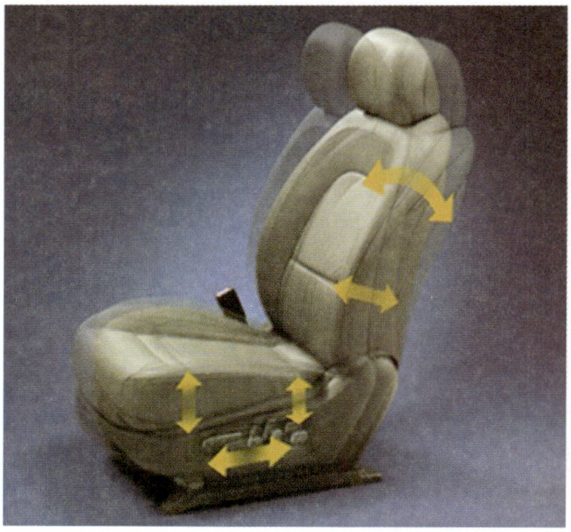

方向可调电动座椅

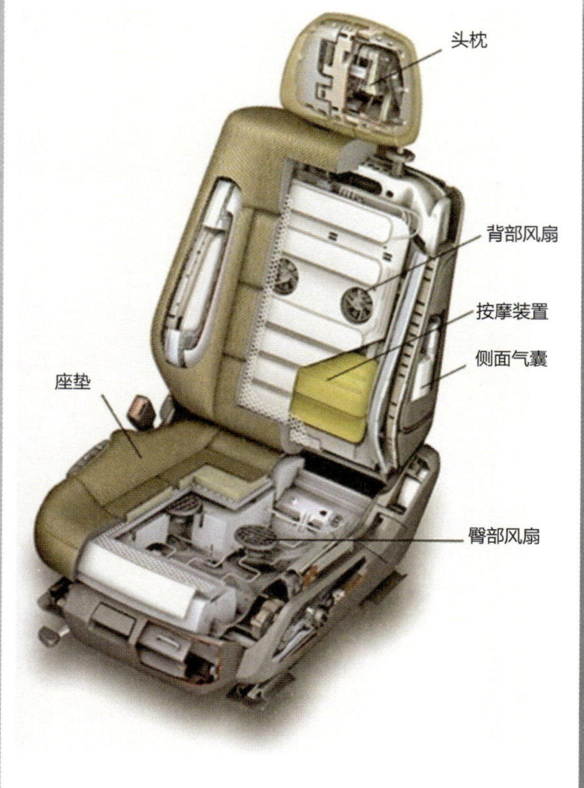


座椅构造图

## 343. 座椅设计应满足哪些基本要求？

汽车座椅的主要功能是为驾驶人提供便于操纵、舒适、安全和不易疲劳的驾驶座位。座椅设计时应同时满足以下五点基本要求：

1）座椅的合理布置。

2）座椅外形要符合人体生理功能。

3）座椅应具有调节机构。

4）座椅有良好的振动特性。

5）座椅必须十分安全可靠。

## 344. 座椅的弹簧性能对汽车有什么影响？

座椅的弹簧性能是构成座椅振动特性的关键。试验证明，车辆行驶时尽管地板振动大，但由于座椅弹簧的作用，仍有可能在座椅上获得良好的舒适性。如果弹簧性能不好，则汽车的舒适感会比较差。目前多数座垫采用整体泡沫尿烷缓冲垫，它用螺旋弹簧或者 S 形弹簧埋于泡沫尿烷之中而成，具有结构简单、成本低、无噪声的优点。

## 345. 座椅为什么要通风?

座椅通风是汽车座椅空调的“避暑装置”。夏季虽然有自动空调能够保持车内温度恒定，但由于乘员身体与座椅紧密接触，接触部分空气不流通，不利于汗液排除，会使人感觉不舒服。座椅通风独有的通风循环系统，源源不断地将新鲜空气从座椅座垫与靠背上的小孔流出，防止臀部与后背积汗，提供舒适的乘坐环境，有效改善了人体与椅面接触部分的空气流通环境，即使长时间乘坐，身体与座椅的接触面也会干爽舒适。

前排座椅通风分为送风式和吸风式两种。前排座椅通风的原理就是用风扇向座椅内注入空气，空气从椅面上的小孔中流出，实现通风功能。座椅通风有效改善了人体与椅面接触部分的空气流通环境，即使长时间乘坐驾车，身体与座椅的接触面也会干爽舒适。

电加热座椅

座椅通风示意图

## 346. 座椅加热是什么原理?

电加热座椅是轿车的“豪华标志”之一。在“豪车”的真皮座椅里装上电加热装置，到了冰冷的冬天，一屁股坐下去，等待你的就不会是一个冰冷的皮椅，而有一种“温馨、舒适的感觉”。在北方特别受用。

座椅加热装置的原理是利用电阻丝加热，除了做工精细度上略有差别，没有过多的优劣之分。一般来说，座椅加热装置除了遭到外部撞击外并不易被损坏，加上因为是内部装置，检修起来较为麻烦，并不是常规保养检查的项目。在使用加热装置时，时间不易较长，温度也不宜设置过高，驾驶人觉得温度适中即可关掉。另外，空座椅被开启加热装置时，上面不要放置易于导热的物品，如衣物、纸张等，以免加速座椅升温，引发事故。

## 347. 什么是儿童安全座椅?

儿童安全座椅是一种专为不同体重（或年龄段）的儿童设计，安装在汽车内，能有效提高儿童乘车安全的座椅。欧洲强制性执行标准 ECE R44/03 的定义是：能够固定到机动车辆上，带有 ISOFIX 接口的安全带组件或柔性部件、调节机构、附件等组成的儿童安全防护系统。在汽车碰撞或突然减速的情况下，可以减少对儿童的冲压力和限制儿童的身体移动，从而减轻对他们的伤害。

## 348. 为什么要设置头枕？

对于轿车低靠背座椅而言，头枕是座椅上一个附件。随着车速的增加，它对人身安全的重要性日益体现出来。汽车一旦发生追尾碰撞，汽车受后面冲击力作用瞬间急速向前，由于惯性作用乘员的头部却会突然向后仰，颈椎承受到很大的加速度力而容易受伤。有了头枕承托，可以减少头部自由移动的空间，从而降低因碰撞对颈椎产生的冲击力。

## 349. 主动头枕如何工作？

主动头枕是一种纯机械系统，由一条连杆连接至座椅靠背内的压力板来控制头枕工作。当汽车遭后方车辆追撞时，乘客的身体因撞击力的作用会撞向靠背，将压力板往后推，促使头枕往上、往前推动，以便在头颈猛烈晃动之前，托住乘客的头颈，提供充分的头颈保护，防止或降低受伤的可能。追撞结束后，主动头枕会自动回复到原来位置，以备下次使用，无须维修。

主动头枕工作原理示意图

## 350. 乘员头颈保护系统是如何工作的？

乘员头颈保护系统简称 WHIPS（Whiplash Protection System），属于汽车被动安全装置，一般设置于前排座椅。当轿车受到后部的撞击时，头颈保护系统会迅速充气膨胀起来，其整个靠背都会随乘坐者一起后倾，乘坐者的整个背部和靠背安稳地贴近在一起，靠背则会后倾，以最大限度地降低头部向前甩的力量，座椅的椅背和头枕会向后水平移动，使身体的上部和头部得到轻柔、均衡的支撑与保护，以减轻脊椎以及颈部所承受的冲击力，并防止头部向后甩所带来的伤害。

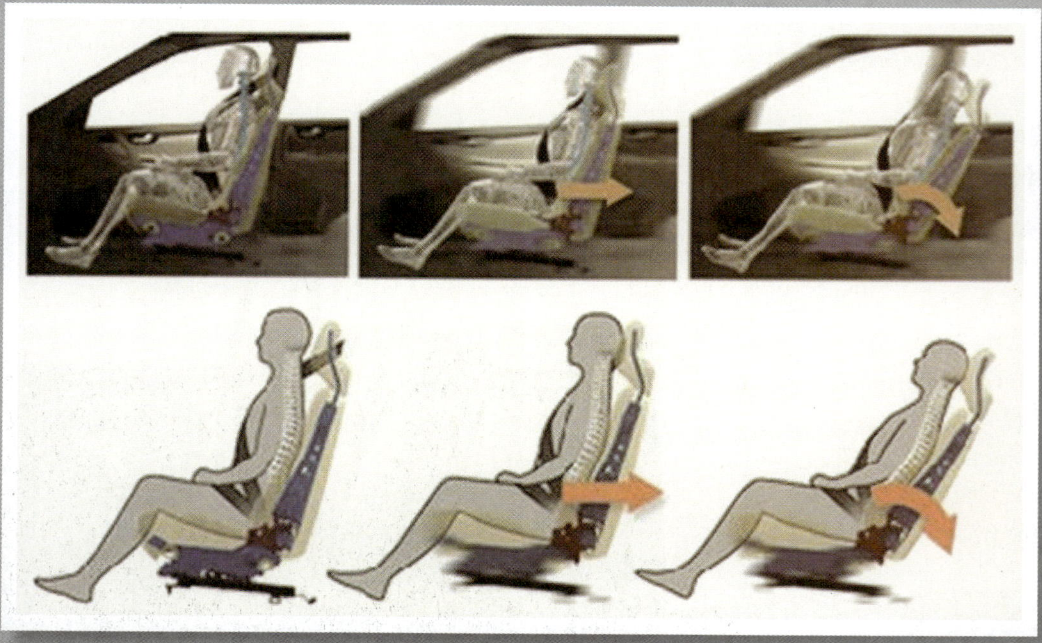

乘员头颈保护系统工作过程示意图

## 351. 侧门防撞杆起什么作用?

汽车受侧面撞击的情况更为危险，因为车内乘员的身体与车门间没有多大间隙，更容易受到伤害。为了提高汽车的安全性能，不少汽车公司在汽车两侧门夹层中间设置一到两根非常坚固的钢梁，即常说的侧门防撞杆。防撞杆的作用是，当侧门受到撞击时，坚固的防撞杆能大大减轻侧门的变形程度，从而减少汽车撞击对车内乘员的伤害。

轿车车门防撞杆示意图

## 352. 什么是感应式电动尾门?

全新感应式电动尾门，配有智能传感器，可以感应驾驶人脚 / 腿部的轻踢动作，自动开启和关闭尾门。尤其在搬运大件物品时，无需放下手中物品，即可轻松开关尾门摆放物件。

感应式电动尾门

行车记录仪

## 353. 什么是行车记录仪?

行车记录仪可以说是汽车使用的黑匣子，通过高清镜头摄影记录车辆行驶途中的影像及声音，可以作为意外发生时的证据，保障驾驶人的权利。

安装行车记录仪后，能够记录汽车行驶全过程的视频图像和声音，内部的传感器能够设置冲击力的敏感度，当外界的冲击力大于所设置值，导致该冲击力的现场数据将被记录下来，可为交通事故提供证据。喜欢自驾游的人，开车时边走边录像，可以把时间、速度、所在位置都记录在录像里。

## 354. 主动防追尾是怎么回事？

主动防追尾系统是在车辆的前端装上传感器、雷达、摄像机等设备，能够自动探测出与前车的距离，并与本车的制动、灯光等系统联动。当跟车距离低于安全距离时，系统会在零点几秒内启动，以强制拉大跟车距离。东风标致 206、207 装备有主动防追尾安全系统，在紧急制动时，危险警示灯自动频闪，尽早提醒后面车辆，预防后车追尾。

## 355. 开门警示系统是怎么回事？

您是否有过停车之后开门时忘记看后视镜，而被呼啸而来的车辆吓一跳的经历？这并不是开玩笑，这是个非常危险的动作，很多人间惨剧就发生在这一瞬间。奥迪为了尽可能地避免此类情况的发生，开发了一套开门警示系统。

奥迪的解决办法是，如果检测后方有车辆驶来，门把手处会亮起红色的警示标志。如果执意要开门，拉动把手的一瞬间（还未解锁）会有更加不刺眼的红光亮起，此时你的手或许会猛然缩回去，此时奥迪的目的也就达到了。不仅仅是汽车，后方若是摩托车或自行车也能起到同样的作用，总之是尽量避免悲剧的发生。

## 356. 堵车辅助系统是如何工作的？

建立在自适应巡航系统和车道保持辅助系统基础上的堵车辅助系统，是为像北京这样高度拥堵的大城市量身打造的智能系统。当车速低于 60km/h 时，位于车前部的两个雷达传感器可以对前方 250m 范围内的 40° 扇形区域进行扫描。此外，还有 8 个超声波传感器监视前方及边角区域。电脑根据相关数据，随时分析周围环境，引导车辆自动按照车道行驶在走走停停的车流中。对于突然插入前方的车辆，系统也能自动避让，在前车摆正之后，自动重新开启堵车跟车功能。

当车速在 0 ~ 60km/h 范围内时，该系统在一定限制下帮助驾驶人进行自主转向、加速以及制动等操控。无论是高速公路还是城市交通，只要路线不是过于复杂，堵车辅助功能都可以使用。这样，驾驶人手和脚都可以处于放松状态，减轻在低速状态下的疲劳度。

堵车辅助系统工作示意图

## 357. 夜视系统是如何工作的？

在夜视系统的帮助下，驾驶人将在夜间或弱光线的驾驶过程中获得更高的预见能力，它能够针对潜在危险向驾驶人提供更加全面准确的信息或发出早期警告。

目前，汽车夜视系统主要使用的是热成像技术，也被称为红外线成像技术。其原理就是，任何物体都会散发热量，不同温度的物体散发的热量不同。人类、动物和行驶的车辆与周围环境相比散发的热量要多。夜视系统就能收集这些信息，然后转变成可视的图像，把本来在夜间看不清的物体清楚地呈现在眼前，增加夜间行车的安全性。

夜视系统工作示意图

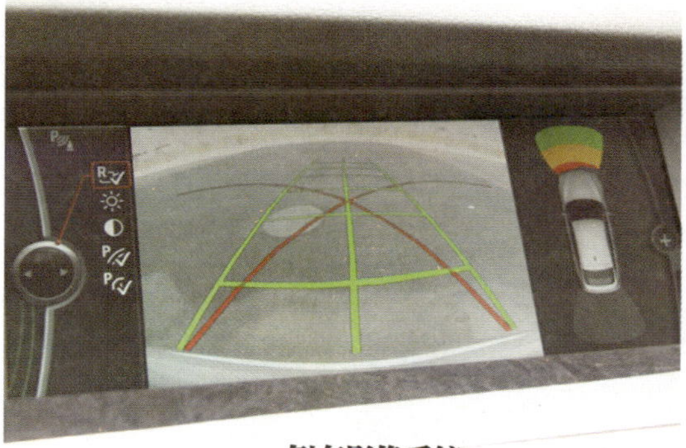

倒车影像系统

## 359. 倒车影像系统有什么优点？

倒车雷达是依靠回音探测距离并以通过不同频率的声音进行提示的，但光凭声音提示显然没有视觉来得直观，而且对声音的判断也必然会存在误差。因此，现代轿车越来越多地采用倒车影像系统。倒车影像系统采用远红外线广角摄像装置，安装在车后，通过车内的显示屏，清晰可见车后的障碍物。即使在晚上通过红外线也能看得一清二楚。

当挂倒档时，该系统会自动接通位于车尾的高清倒车摄像头，将车后状况清晰地显示于液晶显示屏上，让驾驶人准确把握后方路况，倒车也如前进般自如、自信。显然，倒车影像系统比全方位的倒车雷达更加直观和实用。

## 358. 疲劳监测系统能提高行驶安全吗？

在车辆进入容易使驾驶人放松的笔直、平坦的道路，容易使驾驶人分神和打盹的环境，以及当车速超过 65km/h 时，疲劳监测系统均会被激活。疲劳监测系统是基于驾驶人生理图像反应，由传感器、ECU 和摄像头三大模块组成，利用驾驶人的面部特征、眼部信号、头部运动性等推断驾驶人的疲劳状态。当推断的结果是高风险时，即通过声音信号向驾驶人发出警示。此外，在仪表盘上还显示一段文字信息，用一个咖啡杯的符号提示驾驶人休息一会儿，并对驾乘者给予主动智能的安全保障。

疲劳监测系统示意图

## 360. 什么是智能安全保护系统？

智能安全保护系统能够对行人采取主动保护，在事故发生以前就及时通知驾驶人，避免车祸的发生或者将伤害降至最小。这些车载设备包括安装在车身各个部位的传感器、激光雷达、红外线传感器、超声波传感器、盲点探测器等，具有事故监测功能，能随时通过声音、图像等方式向驾驶人提供车辆周围及车辆本身的必要信息，并可以自动或半自动地进行车辆控制，从而有效地防止事故的发生。

平视显示系统

智能安全保护系统工作示意图

## 362. 什么是平视显示系统？

平视显示系统又叫风窗玻璃仪表显示系统，它可以把重要的信息映射在风窗玻璃的全息半镜上，使驾驶人不必低头就能看清重要的信息，从而避免分散对前方道路的注意力。这种显示系统的作用是提高汽车的安全性，当然这种系统成本昂贵，目前只在少数高档车中采用。

## 361. 什么是自动泊车？

顾名思义，自动泊车系统就是不用人工干预、自动停车入位的系统。自动泊车系统是在车子的前后保险杠上安装了十组超声波感应器，当车速低于 36km/h 时，车辆便开始自动搜索长于车身 1.2 ~ 1.3m 的停车区域。之后感应器发射出的超声波可以扫描车身两侧来精确计算判断停车空间。当发现合适的停车位置后，车内仪表盘的液晶显示器会亮起指示信号，驾驶人只需轻触按钮将停车指令下达给电动辅助转向系统，然后控制加速踏板和制动踏板就可以轻松地停车入位。不过经过实际使用该系统需要停车的空间较大，前后左右要有足够的空位，并且只能对右侧平行路面的车位才可以应用。

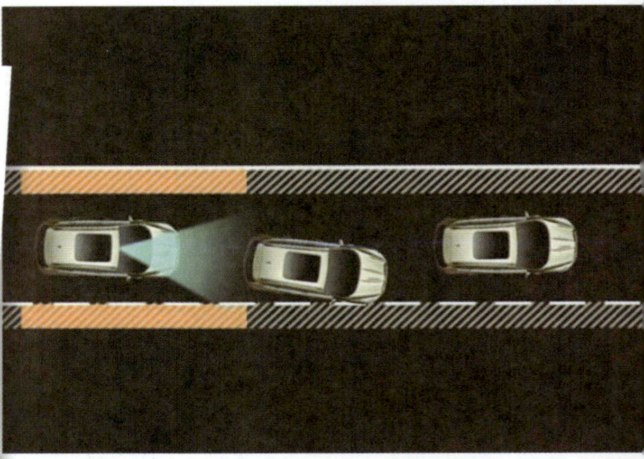

车道保持辅助系统示意图

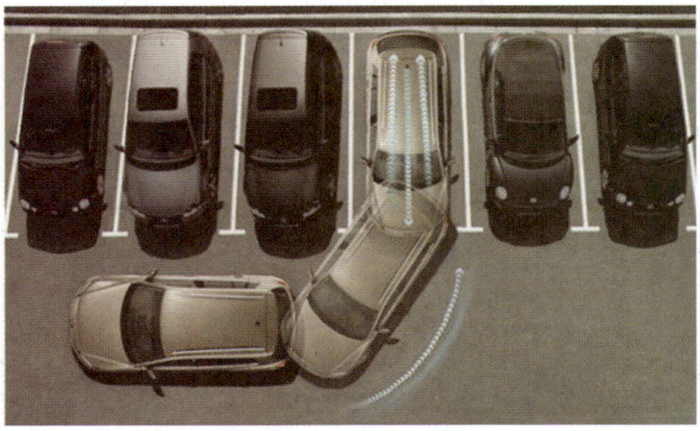

自动泊车示意图

## 363. 车道保持辅助系统是如何工作的？

车道保持辅助系统是一种通过报警的方式辅助驾驶人减少汽车因车道偏离而发生交通事故的系统。

车道保持辅助系统安置在前风窗玻璃上的前摄像头，全程监视前方路面的车道标记，一旦车辆在无意识（驾驶人未打转向灯）情况下偏离车道，它能在偏离车道 0.5s 之前发出警报，车道保持辅助系统将通过振动方向盘和仪表盘显示信息向你提醒，随后可自行调整电动助力辅助转向系统的输出转矩，辅助你恢复当前行驶的车道，避免交通事故的发生。而如果驾驶人打开转向灯，正常进行变线行驶，那么车道保持辅助系统不会将做出任何提示。

## 364. 盲区监测系统是如何工作的？

盲区监测系统在车速超过 10km/h 时起作用，它利用安置在车尾的雷达传感器确认是否有车辆隐蔽在你的视线盲区内。当有车辆靠近或已进入驾驶盲区时，后视镜上将亮起警示光点，使你能轻易察觉、消除行车安全隐患。

后视镜亮起警示光点

## 365. 低速行车安全系统是如何工作的？

低速行车安全系统会在车速低于 30km/h、突遇前车紧急制动时自动进行制动减缓速度，避免事故发生；当前、后车速差在 15 ~ 30km/h 时，能尽量减少损失；当前、后车速差低于 15km/h 时，能够尽量避免追尾，时刻替你保驾护航。

低速行车安全系统工作示意图

巡航系统控制按钮

## 366. 巡航功能能减轻驾驶疲劳吗？

汽车巡航控制系统英文为 CRUISE CONTROL SYSTEM，简称为 CCS，它是现代汽车的一种舒适装备。CCS 用于控制汽车的定速行驶，汽车一旦被设定为巡航状态，发动机的供油量就会由电脑控制，电脑会根据道路状况和汽车的行驶阻力不断地调整供油量，使汽车始终保持在所设定的车速，驾驶人可以不踩加速踏板，从而大大减轻长途驾车的疲劳，同时匀速行驶也可以减少燃油的消耗。一般情况下，当驾驶人踩下制动踏板、加速踏板或按下 CANCEL 按钮时，定速巡航系统就自动停止。

## 367. 自适应巡航控制系统是如何工作的？

自适应巡航控制系统英文简称为 ACC，其主要由车距传感器（雷达）、轮速传感器、转向角传感器以及控制单元组成。在车辆行驶过程中，安装在车辆前部的车距传感器（雷达）持续扫描车辆前方道路，同时轮速传感器采集车轮转速信号。当与前车之间的距离过小时，控制单元可以通过与防抱死制动系统、发动机控制系统协调动作，使车轮适当制动，并使发动机的输出功率下降，以使车辆与前方车辆始终保持安全距离。当与前车之间的距离增加到安全距离时，控制单元控制车辆按照设定的车速行驶，无需反复调节巡航控制。

## 368. 什么是无线门锁遥控系统？

无线门锁遥控系统是一个从发射器发送信号的系统。此发射器可以是钥匙内装式的，或是钥匙座型的，它即使离车辆有一段距离，也能用来锁定 / 解锁车门。

车辆的车门控制接收器接收此发射器发出的信号，并将操作信号送到集成继电器。集成继电器收到操作信号时控制门锁电动机动作，使车门闭锁或解锁。除这一功能外，集成继电器还有自动锁定功能、重复锁定功能、应答及其他功能。

## 369. 智能钥匙系统有哪些功能？

常见的智能钥匙系统由发射器、遥控中央锁控制模块、驾驶授权系统控制模块及相关线束组成。发射器集成在车钥匙上，车辆可以根据智能钥匙发来的信号进入锁止或不锁止状态，甚至可以自动关闭车窗和天窗。

智能钥匙系统是一种让用户以特别便捷的方式进入和控制车辆的系统。要进入车辆，不需要传统型钥匙或遥控器，只要用户携带智能钥匙就可以打开车门，还能直接起动发动机系统。

智能钥匙系统的功能如下：

1）无钥匙进入与起动功能。

2）自动升窗与设防功能。

3）无线遥控功能。

4）防盗报警功能。

5）遥控器低电量提示功能。

## 370. 智能钥匙起什么作用？

1）当智能钥匙接收到 125kHz 的请求信号时，自动回复无线电信号给无线电接收器，再由接收器将回复信息转送给智能钥匙 ECU。

2）具备配备 3 个按钮的传统遥控钥匙功能。

3）电池亏电或通信干扰状态下的发射器功能。

4）LED 用于操作反馈和蓄电池监测。

## 371. 智能钥匙 ECU 起什么作用？

1）智能钥匙 ECU 控制所有有关被动开锁、被动闭锁和用于发动机起动操作的被动授权功能。

2）除了作为车辆其他设备的单线接口外，它读取输入信号（车门手柄内按钮、发动机起动 / 停止按钮、驻车位置开关），控制输出（例如内部天线和外部天线）并经 CAN/LIN 总线进行通信。

3）为与智能钥匙进行通信，智能钥匙 ECU 在感应天线输出端产生一个已编码并调制为 125kHz 的请求信号（询问信号），并经外部无线电接收器接收智能钥匙的响应信号。

智能钥匙

## 372. 配备智能钥匙系统的车门手柄上有哪些部件？

配备智能钥匙系统的车辆，在驾驶人侧车门和前排乘客侧车门的外侧手柄上配备了 LF（低频）通信类型天线，发射 125kHz 信号。在外侧手柄上还配备了一个按钮开关。车门手柄上的车门锁止按钮充当触发器，指示用户开锁或闭锁车辆的意图。

配置更高级的车辆，如大众迈腾、丰田皇冠等，还在车门手柄内部装有电容感应器。当携带智能钥匙靠近车辆、进入 LF 天线探测范围、伸手去拉外车门手柄时，电容感应器感知这一动作，然后将需要给车门开锁的操作意图通知智能钥匙 ECU，使车门解锁。

钥匙防盗系统工作示意图

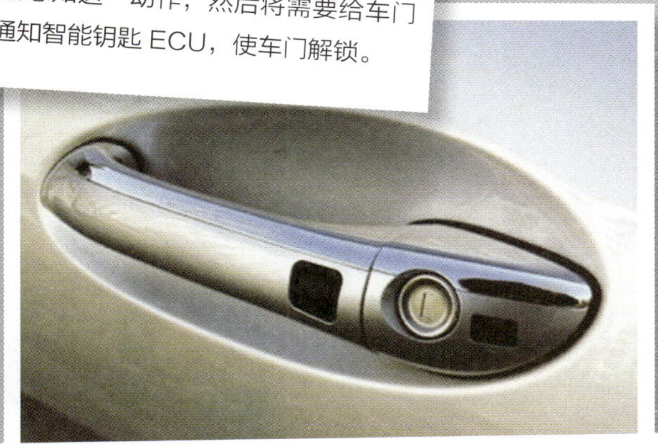

车门手柄

## 373. 汽车防盗器有哪些功能？

随着汽车防护要求的提高，车用防盗器的功能也日趋完备，目前市场上汽车防盗器的主要功能如下：

1）防盗设定与解除。其主要作用是警戒车辆，以防被盗或受侵害。

2）全自动设防。若车主忘记设防，报警器将自动进入防盗警戒状态。

3）静音设防与静音解除。静音设防与解除无噪声，适合在夜间、医院和特殊环境下使用。

4）二次设防。设防解除后，若 30s 内车主未开车门，则主机自动进入防盗状态。

5）寻车功能。在停车场内帮助车主寻找车辆。

6）求救。在紧急事态发生时，能设定紧急呼救。

7）振动感应器暂时关闭。遇恶劣天气，但汽车处在安全环境下，使用此功能可减少误报和噪声。

8）进场维修模式。适用于汽车进场维修，遥控器无须交给维修厂，安全方便。

9）行车时控制功能。点火后车门自动落锁，熄火后车门自动开锁，车辆使用安全、方便。

10）密码抗扫描。电脑自动判别密码正确与否，并过滤扫描器信号；杜绝扫描密码，因而可防止盗贼用扫描器扫描报警密码盗车。

11）跳码防拷贝。每次进行设防和解除警戒时，主机及遥控器都同时更改密码，防止盗贼用无线电解码器解码盗车。

12）遥控启动。提高效率，节省暖车时间。

## 374. 钥匙防盗系统包括哪些部件？

钥匙防盗系统包括位于点火钥匙内的发射器、点火开关内的天线线圈、编码的钥匙防盗模块（电子防盗 ECU）、指示灯和发动机 ECU。

1）发射器。发射器有一个高级加密法则。注册钥匙时，在发射器内部进行编程，即设定车辆特定信息代码。车辆特定信息代码记录在发射器的永久存储器中。

2）天线线圈。天线线圈具有以下功能：

①提供电源至发射器。

②接收来自发射器的信号。

③传送发射器信号至钥匙防盗模块。

3）钥匙防盗模块。钥匙防盗模块与点火钥匙内的发射器之间进行无线射频通信，把来自发射器的由天线线圈捕捉的无线射频信号转换为串行通信信号。

4）发动机 ECU。ECU 利用指定的加密法则进行点火开关钥匙的认证。在发射器进行编程时，ECU 同时也进行相同的编码。只有当结果相等时，发动机才可以起动。所有对车辆有效的发射器数据储存在 ECU 中。

## 375. 钥匙防盗系统是怎样工作的？

钥匙防盗系统又称为发动机电子防盗系统，可以起到很好的防盗作用。除非使用的点火开关钥匙为本车辆注册的钥匙，否则钥匙防盗系统控制车辆不能被起动。除了当前配备的遥控防盗系统外，钥匙防盗系统更大程度上降低了汽车被偷窃率。

钥匙防盗系统的工作原理：每把钥匙内嵌有一个防盗转换器（发射器），将钥匙插入点火开关锁芯并将其旋转至 ON 位置时，电子防盗 ECU 与钥匙之间通过无线射频的方式进行通信。如果钥匙被确认是合法的，则防盗 ECU 将与发动机 ECU 进行密码验证。如果密码验证正确，将允许发动机起动，即点火和喷油。

## 376. 倒车雷达系统有什么作用？

倒车雷达全称叫“倒车防撞雷达”，也叫“泊车辅助装置”，是汽车泊车或者倒车时的安全辅助装置。它能以声音或者更为直观的显示告知驾驶人周围障碍物的情况，解除了驾驶人泊车、倒车和起动车辆时前、后、左、右探视所引起的困扰，并帮助驾驶人扫除了视野死角和视线模糊的缺陷，提高驾驶的安全性。

倒车雷达

## 377. 倒车雷达系统由哪些部件组成？

倒车雷达是汽车泊车安全辅助装置，由倒车雷达控制单元（俗称主机盒）、超声波传感器（俗称探头）、显示器、报警器（喇叭或蜂鸣器）等组成。超声波传感器是整个倒车系统最核心的部件，其作用是发出与接收超声波。目前，常用探头的工作频率有 40kHz、48kHz 和 58kHz 三种。一般来说，频率越高，灵敏度越高，但水平与垂直方向的探测角度就越小，故一般采用 40kHz 的探头。

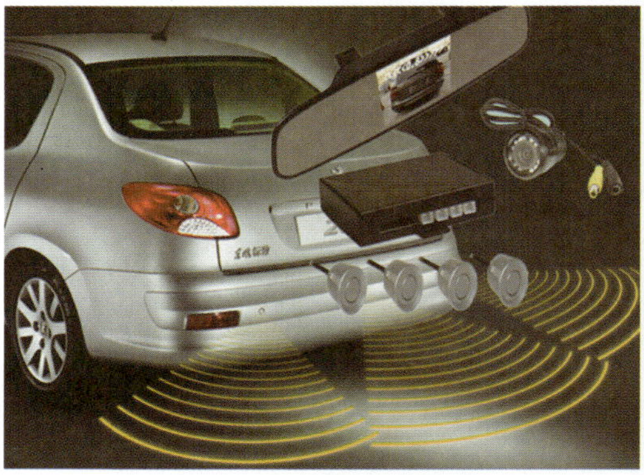

倒车雷达系统的组成

## 378. 倒车雷达是怎样工作的？

倒车雷达采用超声波测距原理。当车辆挂进倒车档倒车时，倒车雷达自动进入工作状态，在控制单元的控制下，由安装在车尾保险杠上的探头发送超声波，遇到障碍物产生回波信号，传感器接收到回波信号后，经控制单元进行数据处理，从而计算出车体与障碍物之间的距离，判断出障碍物的位置。

刘总监提示：超声波是指超过人的听觉范围（20kHz 以上）的声波，具有频率较高、沿直线传播、方向性好、绕射小、穿透力强、传播速度慢（约 340m/s）等特点。超声波在不透明的固体内传播，可穿透几十米的深度。超声波遇到杂质或分界面时，会产生反射波，利用这一特性可构成探深或测距，由此可制成倒车雷达系统、自适应巡航定速系统等。

## 379. 倒车雷达的探测覆盖范围有多大？

通常来说，探头（传感器）的数量越多，倒车雷达的探测覆盖范围就越广，即探测盲区就越小。现在市面上的倒车雷达有 2 探头、3 探头、4 探头、6 探头及 8 探头。2 ~ 4 探头的倒车雷达一般安装在汽车的后保险杆上，6 ~ 8 探头的倒车雷达一般采用前 2 后 4 或前 4 后 4 方式安装。

倒车雷达探测覆盖范围

## 380. 倒车雷达有哪些探测盲区？

虽然倒车雷达给驾驶带来很多方便，但不能对其完全依赖，因为雷达也有盲区，如在下列情况下，倒车雷达可能探测不到：

1）过于低矮的障碍物。一般来说低于探头中心 10 ~ 15cm 以下的障碍物就有可能被探头所忽视，而且障碍物距离车越近，这一高度值也就会越低，危险性也越大。

2）过细的障碍物。由于雷达探头发射的声波信号较窄，因此在探测较细的障碍物时存在着较大的盲区，一些道路上用来阻隔车辆的隔离桩和电线杆上的斜拉钢缆都是危险物品。

3）沟坎。雷达是用来探测障碍物的，若车后有沟坎，那么雷达很可能不会作出反应。

## 381. 倒车雷达的探测灵敏度受哪些因素影响？

倒车雷达探测灵敏度除取决于探头（传感器）自身的结构与材质外，还取决于反射回波的强度，而反射回波的强度又与超声波的传播特性有关，主要表现为以下特点：

1）因为超声波在空气中传输存在衰减，所以同一个反射面，同样的角度，距离越远，反射的超声波衰减越大，越不易被探测到。

2）障碍物反射面的面积（正对传感器）越大，反射波越强，探测距离越远；若障碍物反射面较小，或粗糙面方向感不显著，或反射面虽大但偏离传感器方向，尤其是表面为光滑平面的物体，传感器接收到的反射波很少甚至没有，这样尽管距离较近也可能探测不到。

3）处于传感器中心线上的障碍物的反射波最强，探测距离最远，反之较近。

4）障碍物会吸收一部分超声波，反射回去的只是其中一部分。吸收多少或反射多少与障碍物的材质和表面有关，一般来说，疏松、多孔的物体，表面较易吸收超声波，其反射效率较低，不易被探测到。相反，若障碍物的材质越硬，反射波越强。

5）环境温度、空气湿度、气压等因素都会影响反射回波强度，空气湿度越大则信号越强。总之，大雨、大雪或过冷、过热、过湿天气，都有可能影响探测效果。

倒车雷达

## 382. 倒车雷达有哪些使用注意事项?

1）注意安装高度。一般离地距离：车前安装为 45 ~ 55cm，车后安装为 50 ~ 65cm。

2）经常清洗探头，防止积土，冬天避免探头结冰。

3）不要用坚硬的东西将探头表面遮住，否则会产生误报或测距不准，如探头表面被泥浆覆盖。

4）6/8 探头倒车雷达前后探头不可随意对调，否则可能会引起常鸣误报问题。

5）注意探头安装方向，要按 UP 标记朝上安装。不建议将探头安装在金属板材上，因为金属板材振动时会引起探头共振，产生误报。

倒车雷达

## 383. 如何安装粘附式倒车雷达?

倒车雷达的安装方法分为粘附式安装和开孔式安装两种。

粘附式安装仅限于具有粘贴性探头的倒车雷达，且不需在车体上开孔，只是将传感器（探头）粘贴在适当位置即可。这种倒车雷达一般安装在尾灯附近或行李箱门边，具体安装方法如下：

1）将附带橡胶圈套在感应器上，引线向下并与地面垂直，确定传感器的安装位置并将传感器沿垂直方向贴合。

2）用电吹风将双面贴加热，然后撕去面纸，贴到确定部位。

3）将控制盒安装在不热、不潮和无水的行李箱侧面。

4）将蜂鸣器安装在后风窗玻璃前的平台上。

5）将传感器屏蔽线隐蔽铺设，以防压扁、刺穿，并起到美观的效果。

## 385. 安装倒车雷达时有哪些注意事项?

1）在进行安装时，必须将车置于熄火状态。

2）探头（传感器）的安装要松紧适度，并要修整探头安装孔，不能有毛刺。若把探头压得太紧，则探头内部的振动板无法振动而发不出超声波；若安装得过松，则探头易在汽车振动时改变方向，探测到地面从而产生误报。

3）如果探头（传感器）安装在铁质挡板上，则需要在探头四周包裹电工绝缘胶布。

4）主机盒应安装在不易受干扰的位置，尤其不能安装在排气管或大量电器布线附近。

## 384. 如何安装开孔式倒车雷达?

1）把探头（传感器）安装在后保险杠上的预留孔中，按要求把探头套对好卡槽，与探头配合装好，再将探头固定卡从背后推进卡住探头。注意，探头上有一个小箭头的标志，安装时箭头应向上。若汽车后保险杠上没有预留孔，则先根据探头的数量进行打孔。探头安装的高度要求距离地面 50cm 左右，如果安装过低，会探测到地面产生误报。

2）将探头插入孔中，实际操作时不要用手压住探头中间向里推，正确方法应是用手压住探头两边向里推，因为探头中间是振动区，受力易受损。接下来应调整好探头的方向，并整理连线走向。

3）将主机盒上电源线束中的红线与车中的 ACC 正极线接好，黑线与搭铁线接好，白线或黄线与倒车灯正极连接好。

4）将显示器与主机盒连接好，探头暂不接。在不发动汽车的情况下，挂倒档，倒车雷达的显示屏应被点亮，表明倒车雷达已进入正常的检测状态。

5）将一只探头插入主机盒对应的接口中，人站在探头正前方 1 米内，应能正常探测，并有相应的距离显示及提示音。拔下该只探头，按同样的方法检查其他探头。检查完毕，再将线束上的传感器端子与相应传感器连接好，理顺线束，用线卡固定好即可。

开孔式倒车雷达组件

## 386. 倒车雷达安装好后怎样进行测试？

倒车雷达安装好后应进行测试，以检验它是否能正常工作。测试方法如下：

1）预警距离测试。将一个水桶摆在探头的正后方，由远到近缓慢倒车，分别在远、近两端测量水桶到车尾的实际距离，并和车内倒车雷达显示的障碍物距离相比较。

2）障碍物方位显示测试。分别用 1 ~ 4 个水桶摆放到车尾的左、中、右侧，测试倒车雷达显示障碍物方位是否精确。

3）探测死角测试。将水桶中心顶偏离探头中心一个角度进行放置，测试倒车雷达是否能探测到。

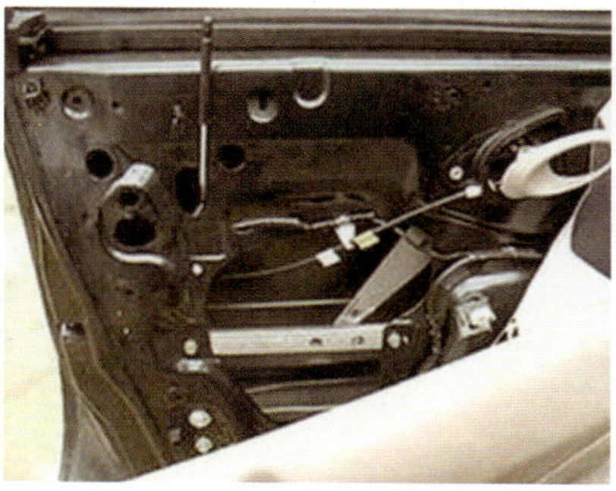

## 387. 如何诊断与排除所有车窗均不能升降故障？

1）故障原因：熔断器断路；连接导线断路；有关继电器、开关损坏；电动机损坏；搭铁点锈蚀、松动。

2）故障诊断与排除：首先检查熔断器是否断路，若熔断器良好，则应将点火开关接通，检查有关继电器和开关火线接线柱上的电压是否正常；若巳压为零，则应检查电源线路；若电压正常，则应检查搭铁线是否良好。搭铁不良时，应清洁、紧固搭铁线；若搭铁良好，则应对继电器、开关和电动机进行检测。

电动车窗升降示意图

## 388. 如何诊断与排除某车窗不能升降或只能一个方向运动故障？

1）故障原因：该车窗按键开关损坏；该车窗电动机损坏；连接导线断路；安全开关故障。

2）故障诊断与排除：如果车窗不能升降，首先检查安全开关是否工作，该车窗的按键开关工作是否正常，再通电检查该车窗的电动机正反转是否运转稳定。若有故障，应检修或更换新件；若正常，则应检修连接导线。如果车窗只能一个方向运动，一般是按键开关故障或部分线路断路或连接错误所致，可以先检查线路连接是否正常，再检修开关。

## 389. 如何诊断与排除电动门锁常见故障？

1）电动门锁常见故障有：所有门锁均不工作、某个门锁不能工作。

2）全部门锁都不能工作主要原因：熔断器断路；继电器故障；门控开关触点烧蚀；搭铁点锈蚀或松动；连接线路断路等。可以首先检查熔断器是否断路；若熔断器良好，则应将门控开关接通，检查电动机接线柱上的电压是否正常：若电压为零，则应检查继电器和电源线路；若电压正常，则应检查搭铁线是否良好。搭铁不良时，应清洁、紧固搭铁线；若搭铁良好，应对开关和电动机进行检测。

3）某个门锁不能工作主要原因：该门锁电动机损坏或对应开关、连接导线断路。可以先检查线路是否正常，再检查开关和电动机。

## 390. 如何诊断与排除电动座椅常见故障？

1）电动座椅常见故障：完全不动作或某个方向不能工作。

2）电动座椅完全不动作的主要原因：熔断器断路；线路断路；座椅开关有故障等。可以首先检查熔断器是否断路；若熔断器良好，则应检查线路连接是否正常，最后检查开关。对于有存储功能的电动座椅系统，还应检查控制单元（ECU）的电源电路和搭铁线是否正常，若开关、线路等都正常，则应检查控制单元。

3）电动座椅某个方向不能工作的主要原因：该方向对应的电动机损坏，开关、连接导线断路。可以先检查线路是否正常，再检查开关和电动机。

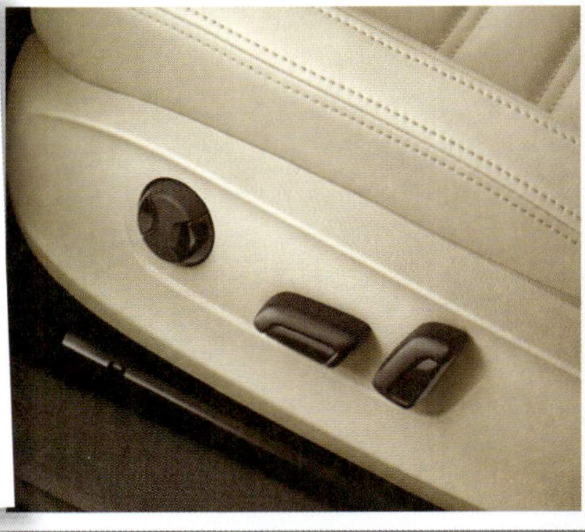

电动座椅开关

## 391. 如何诊断与排除电动后视镜常见故障？

1）电动后视镜的常见故障有：电动后视镜都不工作和电动后视镜部分功能不正常。

2）故障原因有：保险装置及线路断路，开关及电动机有故障等。

3）故障诊断与排除

①如果电动后视镜都不工作，往往是由于保险装置或电源线路、搭铁线路断路引起，也可能是控制开关有故障。可以先检查保险装置是否正常，然后检查控制开关线头有无脱落、松动，电源线路或搭铁线路是否正常，最后检修控制开关。

②如果电动后视镜部分功能不正常，往往是由于个别电动机及控制开关对应部分有故障，或对应线路断路、接触不良等引起。可以先检查线路连接情况，再检查开关和电动机。

电动后视镜

电动后视镜调整开关

# 第八章 汽车空调

## 392. 汽车空调系统由哪些部分组成?

汽车空调系统由制冷系统、取暖系统、通风系统和空气净化系统及控制系统组成。制冷系统是把车内空气或吸进来的新鲜空气冷却或除湿；取暖系统是把车内空气或吸进来的新鲜空气加热；通风系统是把车外新鲜空气吸进车内进行换气；空气净化系统是净化空气，除去车内存在的灰尘和气味；控制系统是对制冷和取暖系统进行控制，使其正常工作。

## 393. 汽车空调系统有哪些功能?

1）调节车内温度。 汽车空调在冬季利用其取暖系统升高车内温度，夏季利用其制冷系统对车内降温。

2）调节车内湿度。 利用制冷系统冷却降温去除空气中的水分，再由取暖系统升温以降低空气的相对湿度。

3）调节车内的空气流速。 夏季空气流速稍大有利于人体散热降温；冬季气流速度过大影响人体保温，因此，夏季舒适风速一般为 0.25m/s，冬季舒适风速一般为 0.20m/s。

4）过滤净化车内空气。 由于车内空间小，乘员密度大，极易导致空间缺氧，而车外道路上的粉尘等又容易进入车内造成空气污浊，影响乘员的身体健康。因此，要求空调系统必须具有补充车外新鲜空气、过滤和净化车内空气的功能。

## 394. 空调系统按驱动方式如何分类?

汽车空调系统按驱动方式的不同可分为独立式和非独立式。

1）独立式空调有专门的动力源驱动整个空调系统运行。一般用于长途货运、大客车等。独立式空调由于需要两台发动机，燃油消耗高，制造成本高，并且其维修及维护十分困难，需要十分熟练的发动机维修人员，而且发动机配件不易购买，尤其是进口发动机；另外，设计和安装更容易导致系统质量问题的发生，而额外驱动的发动机更增加了发生故障的概率。

2）非独立式空调直接利用汽车的行驶动力来运转。非独立式空调由发动机带动压缩机运转，并由电磁离合器进行控制。接通电源时，离合器断开，压缩机停止工作，从而调节冷气的供给，达到控制车厢内温度的目的。其优点是结构简单，便于安装布置，噪声小。但由于其需要消耗发动机 10%～15%的动力，直接影响汽车的加速性能和爬坡能力。同时其制冷量受汽车行驶速度影响，如果汽车停止运行，其空调系统也停止运行。

## 395. 空调系统按性能如何分类?

汽车空调系统按性能的不同可分为单一功能型和冷暖一体式。

1）单一功能型：将制冷、取暖、通风系统各自安装，单独操作，互不干涉，多用于大型客车和载货汽车。

2）冷暖一体式：制冷、取暖、通风共用鼓风机和风道，在同一控制面板上进行控制，工作时可分为冷暖风分别工作的组合式和冷暖风同时工作的混合调温式，多用于轿车上。

## 396. 空调系统按控制方式如何分类?

汽车空调系统按控制方式的不同可分为手动空调和自动空调。

1）手动空调：拨动控制面板上的功能键对温度、风速、风向进行控制。

2）自动空调：利用真空控制机构，当选好空调功能键时，就能在预定温度内自动控制温度和风量。

手动空调控制面板

## 397. 压缩机有什么作用?

压缩机是制冷系统的核心部件，其作用是借助外力维持制冷剂在制冷系统内的循环，吸入来自蒸发器的低温、低压的制冷剂蒸气，压缩制冷剂蒸气使其温度和压力升高，并将制冷剂蒸气送往冷凝器，在热量吸收和释放的过程中实现热交换。

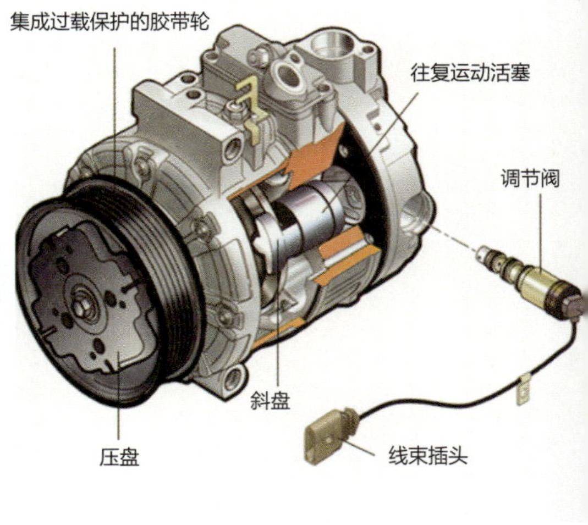


压缩机构造图

## 398. 压缩机有哪些常见故障?

压缩机的常见故障有卡住、泄漏、压缩机不制冷和噪声过大四种。压缩机发生故障时，虽然大多数都能修复，但由于压缩机零配件不多，而且装配精度要求高，需要专用装配工具和夹具。因此，许多汽车修配厂以检测判断故障为主，检修主要包括压缩机的拆卸、电磁离合器的检修、压缩机轴封的更换等。

压缩机

## 399. 如何拆卸压缩机?

1）拆除电磁离合器连接导线。

2）排出空调系统管路中的制冷剂。

3）拆下压缩机吸、排气口的连接软管，并将各接头进行密封，防止尘土进入系统。

4）拆除压缩机驱动带。

5）拆下压缩机并将其固定在台虎钳上。

6）排出压缩机内的冷冻机油，并检查油量和油质。

## 400. 如何检修电磁离合器?

1）用专用“Y”形夹具固定离合器压盘，用套筒扳手拆下压缩机轴上的锁紧螺母。

2）用专用拉拔器拆下压板，用内卡簧钳拆下内卡簧。

3）将离合器驱动盘和轴承一同拆下。

4）拆下键和垫片。垫片用来调整离合器驱动盘和压板之间的间隙，一般为 0.3 ~ 0.6mm。

5）拆下离合器电磁线圈。

6）检查离合器压盘摩擦表面，将其表面的油污和脏物用清洁剂擦洗干净，如有刮痕损伤或变形则更换离合器总成。

7）检查离合器轴承是否损坏，若损坏则必须更换相同规格的新轴承。

8）检查离合器电磁线圈有无短路或断路，如有故障则需更换。

9）按与拆卸相反的顺序将检查完的电磁离合器装好。装好后要检查各部件能否转动自如。

## 401. 如何更换压缩机轴封?

1）拆下电磁离合器。

2）用卡簧钳拆下轴封座卡簧。

3）使用专用工具拉出轴封座。

4）用轴封拆卸专用工具拆下轴封。

5）取出轴封上的 O 形密封圈。

6）用清洁的冷冻机油清洗压缩机的密封部位。

7）用清洁的冷冻机油涂抹新的零件。

8）安装新的 O 形密封圈，确保安装正确。

9）安装轴封保护器，并用清洁的冷冻机油充分润滑。

10）用轴封安装工具将轴封安装到位。

11）拆下轴封保护器。

12）使用专用工具安装轴封座。

13）安装卡簧。

14）安装电磁离合器。

## 402. 压缩机过热保护起什么作用?

压缩机过热保护的作用是当压缩机外壳的温度异常高，如在 150℃时，压缩机上的热保护开关断开，使压缩机停止工作。当压缩机外壳的温度降至 130℃时，热保护开关闭合，压缩机又开始工作。

## 403. 空调温度保护起什么作用?

空调温度保护的作用是防止蒸发器表面结霜。空调控制系统使用具有负温度特性的蒸发器温度传感器检测蒸发器表面温度。当蒸发器的温度低于 2℃时，空调控制系统自动切断压缩机；当蒸发器的温度高于 5℃时，又自动启动压缩机。

## 404. 冷凝器有什么作用?

为了更好地散热，冷凝器安装在进气格栅后部、发动机散热器的前面。冷凝器的作用是将压缩机排出的高温高压气态制冷剂与冷凝器外部的空气进行热交换，转变为高温高压的液态制冷剂，并把热量散发到车外环境中。

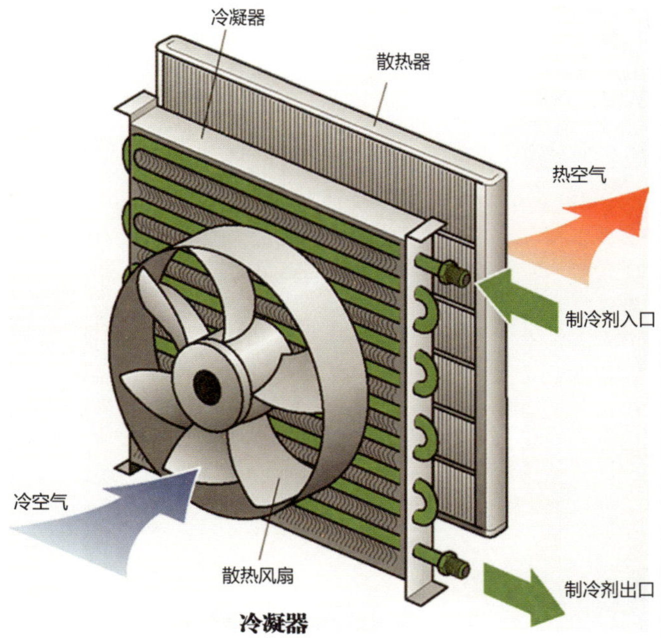


冷凝器

## 405. 蒸发器有什么作用?

制冷系统工作时，高压液态制冷剂通过膨胀阀膨胀而压力降低，变成湿蒸汽进入蒸发器芯管，吸收散热片及周围空气的热量。蒸发器通常装在仪表板后的风箱内，依靠鼓风机使车外空气或车内空气流经蒸发器，以便冷却与除湿。

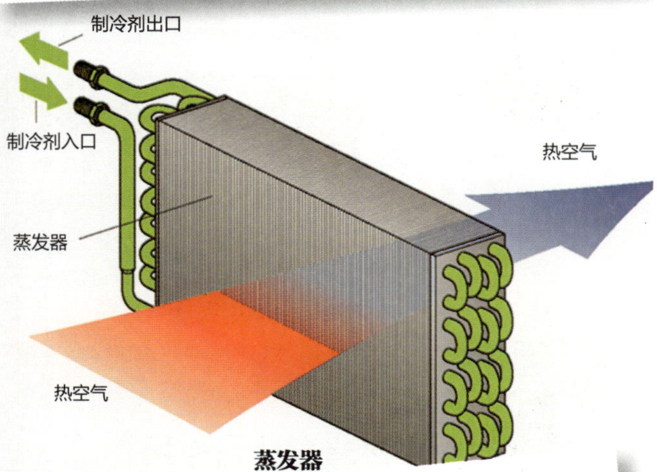

蒸发器

## 406. 储液干燥器有什么作用?

储液干燥器是保证压缩机和制冷系统正常运行的必要设备，其主要作用如下：

1）储液作用。用来储存和供应制冷系统内的液态制冷剂，以便工况变动时能补偿和调节液态制冷剂的盈亏。空调系统开始工作时的负荷量大，要求制冷剂的循环量也大。当工作一段时间之后，负荷将减少，这时所需的制冷剂量相应地减少。因此，负荷大时，储液干燥器中的液态制冷剂补充进来，而负荷小时，又可将液态制冷剂存储起来。同时，由于汽车空调系统的连接管使用橡胶连接软管，总有一定的制冷剂泄漏，故储液干燥器还可弥补系统中制冷剂的微量渗漏。

2）过滤作用。制冷系统中，会由于制造时没有处理干净而带入碎渣、灰尘，或由于制冷剂的不纯净而带入污染物，也可能由于制冷剂对系统部件内壁发生侵蚀作用而脱落杂质，管道中也可能产生污物，还有压缩机运行时的金属磨屑等。所以，常常需要通过过滤来清除这些机械杂物和污物，保证制冷剂顺利流通，不致因堵塞而影响正常工作。

3）干燥作用。用来吸收制冷剂中的水分。水分来源于制冷剂干燥不严格，或有空气进入，或冷冻油中溶解的水分。水分的存在也可能造成“冰堵”。

## 407. 鼓风机有什么作用?

汽车空调系统的蒸发器采用直接蒸发式的结构，这种结构由换热器和鼓风机组成。鼓风机将车内的空气吸出，强制气流流过蒸发器空气侧，气流则将蒸发器内液态制冷剂蒸发时产生的热量带入车内。要使车内有一个舒适的环境，除了要控制送风温度外，还应根据环境变化和乘员的不同需要，控制鼓风机的转速，以控制送风速度。

鼓风机

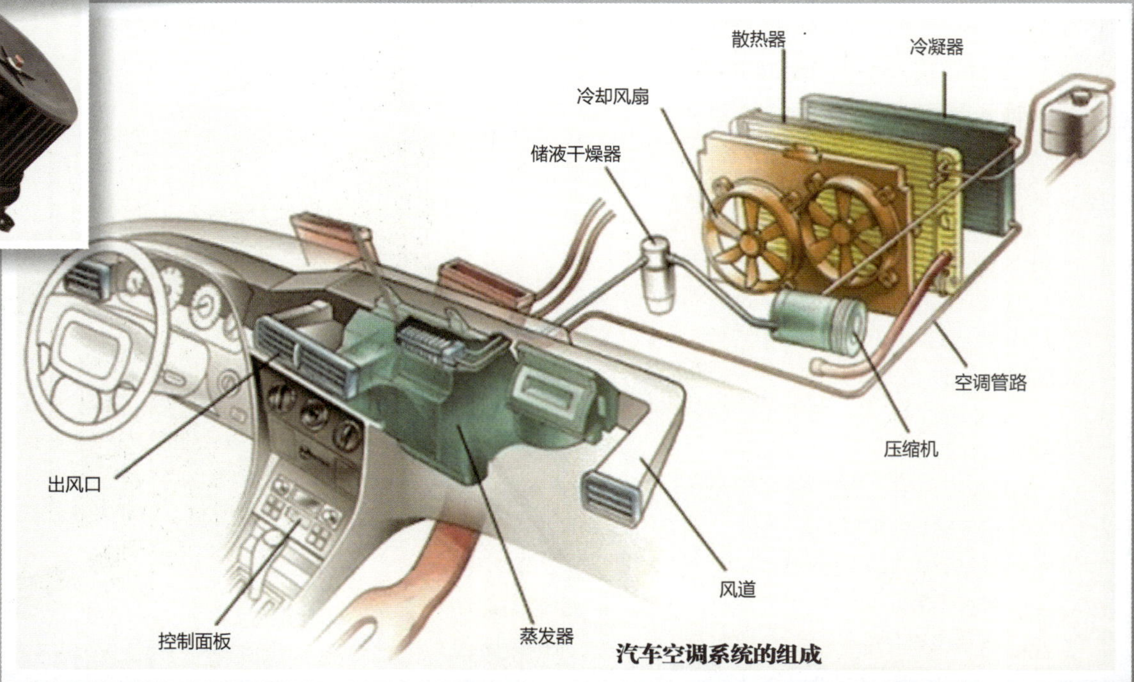

汽车空调系统的组成

## 408. 膨胀阀有什么作用？

膨胀阀是汽车空调系统中的一个重要部件，一般安装于储液干燥器和蒸发器之间。膨胀阀使中温高压的液态制冷剂通过其节流成为气、液态混合的制冷剂，然后制冷剂在蒸发器中吸收热量达到制冷效果。膨胀阀通过蒸发器末端的过热度变化来控制阀门流量，防止出现蒸发器面积利用不足和敲缸现象。

## 409.H 型膨胀阀的结构有什么特点？

H 型膨胀阀有四个接口与制冷系统连接，其中两个接口与普通热力膨胀阀相同，一个连接储液干燥器，一个连接蒸发器进口；另外两个接口，一个连接蒸发器出口，一个连接压缩机进口。感温包直接处在蒸发器出口的制冷剂气流中。该膨胀阀取消了热力膨胀阀中的感温包、毛细管和外平衡接管，提高了调节灵敏度，结构紧凑，抗振可靠。

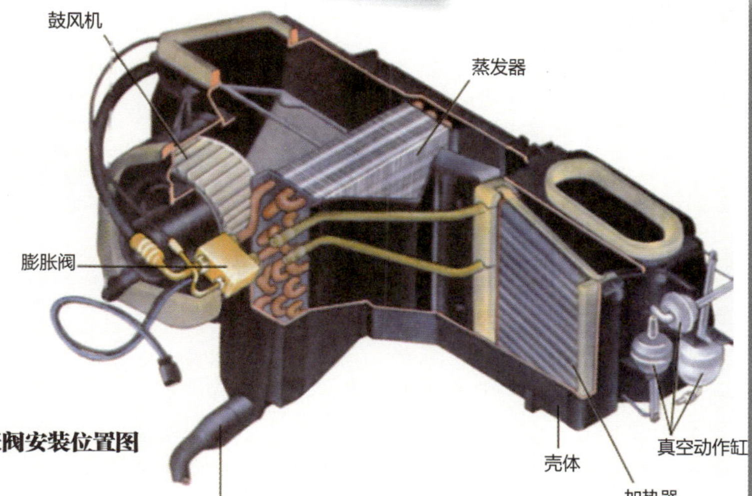


膨胀阀安装位置图

## 410.H 型膨胀阀的工作原理是什么？

1）当汽车空调制冷系统刚刚开启或热负荷大时，感温元件内的制冷剂压力较大。膜片克服弹簧力和蒸发器出口处制冷剂的压力，推动顶杆和传动杆向下打开球阀，直到处于平衡位置，这就增大了高压制冷剂进入蒸发器的流量。

2）当汽车空调制冷系统热负荷小或者需要关闭时，感温元件内的制冷剂压力变小，弹簧力和蒸发器出口处制冷剂的压力之和大于感温元件的膜片压力，于是顶杆和传动杆向上移动，直到处于平衡位置，以关小球阀开口，这样就减小了高压制冷剂进入蒸发器的流量。

H 型膨胀阀

## 411. 制冷剂 R134a 有什么特点？

汽车空调制冷系统的运行需要有“冷媒”，这个“冷媒”就是制冷剂，俗称“雪种”。目前的汽车空调一般使用 R134a 环保型制冷剂，它具有如下特点：

1）无色、无味、无毒，不易燃、不易爆，但在高温下或遇明火和红热表面时将分解放出有毒的刺激性气体。

2）对某些橡胶有腐蚀性。

3）腐蚀有色金属，如铜和铅。

4）具有一定的吸湿性。

5）与 R12 不同，它不会破坏臭氧层，属于环保型制冷剂。

## 412. 冷冻油有什么作用？

空调系统使用的润滑油一般称为冷冻机油或冷冻油。冷冻油属于合成醇类物质，具有易吸水的特点。其功用如下：

1）润滑作用。压缩机是高速运动的机器，轴承、活塞、活塞环、连杆、曲轴等零件表面需要润滑，以减少阻力和磨损，延长使用寿命，降低功耗，提高制冷系数。

2）密封作用。汽车使用的压缩机都是半封闭式，在压缩机输入轴需用油封来密封，防止制冷剂泄漏。有润滑油，油封才起作用。同时，活塞环上的润滑油不仅起减磨作用，而且起到密封压缩蒸气的作用。

3）冷却作用。压缩机的摩擦表面会产生高温，需用冷冻油来冷却，冷冻油冷却不足会引起压缩机过热，排气压力过高，降低制冷系数甚至烧坏压缩机。

4）降低噪声。由于冷冻油能显著改善压缩机机械运动部件的摩擦阻力，提供良好的润滑条件，因而大大降低了压缩机运转噪声。

## 413. 制冷剂的加注量一般是多少?

在安装新的空调制冷系统或者对空调制冷系统中的重要部件进行更换维修后，需要重新加注制冷剂。制冷剂加注量过少会导致制冷不足，而加注量过多同样会影响制冷效果。制冷剂加注量与空调压缩机型号有关，一般的轿车空调系统制冷剂加注量为 500 ~ 600g。

## 414. 使用冷冻油时应注意哪些问题?

1）不同牌号的冷冻油不能混合使用。由于不同牌号的冷冻油所加的抗氧化剂不同，如将它们混合在一起使用，很可能会产生化学反应，引起变质，破坏了各冷冻油的性能。

2）冷冻油极易吸水，所以使用后应该马上拧紧冷冻油瓶。

3）不能使用变质的冷冻油。

4）冷冻油是不制冷的，过量使用会妨害热交换器的换热性能，所以只允许加到规定的用量，绝不允许过量使用。

5）因其化学特性，冷冻油不允许与发动机机油或变速器油一起进行废弃处理。

## 415. 什么情况下需要添加冷冻油?

压缩机中的冷冻机油与制冷剂一起在整个系统中循环。更换任何元件（如蒸发器、冷凝器、储液干燥器）或发生大量制冷剂泄漏后，都应向压缩机中添加冷冻油。

## 416. 冷冻油不当能引起哪些故障?

将压缩机中的冷冻油保持在规定值非常重要，如果不能适当地保持冷冻油的量，就可能导致以下故障：

1）冷冻油不足：减少压缩机的使用寿命，有可能造成压缩机卡死。

2）冷冻油过量：空调系统制冷不足。

## 417. 冷冻油在系统内如何分配?

第一次使用空调前，冷冻油在制冷循环回路中的分配情况如下：

1）空调压缩机中约占 50%。

2）冷凝器中约占 10%。

3）蒸发器中约占 20%。

4）储液干燥器中约占 10%。

5）空调高、低压管中约占 10%。

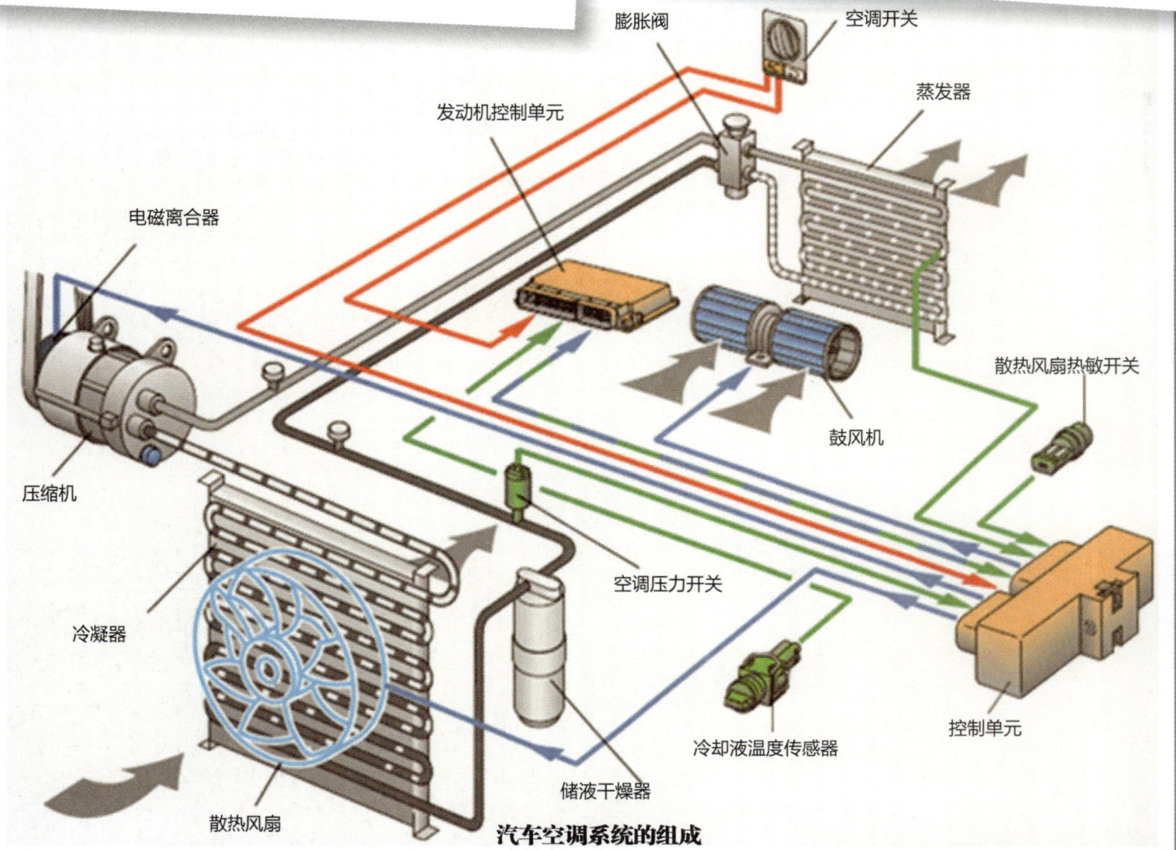


汽车空调系统的组成

## 418. 制冷系统是如何工作的？

1）压缩过程。压缩机将蒸发器低压侧的低温低压（温度约为 0℃、压力约为 0.15MPa）的气态制冷剂压缩成高温高玉（温度约为 110℃、压力约为 1.5MPa）的气态制冷剂，送往冷凝器冷却降温。

2）冷凝过程。送往冷凝器的高温高压气态制冷剂，在温度高于外部温度很多时，向外散热进行热交换，制冷剂被冷凝成中温高压（温度约为 60℃、压力为 1.0 ~ 1.2MPa）的液态制冷剂。

3）膨胀过程。冷凝后的液态制冷剂经过膨胀阀使制冷剂空间体积增大，其温度和压力急剧下降，变为低温低压的气、液态混合的制冷剂，以便进入蒸发器中迅速吸热蒸发。在膨胀过程中同时进行流量控制，以便供给蒸发器所需的制冷剂，从而达到控制温度的目的。

4）蒸发过程。气、液态混合的制冷剂经蒸发器不断吸热汽化转变成低温低压（温度约为 0℃、压力约为 0.15MPa）的气态制冷剂，吸收车内空气的热量。

刘总监提示：制冷循环就是利用有限的制冷剂在封闭的制冷系统中，周而复始地将制冷剂压缩、冷凝、膨胀、蒸发，在蒸发器中吸热汽化，对车内空气进行制冷降温。

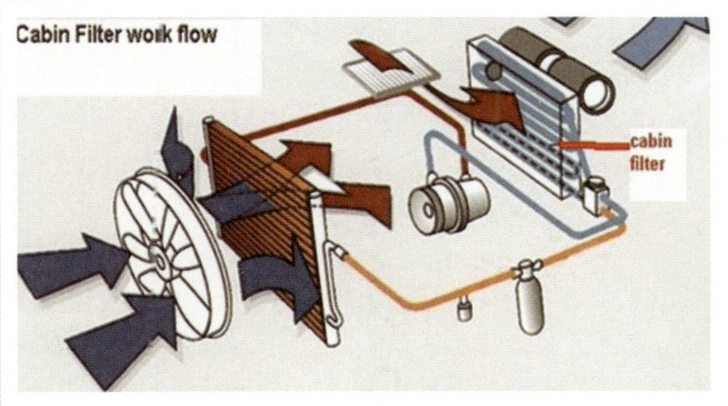


## 419. 什么是自动空调？

自动空调，就是当您设定好车内环境温度后，空调电脑会根据您的设定自动调节风速和风量，使车厢内温度迅速达到并保持在您设定的温度上。自动空调所追求的是乘员的舒适性，而不是简单的要多么多么的凉快，保持乘员的舒适性也意味着能使驾驶人更专注于驾驶车辆而保证车辆行驶的安全。

## 420. 自动空调有哪些传感器？

自动空调由制冷、暖风、送风、操纵控制等分系统组成。自动空调电子控制系统主要由传感器、执行元件和空调电控单元三部分组成。自动空调系统的常用传感器有如下几种：车外温度传感器、日照传感器、蒸发器温度传感器、冷却液温度传感器、空调压力传感器等。

自动空调控制面板

## 421. 什么是三态压力开关？

三态压力开关就是指汽车空调压力开关（传感器）。空调压力开关是空调控制系统的一个控制元件，因为分别在高、低、中管路压力下起作用，因而称为“三态压力开关”。三态压力开关是一个保护开关，包括一个高、低压开关再加一个中压开关。

## 422. 三态压力开关有什么作用？

三态压力开关安装在高压管路上，其作用如下：

1）低压开关。当空调系统有泄漏或制冷剂少时，为了保护压缩机不损坏，而强行切断压缩机的控制电路，使压缩机停止工作。

2）中态开关。当冷凝压力偏高时，强行让冷凝风扇高速旋转，降低高压压力，增加冷却效果。

3）高压开关。为了防止系统压力太大，导致系统爆炸等强行让压缩机停止工作。当空调高压压力异常高时，高压开关打开，切断压缩机的控制电路，使空调系统停止工作。

## 423. 汽车日照传感器有什么作用?

当有阳光照进汽车驾驶室内时，会使车内温度较平常升高。这里，空调系统需要增加制冷量来调节到设定的室内温度。日照传感器又称为“阳光传感器”，安装在汽车前风窗玻璃下面，位于乘客侧除霜器格栅上。它利用光电二极管来探测通过风窗进入的日光量。日照传感器将日光量转换成电流值，然后输入到自动空调控制单元中，用来调整空调吹出的风量与温度。

## 424. 空调压力传感器有什么作用?

空调压力传感器是自动空调控制系统的一个传感器元件，其作用是防止制冷系统在极限制冷剂管路的压力下工作，并帮助控制发动机冷却风扇的转速。

压力传感器安装在发动机舱内空调高压管路上。该传感器向发动机 ECM 或空调控制单元输出压力信号，当检测到空调制冷管路压力过低或过高时，控制系统停止对空调压缩机离合器供电，压缩机停止运转，以免对空调系统造成损坏。当制冷剂压力达到中等压力值时，散热器风扇高速运转，降低空调制冷剂压力。

## 425. 蒸发器温度传感器有什么作用?

蒸发器温度传感器是一个负温度系数传感器，其阻值随着温度的升高而变小，随温度降低而增大。蒸发器温度传感器安装在空调总成中的蒸发器金属翅片上，它的作用是检测蒸发器表面的温度，将检测结果输入给自动空调控制单元。

当蒸发器温度低于 2℃时，空调停止运转，防止蒸发器结霜、结冰。当蒸发器温度高于 5℃时，空调系统才能重新接通。蒸发器是空调电器控制系统的一个保护性传感元件。

气流示意图

## 426. 车外温度传感器有什么作用?

车外温度传感器也叫环境温度传感器，是自动空调控制系统的一个传感元件。

车外温度传感器一般安装在前保险杠安装支架上，也是一个热敏电阻。它的作用是检测车外环境温度的高低，控制系统将根据车外温度与车内温度的差值来决定控制方式。例如，当环境温度低于 5℃时，空调控制系统将断开压缩机离合器电源，使空调制冷系统停止工作。

鼓风机总成

## 427. 自动空调有哪些执行元件?

自动空调的执行元件一般包括伺服电动机、鼓风机及压缩机电磁离合器等。

1）进气伺服电动机。进气伺服电动机控制进气方式，电动机的转子经连杆与进气风门相连。当驾驶人使用进气方式控制键选择“车外新鲜空气导入”或“车内空气循环”模式时，空调 ECU 即控制进气伺服电动机带动连杆顺时针或逆时针旋转，从而带动进气风门闭合或开启，达到改变进气方式的目的。

2）空气混合伺服电动机。当驾驶人进行温度控制时，空调电控单元首先根据设置的温度及各传感器输送的信号计算出所需的出风温度，并控制空气混合伺服电动机连杆顺时针或逆时针转动，改变空气混合风门的开启角度，从而改变冷、暖空气的混合比例，调节风温至与计算值相符。电动机内电位计的作用是向空调 ECU 输送空气混合风门的位置信号。

3）出风模式伺服电动机。出风模式伺服电动机也叫气流方式伺服电动机。当驾驶人操纵面板上的某个出风模式键时，空调电控单元上的相应端子搭铁，而电动机内的驱动电路据此使电动机连杆转动，将送风控制风门转到相应的位置，打开某个送风通道。

4）最冷控制伺服电动机。最冷控制伺服电动机的风门有全开、中开和全闭三个位置。当空调电控单元使某个位置的端子搭铁时，电动机驱动电路使电动机旋转，带动最冷控制风门位于相应的位置上。

## 428. 什么是半自动空调？

半自动空调系统与手动空调系统的差别不大，其主要不同是半自动空调系统采用程序装置、伺服电动机或控制模块等操纵机构。半自动空调可以设定温度值，电脑自动保持恒温，但风速是手动调节的。

## 429. 什么是全自动空调？

全自动空调利用传感器随时检测车内外温度的变化，并把检测到的信号送给空调的电子控制单元。电子控制单元则按预先编制的程序对信号进行处理，并通过执行元件不断地对风机转速、出风温度、送风方式及压缩机工作状况等进行调节，从而使车内温度、空气湿度及流动状况始终保持在驾驶人设定的水平上。

## 430. 什么是后排独立空调？

后排独立空调是指后排座椅可与前排座椅一样，设定不同的温度，调节控制出风量的大小。一些高档轿车，为了照顾到后排乘客，增加了后排独立空调，其出风口位置一般在前座中央扶手后侧、前座椅下面、车顶、B 柱及 C 柱等位置。

后排独立空调控制面板

## 431. 什么是双区域自动空调？

在一些高档车上，为了满足车内不同位置上成员对车内空气温度情况的不同要求，往往将车内空间划分为几个独立的温区，各个独立的温区可以进行不同的温度调节。左右双区域自动空调系统，驾驶人与副驾驶座双区域的温度和风量可独立调节，可以分别控制在自己觉得最舒适的空调温度，各取所需，使舒适性得到很好的改善。

双区域自动空调汽车

双区域自动空调控制面板

## 432. 什么是四区域自动空调？

四区域自动空调是指在车内整体空间内拥有四个温区，可以根据在包括驾驶位、副驾驶位、左后位、右后位四个区域内乘坐人员的需要实现不同温度、风速的空调系统。四区域自动空调系统为后部座舱区域提供了独立的空调，设有左右分开的温度控制按钮。此外，还可通过前排座椅调节后部空调设置，可以为四个座椅位置单独设置温度和风量，并通过空气质量和湿度传感器进行自动空气循环，包括可清除灰尘、花粉和外部异味的活性炭过滤器。

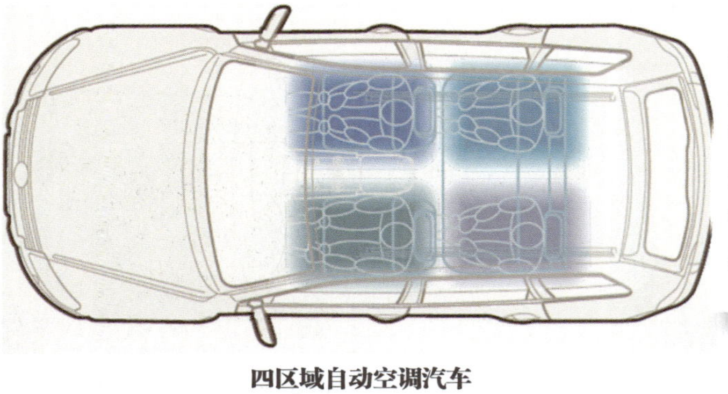

四区域自动空调汽车

## 433. 四区域自动空调有什么优点?

四区域自动空调系统对车内空气的温度、湿度、清洁度、风量和风向等进行调节，给乘客提供一个良好的乘车环境，保证在各种外界气候和条件下都使乘客处于一个舒适的空气环境中。

四区域自动空调控制面板

## 434. 手动空调与自动空调有什么区别?

自动空调与手动空调的机械部分基本是一致的。机械部分的故障诊断和修理方法也基本相同。自动空调和手动空调的区别在于空调的控制系统。自动空调系统在手动空调系统的基础上，采用各种传感器、程序装置、伺服电动机和控制模块等带动执行机构。驾驶人通过操作控制器总成上的键，来选择空调系统的工作模式和鼓风机转速。自动空调系统通过程序装置检测空气温度，调节气流混合门位置来达到并保持驾驶人预先设置的舒适程序。

## 435. 为什么要清洗空调?

汽车空调系统经过一段时间的使用后，在进风口、风道、风扇、蒸发器表面等处会积聚灰尘和污物，导致空调风道（含蒸发箱）内有滋生霉菌。最直观的感受就是空调制冷能力下降，能够闻到明显的异味。车主长期呆在充斥霉菌与异味的车厢内，身体肯定会受到损害，严重的还会导致疾病。

空调清洗包括哪些部位：

1）空调进气管路 / 空调滤芯。

2）出风口。

3）风机扇叶。

4）蒸发器。

## 436. 空调系统常见的泄漏部位有哪几处?

空调系统工作条件比较恶劣，其制冷系统一直随汽车工作在振动的工况之下，极易造成部件、管道损坏和接头松动，使制冷剂发生泄漏。

## 437. 制冷系统检漏方法有几种?

制冷系统常用的检漏方法有 7 种：目视检漏法、肥皂液检漏法、荧光检漏法、电子检漏仪检漏法、压力检漏、真空检漏和外观检漏。

## 438. 如何进行目视检漏?

当制冷循环管路发生制冷剂泄漏时，通常冷冻油与制冷剂一起泄漏。泄漏处通常发生在油和污垢包围的软管接头和元器件上。用目视法检查泄漏时，应重点对这些容易泄漏的地方进行仔细检查，确定有泄漏迹象的地方是否需要维修或更换。

## 439. 如何进行肥皂液检漏?

将肥皂液涂抹于空调系统的管路和接头，在泄漏处会产生气泡。如果泄漏轻微，在泄漏的地方就会产生一个大气泡；如果泄漏严重，就会产生很多气体，很容易发现和鉴别。但是，肥皂液并不是万能的，有些不易涂抹或面积太大不能涂抹的地方，如压缩机前端盖、冷凝器等处就不方便检查，有些微小的泄漏也很难查出。因此，肥皂液只能用于大致检查，在检漏过程中还要和其他检漏设备一起使用。

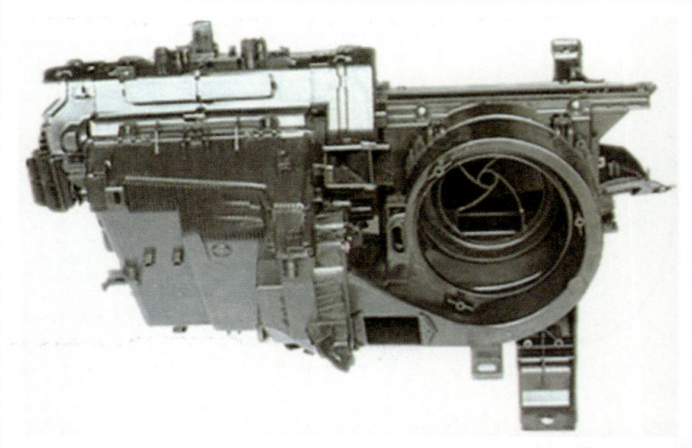

## 440. 如何进行荧光检漏？

1）检查空调系统静态压力，其压力必须至少为345kPa。

2）将一瓶制冷剂燃料倒进注入工具中，并将注入工具连接到低压侧维修接头上。

3）起动发动机，开启空调。在压缩机运转时，通过低压检修阀，使用染料喷射工具喷射一瓶荧光染料。

4）发动机依然运转，并从维修接头处断开注入工具。

5）空调系统至少工作20min，使染料与系统油液充分混合。染料会渗入泄漏部位并使人能清楚看到泄漏部位的大小、工作情况和泄漏的位置。这个过程可能需要几分钟至几天。

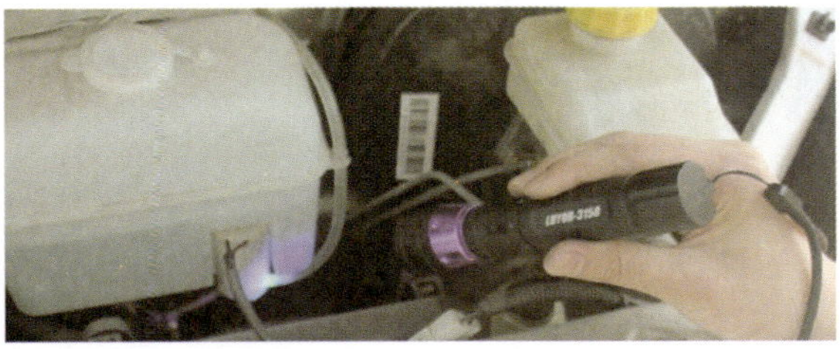

## 441. 如何使用电子检漏仪？

开启电子检漏仪时，可以听到轻微的“嘀嘀”声，当电子检漏仪的控头检测到泄漏时，“嘀嘀”声的频率会加快。使用过程中，探头的头部靠近元器件或接头约5mm处，不要让探头的头部直接接触元器件或接头，否则可能产生读数错误，损坏探头。

## 442. 使用电子检漏仪时应注意哪些问题？

1）仅可使用专用于检测空调系统制冷剂的检漏仪。

2）经常清洗检测部位的污物，防止阻塞探头的顶部。

3）通过充注口底座制冷剂泄漏试验，定期检查检漏仪的敏感性。

4）绝不允许探头的顶部直接接触待检测的元器件或接头。

5）经常检查下部的元器件或接头，因为制冷剂比空气重。

6）应在无风的情况下检查制冷剂是否泄漏。

7）应在发动机未起动时检查制冷剂是否泄漏。

电子检漏仪

## 443. 如何进行电子检漏？

1）将空调压力表连接到空调系统维修接头上。

2）检查在16℃以上时制冷剂的压力是否不低于345kPa。如果低于规定值，则回收系统中的制冷剂，并抽空系统，然后重新注入规定数量的制冷剂。

3）进行高压侧到低压侧的泄漏检测。仔细检查以下区域，清洁要被检查的部件，并在检查过程中用检漏仪探头绕接头、元器件的整个圆周移动。

4）如果检漏仪检测到泄漏，则用压缩空气冲刷怀疑泄漏的部位至少1次，然后再重复上述检查。

5）当检查到一处泄漏后，继续在整个系统元件范围内查找其他的泄漏。如果未检测到泄漏，就进行以下步骤。

6）打开空调A/C开关，选择通风模式、进气门杆处于再循环位置、强冷温度、风扇高转速。

7）让发动机以1500r/min的转速至少运转2min。

8）使发动机停转，并再次进行上面步骤的泄漏检查。

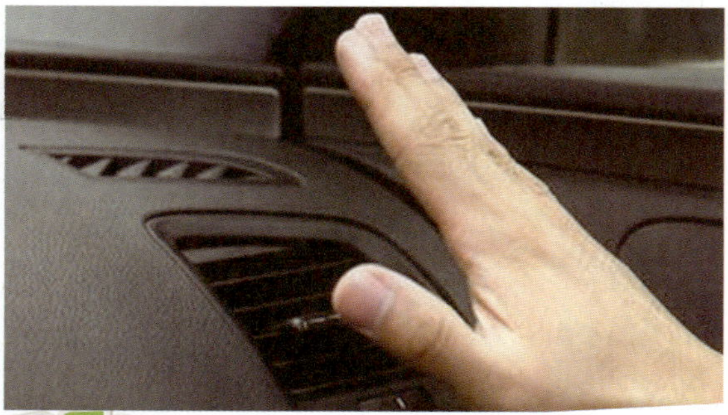

## 444. 如何通过观察孔检查制冷剂?

（1）检查条件

1）发动机转速为 1500r/min。

2）鼓风机速度控制开关处于最大风速档位。

3）空调开关为“开”。

4）温度选择器为“最凉”。

5）完全打开所有车门。

（2）检查制冷剂的数量

1）制冷剂量正常：几乎没有气泡，说明制冷剂量正常。

2）制冷剂不足:有连续的气泡,说明制冷剂量不足。

3）无制冷剂或制冷剂过量：看不到气泡，说明制冷剂储藏罐是空的或制冷剂过量。

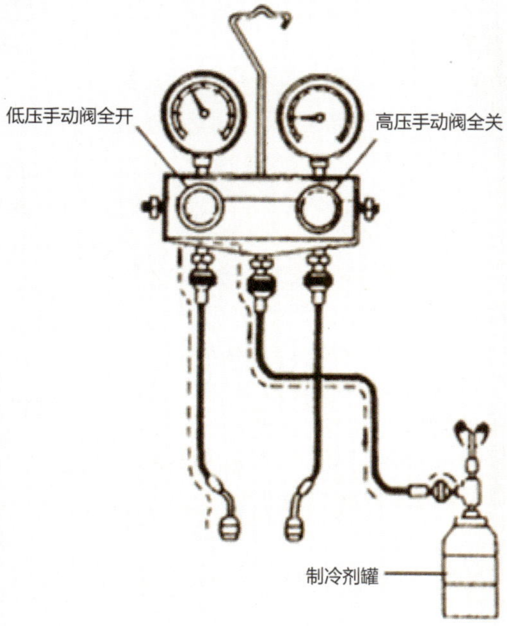


补充制冷剂

## 445. 什么情况下需要添加制冷剂?

制冷剂的加注工作分为两种：一种是制冷系统内部的制冷剂不足，需要补充;另一种是制冷剂完全泄漏，需要重新加注。重新加注前应先对空调系统进行抽真空作业。

## 446. 如何补充制冷剂?

1）打开汽车空调，使其运转几分钟。

2）从视液窗检查制冷剂的流动情况。若气泡连续出现，则表明系统内缺少制冷剂。若气泡间断出现，则需要再运转一会儿，继续观察气泡是否消失。若仍然有气泡，就表明该系统缺少制冷剂。

3）将空调压力表、制冷剂罐和系统连接起来。打开注入阀，打开压力表上的中间软管接头或按下压力表中间软管接头阀门，将管路中的空气排出，然后拧紧接头。

4）起动发动机并使空调压缩机运转。此时，应关闭高压手动阀，将制冷剂罐直立，然后再打开低压手动阀，让气态制冷剂从低压侧吸入压缩机，待达到规定量时，关闭低压手动阀和注入阀。

5）从空调系统上拆下空调压力表和制冷剂罐。

## 447. 为什么要抽真空?

抽真空是为了排除制冷系统内的空气和水气，是空调维修中一项极为重要的程序。因为对制冷系统进行维修或更换元件时，空气会进入系统，且空气中含有一定的水蒸气。

## 448. 抽真空能把水分抽出吗?

抽真空并不能直接把水分抽出制冷系统，而是产生真空后降低了水的沸点，水汽化成水蒸气后被抽出制冷系统。因此，系统抽真空时，时间越长，系统内残余的水分就越少。为最大限度地将系统内的空气及湿气抽出，必须采用重复抽真空法，即第一次抽真空完毕后，再连续抽 30min 以上。

## 449. 如何进行抽真空？

1）将空调压力表上的两根高、低压软管分别连接在空调制冷系统管路上的高、低压接口，中间软管与真空泵相连。

2）打开空调压力表上的高、低压手动阀，启动真空泵，并注视两个压力表，将系统抽真空至 100kPa。

3）关闭空调压力表上的高、低压手动阀，观察压力表指示压力是否回升。若回升，则表示系统泄漏，此时应进行检漏或修补。若压力表保持不动，则打开高、低压手动阀，启动真空泵继续抽真空 15 ~ 30min，使其真空压力表指针稳定。

4）关闭空调压力表上的高、低压手动阀，然后关闭真空泵，以防止空气进入制冷系统。

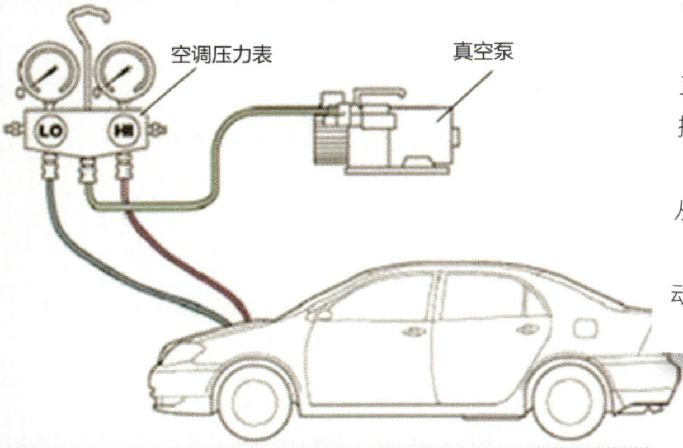


抽真空

## 450. 什么情况下加注制冷剂？

当制冷系统抽真空达到要求，且经检漏确定制冷系统不存在泄漏部位后，即可向制冷系统加注制冷剂。加注前，先确定加注制冷剂的数量。加注量过多或过少，都会影响空调制冷效果。压缩机的铭牌上一般都标有所用制冷剂的种类及其加注量。

## 451. 加注制冷剂有哪几种方法？

加注制冷剂的方法有两种：一种是从高压侧加注，加注的是制冷剂液体。其特点是安全，快速，适用于制冷系统的第一次加注。高压侧加注时必须注意：加注时发动机应熄火，且制冷剂罐应倒立。另一种是从低压侧加注，加注的是气态制冷剂，其特点是加注速度慢，在制冷系统补充制冷剂的情况下使用。

## 452. 如何从高压侧加注制冷剂？

1）当系统抽真空后，关闭空调压力表上的高、低压手动阀。将中间软管的一端与制冷剂罐注入阀的接头连接。

2）打开制冷剂罐，再拧松表座上的中间软管接头，直到听见有制冷剂蒸汽流动声，然后拧紧接头，从而排出中间软管中的空气。

3）将制冷剂罐倒立，打开高压手动阀至全开位置，从高压侧注入规定量的液态制冷剂。

4）关闭制冷剂罐注入阀及空调压力表上的高压手动阀，然后将表卸下。

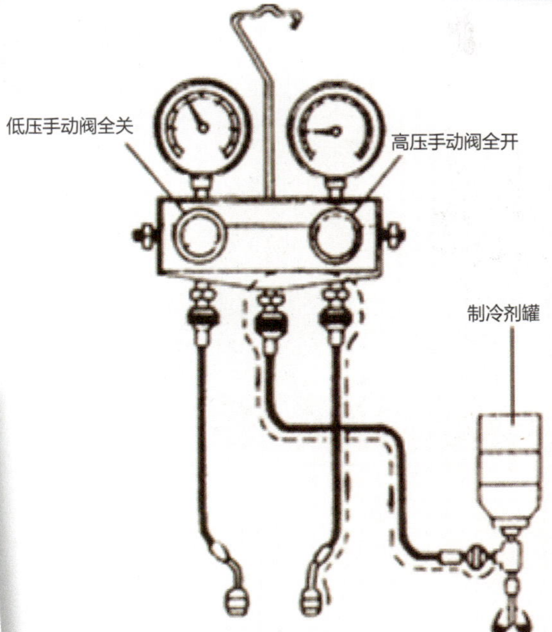


加注制冷剂

## 453. 为什么高压加注时发动机要熄火？

从高压侧向空调系统加注制冷剂时，发动机应处于熄火状态，即空调压缩机停转，且不要拧开空调压力表上的低压手动阀，以防产生液压冲击。

## 455. 怎样使空调系统快速除雾？

1）打开空调制冷装置。

2）将空调系统置于外部进气状态并将鼓风机风速开到最大档位。

3）将空气流向分配器置于除雾位置。

4）将温度调节开关置于最低温度点。

这样，驾驶室内的水分将会在空调制冷系统的作用下凝结在蒸发器壁上，从而除去车内空气多余的水分，冷凝水可从专门为其预开的孔中排出。因此，在停着的汽车下面可能会留下一滩水。

## 454. 如何从低压侧加注制冷剂？

通过歧管压力计上的低压手动阀，可向制冷系统的低压侧加注气态制冷剂。

如图所示，将歧管压力计与压缩机和制冷剂罐连接好。

1）打开制冷剂罐，再拧松表座上的中间软管接头，直到听见有制冷剂蒸气流动声，然后拧紧接头，从而排出中间软管中的空气。

2）将制冷剂罐直立，打开低压手动阀至全开位置，从低压侧注入制冷剂。当系统的压力值达到 0.4MPa 时，关闭低压手动阀。

3）起动发动机，将空调 A/C 开关接通，并将鼓风机开关和温控开关都调至最大。再打开空调压力表上的低压手动阀，让制冷剂继续进入制冷系统，直至加注量达到规定值。

4）在向系统中加注规定量的制冷剂之后，从检视窗处观察，确认系统内无气泡、无过量制冷剂。随后将发动机转速升至 2000r/min，将鼓风机开到最高档，若气温为 30 ~ 35℃，则系统内低压侧压力应为 0.147 ~ 0.192MPa，高压侧压力应为 1.37 ~ 1.67MPa。

5）加注完毕后，关闭空调压力表上的低压手动阀，关闭装在制冷剂罐上的注入阀，使发动机停转，将空调压力表卸下。卸下时动作要迅速，以免过多的制冷剂泄出。

## 456. 如何诊断与排除膨胀阀开度过大或感温包安装不当故障？

（1）故障现象

1）空调系统内压力过高（高压压力为 1862 ~ 1960kPa，低压压力约为 245kPa）。

2）压缩机低压回气管路挂霜或结有大量露滴。

3）冷气出风口温度偏高，系统制冷量不足。

（2）故障原因

1）膨胀阀开度过大，制冷剂进入蒸发器内过多，来不及蒸发就吸入压缩机。

2）感温包安装位置不当，使低压管路制冷剂过多。

（3）故障诊断与排除

1）先顺时针试调膨胀阀调节螺钉，关小一两圈，观察出风口温度，若有渐冷变化，则为原开度过大，可适当调小膨胀阀开度，控制适当的蒸发压力。

2）若调整开度无效，应检查感温包。

3）检查感温包位置。正确位置应在蒸发器出口端低压管上。检查感温包，若与管子脱离或固定密封不好，则应重新包扎严密并固定良好。

汽车空调系统

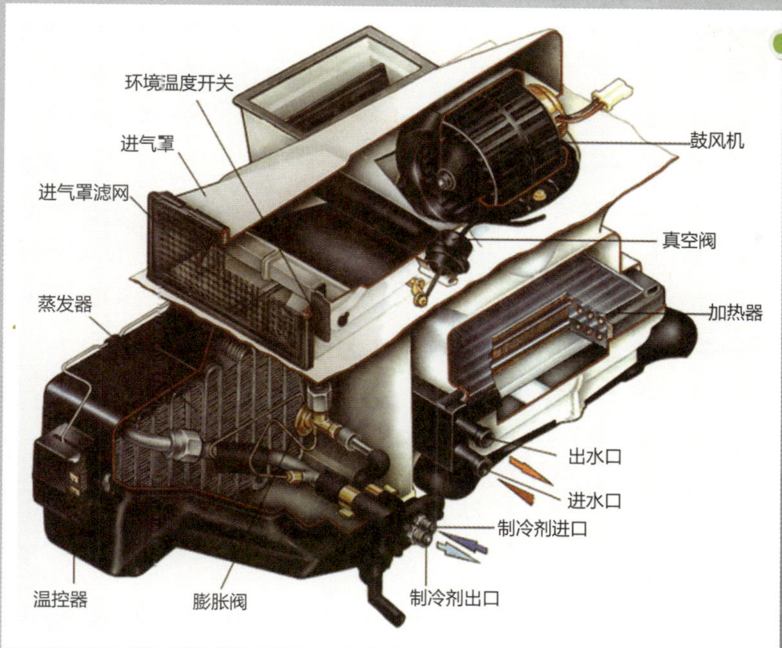


汽车空调系统组成

## 457. 如何诊断与排除膨胀阀的脏堵或坏堵故障？

（1）故障现象

1）微堵时，在进口小滤网部位发生结霜现象，同时又听到断断续续不均匀的气流声。

2）全堵时，手摸膨胀阀进、出口无温差。

3）车内冷气出风口温度偏高或不冷，高压侧压力偏高，低压侧呈负值。

（2）故障原因

1）由于维修操作不当，系统内混入污物。

2）部件中橡胶类制品、密封圈受制冷剂腐蚀后产生杂质堵塞了管道。

3）膨胀阀感温包损坏。

（3）故障诊断与排除

1）用小扳手轻轻敲击进口小滤网部位，此时若听到气流声有变化，同时膨胀阀以节流孔为界处所结的白霜逐渐融化，则可能是膨胀阀进口小滤网堵塞。可将小滤网拆出，用工业汽油或四氯化碳清洗干净，干燥后再装入膨胀阀。

2）若是膨胀阀孔清洁后仍不通，则为感温剂泄漏引起的坏堵，应更换膨胀阀。

## 458. 如何诊断与排除膨胀阀的冰堵故障？

（1）故障现象

1）当膨胀阀发生冰堵时，膨胀阀和蒸发器上的白霜全部融化，制冷量大幅度下降，直至不能制冷。

2）此时空调冷气系统低压一侧的压力很低，可达到 80 ~ 93kPa 的真空度。

3）对于装有低压保护开关、压缩机由电磁离合器控制运转的非独立式空调系统，当发生冰堵时，在低压保护开关的作用下，电磁离合器分离，出现压缩机间歇停、开现象，系统断续制冷。

4）对于独立式空调系统，冰堵故障一旦发生，系统低压保护开关动作，切断专用空调冷气发动机的油路，发动机停机，整个系统也随之停止运转。

（2）故障原因。制冷剂中含有水分，当液态制冷剂流经膨胀阀的节流小孔时，温度骤然下降，其中的水分就在节流小孔或针阀孔周围凝结成很多的小冰粒。当较多的冰粒凝结在节流部位时，就堵塞了节流通道，发生了膨胀阀冰堵故障。

（3）故障诊断与排除

1）把制冷剂全部排出，并将系统解体，用工业汽油或四氯化碳清洗，吹干或烘干各总成，不能残留水分及杂质。

2）严格按操作规程装复，同时换上新的干燥剂或储液干燥器，或将原来失去效能的干燥剂加热再生处理后重复使用。

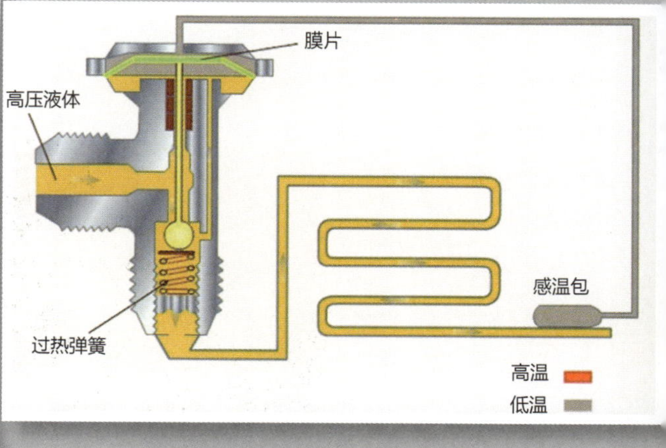


膨胀阀工作原理图

# 第九章 安全气囊

## 459. 安全气囊有哪些类型?

（1）按气囊数量分

1）只装在驾驶人侧的单气囊系统；

2）驾驶人侧、前排乘客侧各有一个安全气囊的双气囊系统；

3）多气囊系统（前排安全气囊、后排安全气囊、侧面安全气囊）。

（2）按气囊大小分

1）保护全身的安全气囊；

2）保护整个上身的大型气囊；

3）保护面部的小型护面气囊。

（3）按保护对象分

1）驾驶人防撞安全气囊；

2）前排乘客防撞安全气囊；

3）后排乘客防撞安全气囊；

4）侧面防撞安全气囊。

安全气囊位置示意图

## 460. 安全气囊由哪些部件组成?

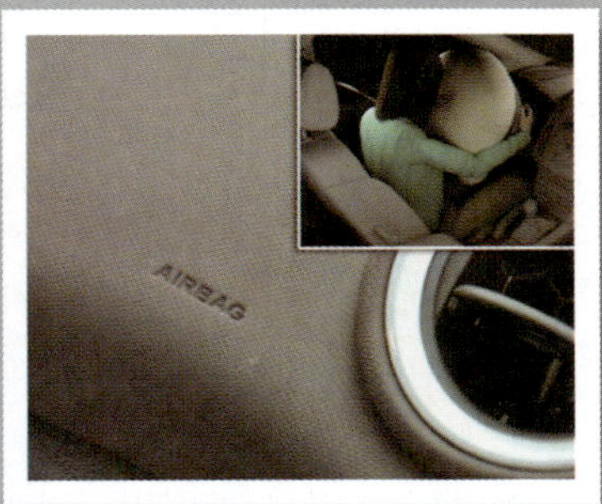

安全气囊标志

安全气囊一般安装在车内正副驾驶位、车内前排和后排座椅侧面以及车顶三个方向。在装有安全气囊系统的部位都印有 Supplemental Restraint System（简称 SRS，直译成中文为“辅助约束系统”）。安全气囊用来减轻汽车碰撞后，乘员因惯性发生二次碰撞时的伤害程度。

常用的汽车安全气囊系统由碰撞传感器、控制模块（ECU）、气体发生器、点火器、气囊以及装饰盖板等组成。

## 461. 安全气囊有什么作用?

安全气囊的作用是当车辆发生碰撞事故时减轻乘员的伤害程度，避免乘员发生二次碰撞或车辆发生翻滚等危险情况下被抛离座位。如果发生碰撞，充气系统可在不到 0.1s 的时间内迅速充气，气囊在膨胀时将冲出方向盘，从而使车内人员免受正向碰撞所产生作用力的冲击，大约在 1s 后，气囊就会收缩（气囊上有许多小孔），因此，不会妨碍车内人员的行动。

安全气囊由三部分组成：首先是气囊自身，它由薄薄的尼龙纤维制成，折叠在方向盘内；然后是告知气囊充气的传感器，传感器可检测到相当于以 16 ~ 24km/h 的速度撞击墙壁的冲撞力；最后是充气系统，安全气囊实际上用与固体火箭助推器类似的系统进行充气，叠氮化钠和硝酸钾迅速发生反应，生成大量的热氮气，此气体将为气囊充气，气囊在膨胀时冲出方向盘。

碰撞传感器安装位置图

## 462. 碰撞是怎么被检测到的?

安装在车头附近的碰撞传感器是重要的信号来源，气囊电脑对碰撞传感器传来的数据进行分析，以判断是否触发气囊的点火装置。

碰撞传感器也可称为安全气囊传感器，按照用途的不同，碰撞传感器分为触发碰撞传感器和防护碰撞传感器。触发碰撞传感器也称为碰撞强度传感器，用于检测碰撞时的加速度变化，并将碰撞信号传给气囊电脑，作为气囊电脑的触发信号；防护碰撞传感器也称为安全碰撞传感器，它与触发碰撞传感器串联，用于防止气囊误爆。

安全气囊工作

## 463. 安全气囊是如何工作的?

汽车行驶过程中，传感器系统不断向控制装置发送速度变化（或加速度）信息，由控制装置（中央控制器）对这些信息加以分析判断。如果所测的加速度、速度变化量或其他指标超过预定值（即真正发生了碰撞），则控制装置向气体发生器发出点火指令或传感器直接控制点火。点火后发生爆炸反应，产生氮气或将储气罐中压缩氮气释放出来充满气囊。乘员与气囊接触时，通过气囊上小孔的阻尼吸收碰撞能量，达到保护乘员的目的。

新型安全气囊加入了可分级充气或释放压力的装置，以防止一次突然点爆产生的巨大压力对人头部产生伤害，特别在乘客未佩戴安全带的时候，可导致生命危险，具体形式有：

1）分级点爆装置，即气体发生器分两级点爆：第一级产生约 40%的气体容积，远低于最大压力，对人头部移动产生缓冲作用；第二级点爆产生剩余气体，并且达到最大压力。总的来说，两级点爆的最大压力小于单级点爆。

2）分级释放压力方式，囊袋上开有泄压孔或可调节压力的孔，分为完全凭借气体压力顶开的方式或电脑控制的方式。这种方式一开始压力达到设定极限，然后瞬时释放压力，以避免过大伤害。

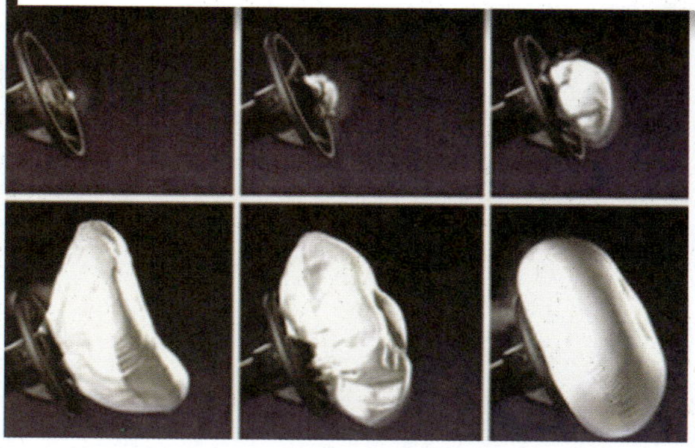
安全气囊启爆过程图

## 464. 安全气囊在什么情况下弹开？

安全气囊弹开需要合适的速度和碰撞角度。从理论上讲，只有车辆的正前方左右大约 60° 之间位置撞击在固定的物体上、速度高于 30km/h 时，安全气囊才可能弹开。这里所说的速度不是我们通常意义上所理解的车速，而是在试验室中车辆相对刚性固定障碍物碰撞的速度，实际碰撞中汽车的速度要等效于这个试验速度，气囊才能打开。

汽车发生碰撞时的主要受力部位是乘员舱骨架和车身纵梁，为了缓冲碰撞时的冲击力，车身前部大都设计有碰撞缓冲区，而且车身的刚度分布也是不均匀的。在一些事故中，例如，当轿车与没有后部防护装置的载货车发生钻入性追尾事故，或轿车碰撞护栏后发生翻车事故，或发生车身侧面碰撞等，这样的事故往往没有车身前部的直接撞击，主要是车身上部和侧面发生碰撞，碰撞车身部位的刚度很小，虽然车舱发生了很大的变形，造成了车内乘员受伤或死亡，但是由于碰撞的部位不对，有时候气囊并不能打开。这就是在碰撞试验中使用正常的气囊为什么在实际情况下有可能出现“哑火”的原因了。

## 465. 如何正确使用安全气囊？

1）安全气囊必须与安全带一起使用，如果不系好安全带，即使有安全气囊，在碰撞时也可能造成严重伤害甚至死亡。

2）乘车时与气囊保持合适的距离。

3）注意不要在气囊的前方、上方或近处放置物品，因为在紧急时刻这些物品也可能妨碍气囊充气或被抛射出去，造成更大的危险。

4）要保证安全气囊真正起到安全的作用，驾乘人员一定要养成良好的驾乘习惯，保证胸部与方向盘保持一定的距离。

5）避免高温。安全气囊装置的部件应妥善保管，不要让它在 85℃以上的高温环境下长期放置。

6）不要擅自改变安全气囊系统及周边布置，不能擅自改动系统的线路和组件，不要随意更改保险杠和车辆前部结构。

7）安全气囊为一次性产品，每个气囊只能使用一次，引爆后须更换新气囊。

汽车碰撞试验

## 466. 如何辨别气囊的真伪?

简单地讲，气囊真伪辨别可用“望、闻、问、比、拉、测”六字真言来概括。

1）望，即观察。检验气囊真伪时，首先要仔细观察气囊组件（充气袋）的新旧程度，是否有油污、灰尘，气囊本身是否有破损。一般气囊弹出后都是崭新的，如果存在上述情况则很有可能是伪造的。另外，还要观察气囊固定螺栓是否有新的拧痕等拆卸痕迹。

2）闻，即闻气味。气囊弹出过程中，无论是引爆物质的爆炸，还是氮气产生物质的化学反应，都会产生刺激性气味，该气味类似于火药气味。对于刚刚弹出的气囊，查勘时可以通过嗅觉检查一下是否有这种气味，来辨别真伪。

3）问，即询问当事人。针对事故发生一瞬间的车内情况，对驾驶人和其他车上人员进行询问，检验是否符合气囊的弹出规律。

4）比，即比较。由于汽车前部气囊安装在方向盘和工作台上，骗赔者往往通过安装旧的工作台和气囊盖板来做假。查勘时通过比较副气囊盖板与工作台的新旧程度、比较主气囊盖板以及工作台与车内其他内饰的新旧程度来发现疑点。

5）拉，即拉安全带。大多数情况下，汽车气囊弹出会伴随着安全带锁死。通过拉拽安全带，检查是否锁死。如果气囊弹出安全带没有锁死，则很有可能是伪造的。

6）测，即检测。利用专业设备对气囊电脑进行检测，确定是否有碰撞数据信息以及碰撞产生的时间，来判断气囊的真伪。通过数据检测辨别安全气囊真伪的说服力强，也可成为诉讼阶段的有力证据。

## 467. 什么是行人安全气囊系统?

行人安全气囊系统是以气囊为碰撞缓冲装置，进一步避免人体撞击汽车的前风窗玻璃及发动机舱盖，以免在猛烈地碰撞下使行人与车内乘客受到更大的伤害。因此，在发动机舱盖和前风窗玻璃附近设置了安全气囊，两者配合使用可减少最常见的行人伤亡事故。发动机舱盖气囊在保险杠上方紧靠保险杠处开始展开；前风窗玻璃气囊的作用则是提供两次碰撞保护，防止行人被甩到发动机舱盖后部被前窗底部碰伤。但目前只有在国外一些高档车上才能看到这样的配置，国内还没有装备这种安全系统的车型。

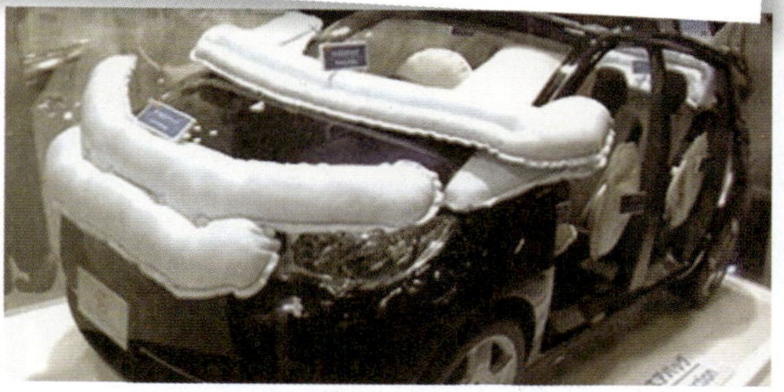

行人安全气囊系统

## 468. 智能安全气囊使用哪些传感器?

智能安全气囊就是在普通安全气囊的基础上增加了传感器，以探测出座椅上的乘员是儿童还是成年人，他们系好的安全带以及所处的位置是怎样的高度。通过采集这些数据，由气囊电脑分析和处理控制安全气囊的膨胀，使其发挥最佳作用，避免安全气囊出现无必要的膨胀，从而极大地提高其安全作用。智能安全气囊比普通安全气囊主要多了两个核心元件，即传感器及其与之配套的计算机软件。

目前，使用的传感器主要有：重量传感器，根据座椅上的重量感知是否有人，是大人还是小孩；电子区域传感器，能在驾驶室中产生一个低能量的电子区域，通过测量通过该区域的电流测定乘员的存在和位置；红外线传感器，根据热量探测人的存在，以区别于无生命的东西；光学传感器，如同一台照相机注视着座椅，并与存储的空座椅图像进行比较，以判别人体的存在和位置；超声波传感器，通过发射超声波，分析遇到物体后的反射波探明乘员的存在和位置。

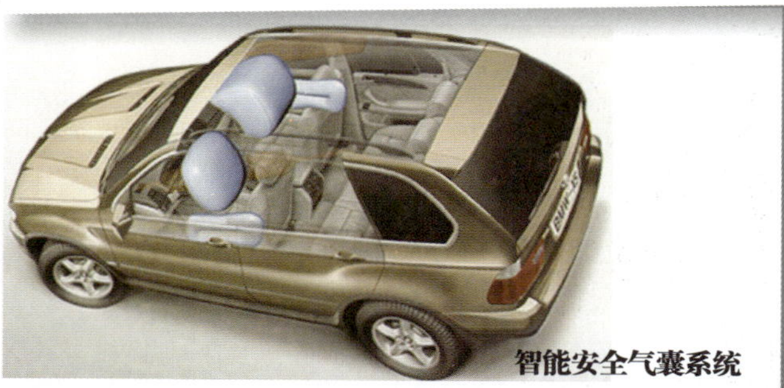

智能安全气囊系统

## 469. 侧气帘有什么作用？

侧气帘也叫头部气囊，在碰撞时弹出遮盖车窗，以达到保护乘客的效果。侧气帘是安全气囊系统的一部分，作为车身被动安全的辅助配置，日渐受到人们的重视。当汽车碰撞后，乘员与车内构件尚未发生“二次碰撞”前迅速在两者之间打开一个充满气体的气垫，使乘员因惯性而移动时“扑在气垫上”，从而缓和乘员受到的冲击并吸收碰撞能量，减轻乘员的伤害程度。

一般情况下，大多数的侧气帘都是前后贯通式，只有少数品牌仅有前排侧气帘。

安全气囊与侧气帘

## 470. 安全带有什么作用？

安全带是在汽车发生碰撞过程中保护驾乘人员的基本防护装置，它是所有车辆被动安全系统中最基本的一个。上车坐好后，把安全带拉过来，然后“咔嗒”一声系好。很容易，是吗？对，是很容易，可是人们依然会忘记这么做，或者说他们不喜欢这种被“束缚”的感觉。现在大部分的新车都会发出各种声音或光信号，提醒人们系好安全带，这样所谓的“遗忘”也就走到终点了。

安全带技术包括预紧器、力道限制器以及三点式或四点式安全带的组合等。在撞击的时候，预紧器可以把安全带拉紧，防止由于松懈而带来驾乘人员身体的前移。撞击结束后，力道限制器可以使安全带略微松弛以减轻对驾乘人员的压力。

系好安全带

## 471. 为什么称安全带为被动安全装置？

所有汽车上的安全带都称为被动安全装置，这是由于安全气囊、安全带都是在撞车后才起保护驾乘人员的作用，不能主动起保护作用，所以属于被动的安全装置。

## 472. 安全带有几种锁定状态？

安全带有四种不同的锁定状态：过度卷收锁定、车辆触发锁定、安全带触发锁定和自动锁定。

## 473. 什么是过度卷收锁定？

车辆安全带可能出现的一种意外锁定状态称为过度卷收锁定。如果安全带能迅速回到卷收位置，卷收器会锁定在完全卷收位置。过度卷收锁定可能在乘客手动卷收安全带或在安全带锁门没有负载、摩擦力和安全带卷收速度放慢的情况下发生。当安全带卷收速度高于正常值时，会突然停在安全带行程末端陷入锁定状况，这时安全带已完全卷紧在轴上，卷收器无法自行卷收或释放锁定装置，用户无法佩带安全带。此时可按下列方法释放锁定装置：用力拉动锁定的安全带然后释放，因为用力拉安全带能从卷收器中拉出少量安全带，当释放时能少量卷收，这样安全带就可以恢复正常状态。

## 474. 车辆触发锁定的条件是什么？

车辆触发锁定产生的条件有：

1）车辆快速加速、减速或急转弯时。

2）在静态条件下，当车辆停在一个大的斜面上时（前后或左右）。

3）在崎岖的道路上，卷收装置达到锁定条件时。

4）如果安全带上有持续张紧力，安全带锁门就继续被锁定，当张紧力释放时，安全带会慢慢回收同时锁门脱离，安全带恢复正常工作。

爆燃式安全带

## 475. 什么情况下发生安全带触发锁定？

安全带触发锁定是发生在抽拉安全带时产生的正常响应。当安全带快速抽出时，它进入锁定模式并且在张紧力释放之前保持这种状态，要观察这种情况，可以快速抽拉安全带。用户在使用过程中把安全带拉得太快的情况下会遇到此类情况。

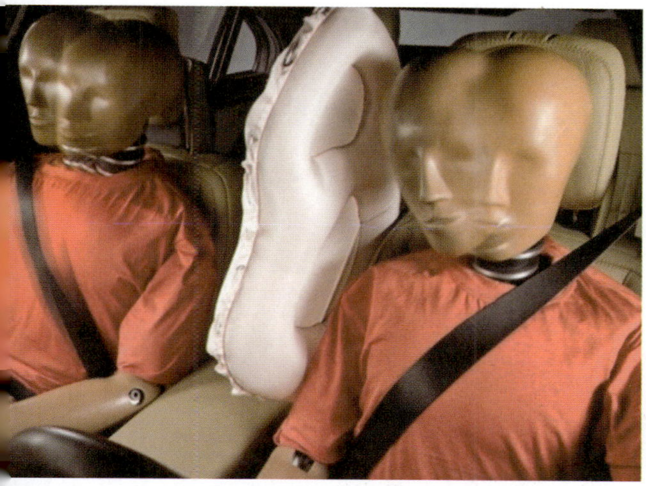

安全带

## 476. 什么情况下发生安全带自动锁定？

当一直往外拉安全带，卷收器会转换成自动锁定模式，这种情况常在固定儿童座椅至车辆的情况下发生。如果用户佩戴安全带时一直把安全带拉至行程末端，会无意中激活自动锁定模式，当安全带松开后再卷收（安全带恢复正常的功能），自动锁定运行模式会自动取消。

## 477. 爆燃式安全带是如何工作的？

爆燃式安全带在系好后与身体仍有一定空间，保证驾乘人员的舒适与灵活。当汽车发生碰撞事故的一瞬间，驾乘人员尚未向前移动时它会首先拉紧织带，立即将驾乘人员紧紧地绑在座椅上，然后锁紧织带，防止驾乘人员身体前倾，有效保护驾乘人员的安全。其作用过程是由气体引发剂、气体发生剂、导管、活塞、绳索和驱动轮共同作用。当汽车受到碰撞时预拉紧装置受到激发后，密封导管内底部的气体引发剂立即自燃，引爆同一密封导管内的气体发生剂，气体发生剂立即产生大量气体膨胀，迫使活塞向上移动拉动绳索，绳索带动驱动轮使卷收器卷筒转动，织带被卷在卷筒上，使织带被回拉。最后，卷收器会紧急锁止织带，固定驾乘人员身体，防止驾乘人员身体前倾，以避免其与方向盘、仪表板和风窗玻璃相碰撞。

## 478. 膨胀式安全带有什么优势？

在汽车被动安全技术中，应用最普遍的就是安全带。通常车辆发生撞击意外时，安全带将会产生束紧动作，将驾乘人员紧紧地固定于座椅当中。不过由于碰撞力道惊人，也往往发生将乘员勒伤的情形。为避免此类情况发生，且将驾乘人员的伤害在碰撞意外时降到最低，福特研发部门决定将安全带与安全气囊结合。在原先设计好的安全带中，预留一个空气袋，并以类似安全气囊的感知装置，在安全带产生束紧动作时使气囊充气，产生弹性的空间，让安全带束紧时对乘员的伤害不再如此剧烈。

## 479. 怎样安装螺旋电缆?

安装驾驶人侧安全气囊螺旋电缆，关键步骤是对齐螺旋电缆的中间位置。具体安装方法如下：

1）首先将螺旋电缆用螺栓固定在组合开关安装支架上。

2）如果拆卸时将螺旋电缆用胶带固定在原来的位置，则在安装螺旋电缆时可以忽略中间位置对齐步骤，直接安装转向柱上护罩和下护罩，然后安装转向盘。

3）中间位置的对齐方法是：轻轻顺时针（或逆时针）转动螺旋电缆直至停止，然后逆时针（或顺时针）转动 2 ~ 2.5 圈，直至中间标记对齐调整标记。

4）连上螺旋电缆的插接器。

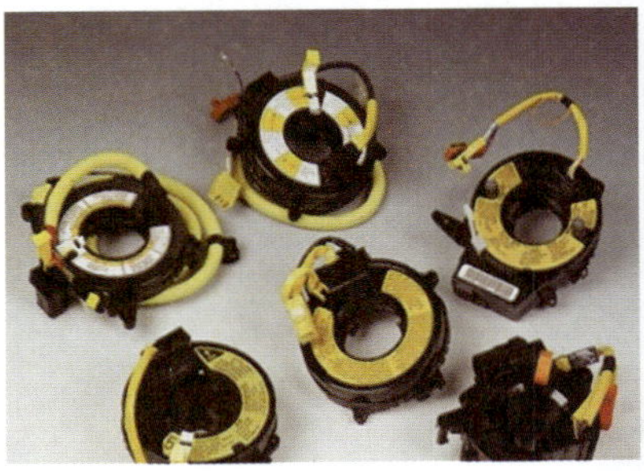

螺旋电缆

## 480. 检修安全气囊应注意哪些问题?

在检修安全气囊过程中，如果不按正确的操作顺序进行，就有可能导致气囊意外展开，造成严重事故。因此，检修安全气囊时应注意以下问题：

1）在拆卸或搬运、放置安全气囊时，其装饰盖一面应朝上。

2）诊断检修安全气囊之前，应读取故障自诊断码，然后关闭点火开关并将蓄电池负极电缆端子拆下 90s 以上时，才可以开始检修工作。

3）在检修过程中，若有可能对车前碰撞传感器产生冲击，则应在检修之前拆下碰撞传感器，以防气囊误张开。安装碰撞传感器时，其上的箭头应指向车辆前方。

4）安全气囊系统的所有零部件均为一次性使用部件，不可重复使用，也不可以使用其他车上的安全气囊部件。如需更换零部件，则应使用与原车配套的新件。

5）绝对不能检测安全气囊点火器或安全带收紧器点火器的电阻，否则有可能导致气囊引爆或收紧器动作。检测其他部件电阻和检测安全气囊系统故障时，必须使用数字式万用表。

6）在安全气囊系统各个总成或零部件的表面上都有说明标牌，使用或检修时必须严格按照这些注意事项进行操作。在系统的维修工作完成后，应检查 SRS 指示灯，看系统工作是否正常。

7）转向盘必须正确地装入转向柱内，否则会引起螺旋电缆接触不良。同时，螺旋电缆应处于中间位置，否则极易在转动转向盘时损坏螺旋电缆。

8）插上连接器时，务必将各种锁止机构可靠锁住，以防止连接器松脱或者出现一些失灵代码。

9）安全气囊系统线束及线束插接器均为黄色，以便于区别。当发生交通事故而使安全气囊系统线束脱开或插接器破裂时，都应更换新件。

安全气囊